韓國人의 價値觀과 社會意識(上)

- 變化의 經驗的追跡

韓國人의 價值觀과 社會意識(上)

－ 變化의 經驗的追跡

金璟東 著

한국학술정보㈜

머 리 말

이 책에는 크게 세 종류의 글들을 모았다. 통틀어 열네 편 가운데 아홉이 중심이 되는 셈인데, 이들은 직접 자료를 수집 하여 분석한 보고서에 해당하는 글이다. 나머지 다섯 중 네 편은 기존의 자료들을 개관하면서 특정 문제와 관련하여 일 어난 전반적인 변화의 흐름을 추적한 논문들이고, 한 편은 문 헌 자료의 내용 분석을 시도한 것이다. 어떤 형태로는 經驗的 혹은 實證的인 구체적 자료들을 다루었다는 점에서 성격을 같이한다.

커다란 주제는 한국 사람들의 價値觀과 社會意識이며, 그것 이 1960년대부터 1990년대 초에 이르는 사이 어떤 모습으로 변해 왔는지를 제한된 범위에서나마 보여 주고자 하는 것이 주목적이다. 마침 社會調査 활동이 비교적 활발해지기 시작한 1960년대부터 이에 적극적으로 참여한 이래 1970년대에 잠 시 자리를 뜬 때를 제의하고는 꾸준히 자료 수집에 관여해 왔으므로, 그 중 쓸 만한 것들을 한 자리에 모으게 되면 그 사이의 변화를 한 눈에 바라 볼 수 있어서 유익하리라는 생 각이 들었던 것이다. 그래서 책의 부제도 '변화의 경험적 추 적'이라 붙여 보았다. 물론, 자료의 성격 상 대부분 사람들의 주관적인 의식과 가치지향을 다루기 때문에, 변화라 해도 意 識의 차원에서 일어난 것이라는 한계를 내포하기는 하지만,

큰 흐름의 추세를 읽게 하는 데에는 유용하리라고 본다.

먼저, 우리 사회의 가치관에 배경을 이룬다고 여겨지는 전통적 요소로서 儒敎 가치관의 확인이 필요할 터이므로, 조선조, 일제시대 및 1960년대의 초등교육 도덕 교재를 비교·분석하는 글을 실었다. 그리고는 1960년대 공업화 초기, 1970년대 고도성장기, 1980년대 전환기 및 1990년대로 시기를 구분하여 당시에 수집했거나 입수할 수 있는 자료들을 다루었다. 주된 내용은 아무래도 초기부터 품었던 개인적 관심이 반영되어 공업화와 경제성장의 사회심리적 측면에 쏠린 것들임을 부인하기 어렵다. 그러니까 한국인의 勤勞觀과 職業觀이 주종을 이루고, 그 밖에 노사관계관, 계급관, 경제발전관, 소외의식, 정치의식 및 일반적인 사회의식 등도 다루었다. 그리고 여기에 실린 연구 보고와 자료분석에서는 공업화와 경제성장을 겪으면서 일어나는 사회변동의 단면이나마 대체로 일관된 양상으로 나타남을 볼 수 있다. 이런 뜻에서, 이 책은 하나의 資料集인 동시에 그 자체가 사회변동 연구서의 성격을 띤다고 해도 무방할 것이다.

막상 한데 묶어 놓고 보니, 초기에 쓴 글솜씨가 시원치 않아 대체로 쓸 데 적은 말을 장황하게 늘어놓은 흔적이 있기에 약간의 수정은 불가피하였으나 대체로 원문을 그대로 살렸다. 數表 같은 것도 비교적 자세하게 제시한 것을 그냥 남겨 둔 뜻은 기초자료와 분석기법의 변천을 있는 대로 보여 주려 함이었다. 그 자체도 변화의 일면을 반영하는 현상이기도 하다. 다만, 지금 돌이켜 볼 때 당시 자료수집과 분석과정에서 좀더 면밀하고 신중한 기법을 이용하여 자료의 표본오차와 비표본오차를 줄이도록 하는데 부족한 점이 없지 않다는 아쉬움이 남는다. 이 자체도 하나의 교훈이 되었으면 한다.

여기에 실린 조사 연구 보고서 가운데는 여러 사람들이 공동으로 참여하여 실시한 것도 있다. 그 분들 중에 특별히 기억해 두고 싶은 이들은 故 李海英 선생님, 故 Arthur M. Whitehill 교수, 미국의 George England 교수, 일본의 武澤信一 교수, 강원대학교의 李熙慶 교수, 고려대학교의 梁瑃 교수, 경상대학교의 金錫薰 교수, 그리고 서울대학교의 李溫竹 교수다. 이 가운데 England 교수와 李溫竹 교수는 각각 제4장과 제10장의 공동 집필자들이다. 그 밖에도 많은 분들이 연구에 함께 참여했거나 도움을 주었으나 해당 논문에서 이미 밝힌 바 있어 여기에는 언급하지 않는다.

세월이 流水와 같아, 전임강사의 직함으로 대학 강단에 선 지 올해로 만 서른 돌이 되면서 그냥 지나치기 서운하기도 하고 또 그 동안 이렇다 할 성과도 남기지 못한 데 대한 自愧之心도 달랠 겸 이런 자료집을 마련해 보았다. 미비한 채로 관련 있는 분야에서 조금이나마 도움이 되기만을 바랄 따름이다.

여기 담긴 연구들이 실지로 진행될 때 늘 함께 하면서 격려해 준 아내 溫竹과 몸珍 및 珍에게도 언제나 고마운 마음 그지없다.

1992년을 마무리 하면서
冠岳 書室에서 지은이

차 례

제1편 序章: 價値意識의 傳統的 要素

제2편 1960年代 工業化 初期의 態度와 價値觀

韓國人의 價値觀과 社會意識(中)
– 變化의 經驗的追跡

제3편 1970年代 高度成長期의 意識構造

제4편 1980年代 轉換期의 社會意識

韓國人의 價値觀과 社會意識(下)
– 變化의 經驗的追跡

제5편 1990年代의 眺望

제1편 序章: 價値意識의 傳統的 要素

제1장 教科書 分析에 나타난 儒教價値觀의 斷面

제1장 教科書 分析에 나타난
儒教價値觀의 斷面*

I. 序 論

儒教價値觀 研究의 意義

연구자의 연구주제 선택은 여러 가지 動因에 의하여 이루어진다. 우선, 연구자 개인의 지적인 호기심 또는 탐구심이 주된 동인이 될 수 있다. 또 과거의 개인적인 경험에서 크게 인상적이었던 문제가 주제로 대두될 수도 있다. 그러나 대부분의 경우 연구자들은 그들의 연구계획이 지니는 사회적인 의의를 중시한다. 순전히 개인적인 관심만으로 연구한다는 것을 충분치 않게 보는 것이다. 특히 사회과학의 연구에서 사회적 의미는 더욱 중요해진다. 그런 뜻에서 儒教를 연구대상으로 삼은 까닭을 해명할 필요가 있다.

흔히 朝鮮은 유교 때문에 망했다든가, 우리 사회에는 유교의 병폐가 너무 심하다든가 하여 유교가 우리 사회에 끼친 부정적인 영향에 대하여 허다한 논의가 있다. 역사가들의 견해가

---

* 『想白 李相佰 博士 回甲記念論叢』 乙酉文化社, 1964.

대체로 그러하니 그대로 믿어도 좋을 듯하다. 그런데 왜 하필이면 우리나라에서 그 유교가 그와 같은 부정적 영향만 남기고 말았을까 하는 문제는 우리의 주의를 끌만하다 하겠다.

유교는 분명히 중국에서 발생하여 우리나라에 수입된 道德哲學이요, 實踐道德이다. 그런데 이것이 우리나라에 와서는 극도로 형식화되고 본래의 가치를 상실한 규범체계로 전락되고 말았다고 하는 이가 있다. 그렇다면 왜 그런가?

또 어떤 이는 유교 자체가 나쁜 것이 아니라 그것을 운영하는 사람들이 잘못된 탓에 그렇게 된 것이라고 한다. 그러면 그건 어째서인가?

그런가 하면, 津田 같은 학자는 유교의 실천도덕이라는 것이 본래 그 발생적 기원으로 보아 중국의 家父長的 家族制度를 뒷받침하여 권력을 장악하고 유지하려고 하는 지배계급의 이론적 바탕으로서 고안된 것인만큼[1] 그 嚴格性과 思惟上으로 조작된 이상적인 성격 때문에 실질적인 실현가능성이 희박한 것이라고 한다.[2] 우리 사회도 이러한 목적을 위하여 유교의 도덕체계는 이용당하고, 그리하여 그 결과로 하나의 쓸모없는 공론으로 화하고 말았을까?

이러한 문제들은 한국사회의 본질과 성격을 규명할 필요를 더욱 강조해 주는 것들인 만큼 적어도 한국사회를 이해하려고 하는 학도에게는 충분히 고찰할 가치가 있는 것이다. 물론 이 같은 문제들은 대개 우리 사회의 과거의 모습에 중점을 두는 것이기는 하지만, 오늘날의 우리 사회라고 해도 과거와

---

1) 津田左右吉, 『儒教の實踐道德』, 1938(昭和 13年), 岩波, p.237.
2) *ibid.,* pp.254 - 256.

완전히 단절된 상태에서 이해한다는 것은 불가능할 뿐 아니라 무의미한 것이기도 하다. 그러므로 유교적 전통을 무시하고서는 오늘 우리 사회의 성격을 파악하기 어렵다고 하겠다.

뿐만 아니라, 변동하는 우리 사회의 양태를 파악하기 위해서는 오늘날의 것만을 가지고는 어디서 어디로 변동하는지를 단적으로 말하기 어렵기 때문에 그 변화의 출발점부터 알아두는 것이 불가결한 일이라 할 수 있다. 사실 우리 사회가 성격상으로 크게 상이한 사회로 변동하기 시작한 기틀은 갑오경장에서 마련되었다고 보는 것이 사가들의 정론인 듯하다.3) 이때부터 근대화의 움직임이 시작한 것이다. 그런데 이 근대화에 의하여 유교적 전통에서 벗어나려던 찰나에 다시 일제의 권위주의적 독재무단정치가 시작됨으로써 일부 사회경제적인 변화는 있었다 해도 내면적·정신적인 구조에 있어서는 본질적인 변화가 없었는지도 모를 일이나. 그런데 종전과 더불어 서구문화가 미국에서 직수입되다시피 하여 일종의 가치관의 혼란상대를 빚어내고 있는 실정도 우리는 현실적으로 외면할 수 없는 형편이다. 따라서 과거의 요소로서 가장 강하다고 볼 수 있는 유교적 사고방식과 생활태도를 오늘날 우리 사회 성원들 속에서 찾아냄으로써 그로 인하여 일어나는 가치의 충돌이라든가 기타 제반 부작용을 가려내는 데 도움이 될 것이다. 그리고 한 걸음 더 나아가서는 새로운 가치지향의 모색에 있어서도 유용한 것과 유해한 것을 지적해 줄 수도 있을 줄 안다.

---

3) 千寬宇,『甲午更張과 近代化』,『思想界』, 1954년 12월호; 李基白,『國史新論』, 태성사, 1961, pp.308－316.

또한 다른 시작에서 보면, 유교가 우리 사회의 근대화에 끼친 영향에 관한 관심이 대두하고 있음을 볼 수 있다. 적어도 1960년대 초의 시점에서는 대체로 유교가 근대화에 부정적인 요인으로 작용하였다는 견해가 우세한 듯하다. 한 보기로, 玄相允 같은 학자는 자기 나름대로 유교가 우리 사회에 남긴 결과를 가설적이나마 다음과 같이 들고 있다.4)

儒敎의 功은 ① 君子學의 勉勵, ② 人倫道德의 崇尙, ③ 淸廉節義의 尊重 등이요. 罪는 ① 慕華思想, ② 黨爭, ③ 家族主義의 弊害, ④ 階級思想, ⑤ 文弱, ⑥ 産業能力의 低下, ⑦ 尙名主義, ⑧ 復古思想 등이다.

이처럼, 현재 우리 국민들 사이에 남아 있으리라고 여겨지는 유교적인 가치지향과 그것이 근대화에 대하여 갖는 의미를 탐색하는 방법의 하나로서 이 연구에서는 조선조, 일제시대, 그리고 오늘날의 아동용 도덕 교과서의 내용분석을 시도하였다. 물론 이런 접근법이 간접적이긴 하지만, 근대화 과정에서 일어난 변화를 추적하는 한 가지 방법으로 유익할 것이 틀림없다.

II. 『小學』에 나타난 儒敎의 規範的 價値

1. 敎科書 分析의 意義

사회화는 인간이 사회생활을 하는 동안 끊임없이 이루어지는 과정임은 두말할 나위도 없거니와, 특히 유소년기에 행해

---

4) 玄相允, 『朝鮮儒學史』, 민중서관, 1960, pp.4 - 9.

지는 사회화는 가장 기초적이면서도 중요하다는 것이 정설이
다. 특히 유아기에 직접 부모가 무의식적·의식적으로 수행하
는 사회화가 인간의 인격형성에 기본이 되는 것인 만큼 이에
대한 연구가 사회심리학에서는 상당한 비중을 차지하고 있다.
그런데 이것을 우리 사회의 과거의 사회화 방법에서 찾아볼
수 있으면 좋겠으나 지금 그럴 길은 별로 없고 보니 부득이
의식적이고 형식적인 수준에서 이루어지는 사회화의 내용을
다루는 간접적인 방법을 채택하지 않을 수 없다.

따라서 아동기의 교육자료로 사용했던 과거의 童蒙用 儒敎
敎科書를 분석함으로써 근대화 이전의 한국사회(주로 朝鮮)의
사회화 과정에서 교육했던 儒敎의 價値指向을 파악하기로 한
것이다. 이에 덧붙여서 일제 중엽의 修身敎科書와 1960년대
의 국민학교용 도덕교과서를 비교 분석하려고 했다.

그러면 여기서 분석에 직접 사용된 자료들을 소개하겠다.

근대교육이 시작되기 이전에는 아동교육이 주로 가족이나 동
족집단 또는 향리를 중심으로 이루어졌다고 볼 수 있다. 일부
특권층의 자제들은 향교니 서원, 기타 성균관과 같은 형식적인
교육기관의 혜택을 받았지만, 대부분의 아이들은 집안이나 마을
의 훈도들에게서 『千字文』을 비롯하여 『童蒙先習』·『小學』등
을 배웠었다. 그러나 여기서는 『소학』만을 택하여 분석하기로
하였다. 물론 이 『소학』의 중요성은 여러 가지로 예시될 수가
있다. 우선, 『소학』을 택한 첫 번째 이유는 대개 유교의 경전이
나 교과서 중에도 유교의 인간관계적 규범의 기초를 가장 잘 요
약 정리한 것이 이 『소학』이기 때문이다. 『擊蒙要訣』讀書章에
보면 「先讀小學 於事親, 敬兄, 忠君, 方長, 降師, 親友之道, 一一

詳玩而力行之」라 하여 明倫을 그 목적으로 하고 있으며,『大學
』·『論語』등은 한층 더 철학적이고 형이상학적인 문제에 중점
을 두고 있음을 밝히고 있다. 사실상『소학』은『論語』·『孟子
』·『禮記』등의 발췌요약편에 해당하지만, 다른 경전들은 인간
관계(즉 人倫)의 문제를 단편적으로 다루고 체계적으로 정리해
놓지 않았든가, 아니면『孝經』『禮記』등과 같이 너무 자세하게
다루고 있어서 본 연구의 분석·목적에는 그리 유용하지 않다
고 보았다.

　둘째, 대체로『소학』은 초보자의 교과서일 뿐 아니라, 연령
적으로 보아 보통 7·8에서 15세 내외에 講하는 것이므로5)
유소년 시절의 유교교육의 핵심적인 것으로 간주할 수 있다.

　이상의 두 가지 이유보다도 더 근본적이고 중요한 이유로는
우리나라의 유교사상사와 교육제도상에서『소학』이 차지하는
중요성을 들 수 있겠다. 원래『소학』은 朱子의 가르침을 劉子
澄이 편찬한 것으로 알려진 宋나라의 修身書이다. 이것이 우리
나라에 들어와서 그 중요성이 특히 강조된 것은 조선조 초기
아직도 宋學이 하나의 철학적인 성리학으로서 우리나라 유학
자들에게 전해지지 않고 소위 至治主義學派가 성하던 무렵이
었다. 예를 들어, 초기의 金宏弼 같은 유학자는 30세가 되기까
지『소학』에 전심하였다6) 하며, 奇高峯의 撰인 그의 行狀에

---

　5) 韓長庚 譯註, 國譯註解『磻溪隨錄』, 古典演譯會叢書一輯, 忠南大刊,
　　1961, p.271에 보면「程子, 又曰, 古者八歲小學, 十五入大學云云」
　　하였고, 明宗元年에 頒布된 京外學教節目童蒙訓導節에도「－童蒙訓
　　導(前略), 聚士於乃凡民子弟, 年自八九至十五六歲, 先誨小學, 能明句
　　讀 稍解文理然後, 次教以大學論語孟子中庸 云云」이라 있다.
　6) 玄相允, op, cit., p.36.

曰, 「先生, 日誦小學大學書, 以爲規模云云」이라 하고 『曺南冥師友錄』에 曰, 「先生, 身任道學之唱, 爲近世儒宗, 服小學以培根本云云」[7]이라 할 정도였다. 또 至冶主義學派의 영수인 趙光祖도 『소학』과 『近思錄』을 학문의 토대로 삼았다고 한다.

이뿐만 아니라 교육제도상으로 보아서도 『소학』은 초학자가 밟지 않으면 안 될 기초적 관문의 위치에 있었음을 알 수 있다.[8]

이에 대비해서 일정 때 보통학교의 수신서와 1960년대의 국민학교 도덕책을 비교자료로 사용하였다. 일제가 근대식 교육을 시작하여 처음에는 尋常小學校라 하다가 다음에 普通學校로 개칭하였고 광복 후에는 국민학교라고 일컬었다. 현재 1960년대를 기준으로 보면, 과거 일제하의 보통학교를 다닌

---

7) *ibid*, p.37.
8) 몇 가지 제도상의 강조한 바를 인용하면, 太宗 때의 陽村 權近이 王께 獻納하여 學制의 不備를 보강하려던 勸學事目에 「小學之書 切於人倫 自今京外敎授官 須令生徒 先讀此書然後 方許他經 其赴生員之試 欲人太學者 令成均正錄所 先考此書通否 乃許赴試永爲恒式」이라 하고,

『經國大典』에도 成均館 入學資格에서 「成均館 置生員進士二百人 不足則取四學徒年十三以上通小學四書一經者 有陰嫡子 通小學 云云」하고.

宣祖時 大提學 李珥가 制定한 學校模範 三項讀에 「(前略) 其讀書 則序則先以小學, 培其根本, 次以大學近思錄 云云」

宣祖 十九年置提督官千八道以訓諸生할 때, 公州提督官 趙憲 上封事 曰「(前略)厥后用人之路 只倚科擧一事而 初講小學及見監試後 設圖點滿數赴擧(中略) 鄕人之求入于館學者不於提督畢講小學四書者 亦不許入」이라 하고.

仁祖七年 大司成 趙翼의 學術節目에는 「京中四學及外方士子 皆成册書姓各年歲有新入者添錄而新人時 講小學粗以上許人 不人錄者 勿赴監試 京外士子 年三十五歲以下 皆合讀小學京中則各學官 每月初旬 會學儒生 通讀小學 云云」하였다.

또 박상만, 『한국교육사』, 1956, pp.188-211 참조.

인구가 지금의 30대 후반에서 50대이므로 이들의 태도형성에
역할을 했으리라고 여겨지는 보통학교 수신서를 택했고, 오늘
날의 道義敎科書는 지금의 20대 이하가 배운 것이다. 이 두
세대와 그 전세대인 舊學을 배운 노인층까지 3세대를 비교하
기 위하여 이들을 기본자료로 삼았다.

2. 分析의 準據틀

그러면 지금부터 내용분석에 사용하기 위하여 마련한 준거
틀에 대하여 해설하기로 한다. 價値志向의 範疇로는 Parsons의
類型變數라든가 F. Kluckhohn의 文化價値志向이 있지만, 이들
은 우리의 당장의 필요를 위해서는 너무 추상적인 것이어서
참고 정도로 그쳤다. 그 대신 오히려 추상화의 수준은 좀 낮더
라 해도 실제적인 적용성이 높은 R. Williams, Jr.의 미국 사회
價値志向[9]에 쓰인 범주를 바탕으로 이를 적절히 취사선택하여
여기에다 R. K, White[10]의 價値言語分析에 열거된 용어들을
참작해서 다음과 같은 몇 개의 일반적인 분류틀을 만들었다.

　權威主義(Authoritarianism)

　修養된 人格(Disciplined Personality)

　物質的인 安逸의 輕視(Disregard for Material Comfort)

---

9) R. Williams, Jr. American Society, Alfred K. Knopf, 1960,
　pp.415-470.
10) Ralph k. White. "Value-Analysis: A quantitative method for
　describing qualitative data." Journal of Social Psychology, 1944.
　pp.351-358, 및 R. K .White, "Verbal Data and Self Evident
　Valuer," in Werner Wolff (ed.), Personality: Symposium, no. 1
　Apr. 1930. 참조.

教學主義(Educationism)

人道主義(Humanitarianism)

道德的 志向(Moral Orientation)

禮儀至上主義(Ceremonialism)

이들의 내용을 자세히 밝히면 이러하다.

(1) 권위주의란 인간관계의 위계서열적 질서를 존중하여 존비·귀천·장유·상하 등의 엄격한 구별을 강조하는 점과 그런 관계에 있는 인간간의 행동유형으로 順·恭·敬 등의 관념이 주가 되는 것이다. 그리고 義라는 한자도 그것이 권위주의적인 질서를 뜻하는 식으로 쓰일 때는 이 범주에 속하게 된다.

(2) 수양된 인격에는 聖賢·君子가 되는 것, 그러기 위한 인간의 행동과 마음가짐이 이에 귀속된다. 예컨대 克己·戒性·敬身·忍耐·修身·謹愼·節制·儉用·立志·勤勉·力行 그리고 謙遜, 讓步 등의 인격적 수양이다.

(3) 물질적인 안일의 경시, 이것은 이른바 安貧樂道와 「見利而讓義也」(『禮記』, 樂記)의 사상이다. 따라서 청렴결백의 사상이 이에 속한다. 이 범주는 의와 도를 중시하는 생각에 상대적인 것에 불과하지만, 특별히 이 점을 강조하고 있을 때를 위하여 마련된 것이다.

(4) 교학주의: 教學과 智를 중시하는 관념이다.

(5) 인도주의는 仁의 사상을 근간으로 하고, 대인관계나 대사회관계에 있어서 仁·慈·愛·恤·寬·和 등과 協同·奉仕 같은 사회적 지향을 말한다.

(6) 도덕적 지향에는 善·正·義·忠·信·誠·孝·悌·勇·道·德 등의 일반적인 도덕이 다루어진다.

(7) 예의지상주의: 행위상의 예절·절차·의식과 행동이나 몸가짐에 단정한 正容이 주가 된다.

여기서 간단히 내용분석에 의한 양적 결과를 제시하기 전에 위에서 열거한 유교의 규범적 가치 용어 중 가장 핵심적인 것 몇 가지의 내용을 검토하겠다.

유교의 윤리도덕의 핵심은 사람마다 그 강조하는 바가 조금씩 다르기는 해도 대략 仁義禮知勇忠信의 일곱 가지와 인륜관계로는 三綱五倫이 있고, 그러한 모든 것을 구비한 완전한 인격의 형태로 군자가 있으며, 이에 도달하기 위한 수단으로서 敎學이 중시되고 있다.

유교의 敎祖인 孔子를 비롯한 거유들의 사상만 보아도 대개 이상의 것으로 요약될 줄 안다.11) 원래는 이들의 내용을 경전을 인용하여 해설하려 했으나 지면의 제약을 고려하여 그 의미만 간략하게 해설하겠다.

仁:

仁은 孔子의 실천도덕의 핵심으로 심지어 『논어』에는 인을 논한 章數가 58장이 되고 '仁字'가 105회나 나온다고 할 정도이다.12) 그러나 공자는 인의 속성 자체보다는 그에 도달하는

---

11) 金龍培, 『東洋哲學思想史大觀』 東國大出版部, 1961, pp.32-62, pp.72-100 참조.
12) 武內義雄, 『支那思想史』 岩波, 1937, pp.14-15.

방법에 대하여 주로 언답하고 있다. 여하튼 그러한 구절들에서 추리할 수 있는 것으로는 첫째, 인이 지와 상대적인 의미로 파악되고 있다는 점이다. 즉 인간심리의 情的인 요소라고 할 수 있다. 다음 그것은 親愛의 情을 기초로 하고 있다는 것이며, 이것이 한 발 나아가서 대인관계의 정적인 요소로 발전하여 慈愛, 溫和, 惠恤, 寬容 등의 근본적인 요인이 되고 있다.

義:

義의 관념은 비교적 단순하여 크게 두 가지 뜻을 가지고 있다. 첫째는 인간의 도리로서 사리사욕을 극복하는 公正한 道德이요, 둘째는 인간사회의 질서의 근본으로서 의를 뜻한다.「無偏無陂, 遵王之義」(『書經』, 洪範),「見利而讓義也」(『禮記』, 樂記) 등은 전자의 경우이고,「儀之實 從兄足也」(『孟子』離婁, 上),「正君臣之位貴賤之等焉, 而上下之義行矣」(『禮記』, 文王世子) 등은 후자의 예이다.

禮:

服部字之吉에 의하면 禮의 속성을 다음 몇 가지로 해석하고 있다.13) 첫째, 예는 「天之經地之義民之行」(『左溥』, 昭公 25年)이라 하여 천지자연의 질서요, 인간이 욕정을 제재하는 所以라고 하였다. 다음으로 예와 義의 관제는, 예란 나라를 지키고 政令을 행하며 民을 失하지 않는 소이요, 의는 動作進退威儀

---

13) 服部字之吉, 『禮の恩想』 岩波講座, 東洋思想, pp.3 - 49.

요, 命을 정하는 소이라고 하여 의만으로는 예가 성립되지 않음을 밝히고 있다. 셋째로, 예에는 文質情用이 있다. 인간관계에 자연적인 차등이 있는데 이것을 質이라 하고 이를 일종의 형식으로 표현하는 것이 文이며, 예는 인간의 本을 귀히 여기는 것이므로 여기에 예의 情과 用이 있다고 하였다. 넷째로, 예는 어디까지나 왕래를 존중하는 상호적인 것이다. 그리고 이 왕래는 敬을 본질로 하고 讓을 바탕으로 할 때 사회생활의 평화가 있다고 하였다. 그런데 이것이 그저 형식으로 끝나면 노자가 비난하듯이 예가 忠信이 薄하고 亂의 首가 될 가능성이 있다. 그러나 본시 예는 충신을 본으로 하고 있는 것이다. 그리고 예는 인간관계를 규정하는 기초가 되어 가족제도, 평등과 차별, 상호례 등을 중시하게 되는 일면도 있다.

武內義雄는 孔門의 子游學派가 編한 것으로 알려진 『예기』의 일부를 해석하여 예의 時·順·體·義·稱을 다섯 가지로 설명한다.14) 時란 예의 형식은 時運에 따라 변화하므로 형식에 구애되지 않는다는 뜻이요, 順이란 예는 人情에 따라서 제정되었다는 것이며, 體란 人性의 본체, 즉 인이 예의 기초라는 것이고, 義란 인에서 출발한 道義라는 뜻으로 이의 節囚에는 父慈, 子孝, 兄良, 弟悌, 夫義, 婦德, 長惠, 幼順, 君仁, 臣忠 등을 주안으로 하고 있다. 끝으로 稱이란 不同不豊不殺, 즉 예의 형식이 지위에 따라 다르며, 이것을 함부로 고치거나 增損할 수 없다는 것이다.

이 밖에도 예는 인간에게 있어서 불가결한 것으로 인간이

---

14) 武內義雄, *op. cit.*, pp.36-37.

예가 없으면 금수와 같다고 하는 관념도 있다.

知:

知는 주로 인을 실현하는 수단적 가치로서 중시되었다.15) 그리고 이 지에 이르는 수단으로는 學을 들고 있다. 지란 단적으로 표현하면 「是非之心 知之端也」(『孟子』, 公孫丑 上)라고 하겠다.

勇:

공자는「君子道者三, 我無能焉, 仁者不憂, 知者不惑, 勇者不懼」(『論語』, 衛靈公)라 하여 군자의 3대도덕의 하나로 勇을 들고,『中庸』에서는「智仁勇三者 天下之達道也」(제24장)라 하였다. 용의 내용인즉 의를 실행하는 것인데, 그것은 동시에 仁禮 등의 제약 아래서 행해질 때 참 의의가 있다고 한다.

忠과 信:

흔히 忠의 뜻은 임금에 대한 충성으로만 생각되고 있으나, 그것은 사회구조적인 요인으로 말미암아 임금에 대한 충성이 중시되던 중국사회에서 그 용법이 연원한 것이지, 본래의 뜻 자체가 반드시 君에 대한 도리만은 아니었다. 본시 이 충은 '中'과 '心'의 두 문자로써 이루어져있듯이 마음이 바르고 앞뒤가 다르지 않은 일률적인 심리를 뜻하는 것이어서 信(誠實)

15) 金龍培, *op.cit.*, p.35.

과 거의 동시에 사용되는 수가 많다. 그러나 후에 이것이 주로 군주에 대한 신하의 도리로 통용되게 이른 것은 사실이다.16) 하여간 충은 대체로 다음과 같은 뜻을 지니는 개념이다.

「忠信所以進德」(『易經』, 乾卦文言傳), 「忠德之正也, 信德之固也」(『左傳』, 交公元年條)라 함은 충과 신이 德의 근간임을 나타내고, 인간관계에서 기본이 되는 도덕임과 그 정신적 태도로서 성실성이 강조되고 있으며, 이것이 나아가서 君臣간에 있어서 신하의 임금에 대한 도덕적 태도로 발전하는 것이다.

3. 分析의 結果(一般的 價値志向)

분석의 방법은 Berelson의 방법에 준하였으나,17) 사실상 질적 자료의 양적 분석이 가진 제한을 여기서 받고 있음을 자인하지 않을 수 없다. 그리고 범주에 있어서도 표현의 방법이라든가 그 주장의 정도 등은 거의 손도 대지 못하였는데, 이는 한자가 가진 난점에도 기인한다고 본다. 그래서 대체로 앞으로 유교적 가치관을 이해하는 데 밑받침이나 되었으면 하는 마음에서 극히 記述的인 분석을 시도하였음을 말해 둔다.

분석의 단위는 章이지만 직접 다루는 숫자는 主題(Theme)의 수이다. 다시 말해서 한 장 안에 여러 개의 주제가 있을 때는 주제의 수만큼 그 장을 중복해서 계산하였다. 따라서 백분비를 내게 되면 그것은 어디까지나 장의 총수에 대한 비율

---

16) 津田左右吉, *op.cit.*, pp.150 - 152., p.244 참조.

17) B. Berelson, "Content analysis", G. Lindzey,(ed.) Hanbdook of Social Psychology, A. W. Publishing Co., 1954, vol. I. ch. 13, pp.488 - 522.

이지 주제 전체에 대한 비율이 아님을 명심해야 할 것이다.

이제 그 결과를 보면 [표 Ⅱ-1]과 같다. 권위주의가 으뜸으로 총 386장 중 167장(43.3%)이나 되며, 다음이 예의지상주의로 161장(41.7%)이고, 수양된 인격(33.4%), 인도주의, 도덕적 지향, 교학주의, 물질적 안일의 경시 등의 순서로 되어 있다.

[표 Ⅱ-1] 『소학』의 가치지향

가치지향	章　數	%*
권위주의	167	43.3
예의지상주의	167	41.7
수양된 인격	129	33.4
인도주의	94	24.4
도덕적 지향	91	23.6
교학주의	56	14.5
물질적 안일의 경시	35	9.1
面分比計算基準(總章數)	386	

* %는 386에 대한 것임.

[표 Ⅱ-2] 『소학』의 가치지향(괄호는 %)

가 치 지 향	三 大 綱				
	立　敎	明　倫	敬　身	通　論	計
권위주의	19(48.7)	136(60.5)	9(7.6)	3	167(43.3)
예의지상주의	22(62.0)	86(38.1)	50(42.0)	3	161(41.7)
물질적 안일의 경시	4(1.0)	11(4.9)	20(16.8)	–	35(9.1)
수양된 인격	22(62.0)	43(19.1)	62(52.0)	3	129(33.4)
교학주의	30(77.0)	7(3.1)	18(15.1)	1	56(14.5)
인도주의	9(23.0)	74(32.9)	10(8.4)	1	94(24.4)
도덕적 지향	16(41.0)	51(22.7)	24(20.2)	–	91(23.6)
小學 總章數 (% 산출기준)	39	225	119	3	386

그런데『소학』386장을 그 본래 분류항목으로 보면, 인간
관계를 규정하는 소위 明倫이 전제의 58.3%인 225장이고,
30.8%인 119장이 소위 敬身이라고 하여 인격수양과 예의범
절에 대한 것이며, 나머지 39장(10.1%)이 立敎, 즉 교육에
관한 것이고, 通論 3장(약(0.8%)이 있다.

이러한 立敎, 明倫, 敬身 三大綱의 가치지향을 살펴보기로 한다.

[표 Ⅱ-2]에서 보듯이 입교를 다루는 39장 가운데는 역시]
교학주의가 77%로 으뜸을 차지하고 있으며, 다음으로 예의지
상주의와 수양된 인격이 62%를 점하고, 권위주의(48.7%.),
도덕적 지향(41%)의 순으로 나타난다. 교육의 중요성을 강조
함과 동시에, 교육의 목적이 예의 바르고 수양된 인적을 가르
는 데 있고, 권위주의적 인간관계와 도덕적 인격의 완성을 지
향하는 것이 입교의 다음가는 목적임을 알 수 있다.

인간관계를 다루는 명륜에 오게 되면 권위주의적 가치지향
이 60.5%로 으뜸이 되며, 다음으로 예의가 38.1%, 인도주의
가 32.9%, 도덕적 지향이 22.7%의 순으로 되어 있다. 결국
인간관계에서 질서를 존중하는 권위주의는 불가결한 유교적
가치관이며, 이를 지키는 방법은 예의로 나타나며 그것이 형
식만이 아니고 그 밑바닥에는 인도주의와 도덕적 가치가 깃
들어야 한다는 것을 말해 준다 하겠다.

경신은 원래가 마음을 닦는 心術과 일상적 行儀를 바로 하
는 威儀가 주가 되는 것이다. 따라서 수양된 인격이 52%로 가
장 높고, 예의지상주의가 42%로 다음을 차지한다. 여기서 특
별히 다른 두 부문에서는 극히 낮은 비율을 차지하던 물질적
안일의 경시에 16.8%가 나타나 전체 중 3위를 점하고 있음은

주목할 만하다. 결국 인격의 수양은 이러한 물욕의 통제라는 가치관과 밀접한 관계가 있음이 반영된 것이라고 하겠다.

여기서 우리의 초점을 명륜에다 두고 그 세목에 대한 검토를 잠깐 하면서 다음 단계로 넘어가기도 한다. 먼저『소학』의 명륜 章 225장 중 35.6%나 되는 80장이 父子之親을 논하고 있으며, 19.1%인 43장이 君臣之義를, 16%인 36장이 長幼之序, 12%인 27장이 夫婦之別, 7.6%인 17장이 朋友之交를 논하고 있고, 나머지 9.8%는 통론으로 이 다섯 가지 인간관계의 일반적인 것을 취급하고 있다.

[표 Ⅱ-3]에 의하면 권위주의가 지배적인 인간관계는 부자, 부부, 장유의 관계이고 군신관계는 도덕적 지향 다음으로 권위주의가 강조되고 있다. 인도주의가 두드러진 것은 朋友關係가 으뜸이고 父子關係가 다음이다. 예의주의는 夫婦關係에 가장 높고, 다음으로 長幼, 父子, 君臣, 朋友의 순으로 되어 있다. 그러니까 앞으로 세밀한 검토를 하겠지만, 대충 보더라도 붕우관계를 제외한 관계는 우선 권위주의적 상하 내지 有別의 질서를 강조하고 있다는 것을 알 수 있고, 붕우관계란 주로 인도주의적, 다시 말해서 평등한 입장에서 사회적 협동과 상호우애의 관계가 지배적이며 따라서 도덕적인 책임의 관계가 따르는 것을 알 수 있다. 군신관계는 상하관계임에 틀림없으나, 이 상하관계는 부자관계가 보다 인도주의적 지향으로 흐르는 데 비해서 오히려 도덕적임을 알 수 있다. 그리고 장유의 관계와 부부의 관계는 상하유별의 관계 다음으로 儀禮的 行儀上의 구별을 상당히 중시하는 관계임이 나타나고 있다. 특히 부부관계에서는 오늘날 같으면 인도주의가 앞설

것 같은데 여기서는 도덕적 지향이 오히려 높은 비율을 보이고 있다는 점도 주목할 만하다.

[표Ⅱ-3] 『소학』의 인간관계가치지향

가치지향	인 간 관 계						
	부자	군신	부부	장유	붕우	통론	계
권위주의	61	19	20	23	2	11	136
예의지상주의	27	13	16	18	3	9	86
물질적 안일 경시	3	–	4	1	–	3	11
수양된 인격	14	10	5	3	5	6	43
교학주의	2	2	–	–	1	2	7
인도주의	34	6	5	12	10	7	74
도덕적 지향	6	21	10	–	7	7	51
總 章 數	80	43	27	36	17	22	225

4. 人間關係的 規範의 樣態

이제는 상기 5개 인간관계의 규범을 좀더 상세하게 분석하겠다.

(1) 父子關係

부자관계는 한마디로 孝라는 관념이 대표한다. 그런데 이 효라는 것이 사실 단순하게 표현할 수 있는 성질의 것이 못된다. 그러나 여기서는 그것이 지닌바 본질적인 요소 몇 가지만을 추려서 약간의 경전을 인용하면서 검토하도록 하겠다.

『孝經』 開宗明義章에 「孝德之木也」라 하여 사실상 유교도

덕에 있어서 가족간의 도덕이 상위에 오며, 그 중에도 부자간의 것이 근본으로 여겨진다는 사실과 그 부자간의 도덕은 바로 子의 父에 대한 효만이 중시되고 있음을 말해 주는 것이라 하겠다. 이밖에『論語』學而篇의「孝悌也者 仁之本與」라든가,『맹자』의「堯舜之道 孝弟而已矣」(告子籍),「仁之實事親是也」(離婁篇) 등도 이를 잘 말해 주고 있다. 그러면 어째서 효가 모든 인간관계규범의 기본이 되었던가 하는 것을 생각할 수 있겠는데, 이에 대해서는 津田左右吉의 所論을 간단히 소개하고 효의 속성에 대하여 논의하기로 하겠다.

津田에 의하면, 上代中國에 있어서 가족이 생활의 근거였던 사회조직하에서 家長의 大家族制내의 위치를 무시할 수가 없었으므로 무엇보다도 가장의 통제와 권력을 뒷받침해 주는 질서의 기본으로서 자의 부에 대한 도덕적 의무가 강조되지 않을 수 없었다는 것이다.18)

---

18) 津田는 그의「儒敎의 起源」이라는 논문(상게서, pp.195 - 263)에서 다음과 같은 의견을 피력하고 있다.
  "효는 자의 부모에 대한 도적덕 의무를 말하는 것이다. 이를 약언하면 부모의 명에 따르고 부모에 事하는 것이 그 근본이요, 이는 또 弟의 兄에 대한, 婦의 夫에 대한 의무와 함께 少者弱者卑賤者가 長者强者尊貴者의 命을 좇(聽)고 이에 봉사하는 것이요, 또 부모 중에도 부에 특히 중점을 두는 짐에 있어서 가족이 가상에 복송하는 의미가 포함되어 있다.
  광범한 가족을 통제하는 자는 부모 특히 가장의 지위에 있는 경우가 많고, 또 이와 混淆된 것으로 생각되는 부가 이런 권력을 갖게 된 것이 아닐까? 儒家는 이를 도덕적으로 승인한 것이다. 후세의 유가는 祖先의 祭祀에도 追孝의 의의를 부여하였는데, 이에 대해서는 제사가 가족을 통제하고 그 결합을 공고히 하는 효과를 가지고 있었던 것을 참고하라.
  권력계급에 있는 자는 많은 첩을 두고, 따라서 많은 자를 두기 때문에 단순히 다수의 자를 통제하기 위하여도 이런 효가 필요하였고

사실 이것으로써 효의 존재이유가 전부 해명되었다고 볼 수
는 없겠으나, 그런대로 사회구조적 특수성에 비추어 이것이
오히려 점차 강화되어 가는 경향을 띠게 된 것인지도 모른다.
즉 전통적인 중국이나 한국사회에서 권력의 추구와 그 유지를
위해서, 본래는 부모에 대한 보은이라든가 또는 자연적인 情
愛의 감정이었던 것이 오히려 도덕적 의무로 변질하여 이 같
은 성향을 더욱 강화하게 되었을 수가 있다는 말이다.

그러나 자칫하면 부모·자녀 관계를 단순히 도덕적 의무로
만 연결된 것으로 속단해 버리고 거기에 개재된 자연스럽고
인정적인 측면을 무시해 버리는 경향이 있기 때문에, 오늘날
효의 관념은 극히 권위주의적이고 전통에 매인 개념인양 생
각하게 되는 것 같은데, 이 점에 있어서는 유교가 비록 그런
측면을 강조하고는 있다 해도 역시 인도주의적인 情愛의 감
정을 완전히 간과해 버리고 있지는 않음을 우리는 곧 알게
된다. 이런 의미에서 津田는 지나치게 도덕적 의무와 권위주
의적 관계만을 강조하여 효를 설명하고 있는 것 같다고 할
수 있다.

특히 이런 경우 부의 자에 대한 애정이 본래 희박하므로 권력을 가
지고 자에 임하는 경향이 있는 효의 敎는 한층 이에 적합하는 것이
며, 효의 교의 주요 유래는 대체로 이와 같다고 생각한다.
　부모에 事하는 일의 근거에는 자를 부모의 소유물시하는 사상까
지도 혼재하고 있어서 이는 먼 과거에서의 인습적인 것이지만 儒
家의 교에도 은연중에 이것이 나타나 있다. 그래서 이것도 子에 대
한 부모의 권력을 인정하는 사상과 조화하고 있는 것이다(p.247).
　요는 상대 중국의. 따라서 유교의 효의 교는 친자관계에 있어서
親의 자에 대한 애정이 아니고 그 권력에 기초를 두고 있는 것으
로 중국인의 생활의 특수한 사정에서 생긴 특수한 道德的 敎條이
다(p.288)."

필자는 효를 다음 몇 가지 범주로써 해명하려고 한다.

(가) 효의 의미

　① 일반적 가치(또는 주요한 인간의 도리)로서의 효

　② 事親으로서의 효

(나) 효의 목적: 보은

(다) 효의 방법

　① 생전에 마음을 즐겁게 하는 것.

　② 생전에 몸을 편안하게 하는 것.

　③ 생전에 마음으로 공경하고 사랑함.

　④ 생전에 행동으로 삼가 공경함.

　⑤ 생전에 부모를 의롭게 권고함

　⑥ 생전에 절대 순종.

　⑦ 생전에 부모를 욕되지 않게 처신.

　⑧ 생전에 스스로 몸을 보전하고 근신하며 절제함.

　⑨ 사후에 늘 마음에 기억함.

　⑩ 사후에 행동을 삼가고 절제함.

　⑪ 사후에 喪과 祭에 힘쓰고 바르게 지킴.

(라) 효의 정도

　① 자기부정과 희생.

　② 무한, 극진, 종신토록 사친함.

(마) 효의 타인간 관계에의 적용.

여기서 경전을 조금 인용하겠는데, 앞서도 말한 바와 같이 지면의 제약으로 대표적인 것 한두 구절씩만 인용하는 데 그

치겠다.19)

   ㈎ 효의 의미

     ① 일반적 가치로서의 효

       「夫孝天之經也, 地之義也, 民之行也」(『孝經』, 三才
       章)

     ② 효, 즉 사친

       「夫孝始於事親」(『孝經』, 開宗明義章)

       「子曰, 君子之事親, 孝」(『孝經』, 廣揚名章)

   ㈏ 보은

     「哀哀父母, 生我劬勞……父兮生我, 母兮鞠我, 拊我畜我,
     長我育我, 顧我復我, 出入復我, 欲報之德, 昊天罔極」
     (『詩經』, 小雅, 谷風)

   ㈐ 효의 방법

     ① 마음을 즐겁게,

       「曾子曰」, 孝子之養老也, 樂其心, 不違其志」(『禮記』,
       內則)

     ② 몸을 편안하게.

       「曾子曰, 孝子之養老也……樂其耳目, 安其寢處, 以其
       飲食 忠養之」(『禮記』, 內則)

     ③ 마음으로 공경과 사랑.

       「孝有三, 大孝尊親……」(『禮記』, 祭義)

       「資於事父以事母, 而愛司, 資於事父以事君, 而敬同
       故母取其愛, 而君取其敬, 兼之者父也」『孝經』, 士章)

---

19) 여기 인용된 구절들은 원전에서 따온 것도 있지만, 대부분은 服部
宇之吉編,『儒敎要典』(博文館, 1937)에서 인용한 것이다.

④ 행동으로 삼가 공경함.

「父子不同席」(『禮記』, 曲禮)

「父命呼, 唯而不諾, 手執業則捉之, 食在口則吐之, 走而不趨, 云云」(『禮記』, 玉藻)

⑤ 부모를 의롭게 권고함.

「父母有過. 下氣怡色, 柔聲以諫, 諫若不入, 起敬起孝, 說則復諫, 不銳與其得, 罪於鄕黨州閭, 寧孰諫, 父母怒不銳, 而撻之流血, 不敢疾怨, 起敬起孝」(『禮記』, 內則)

⑥ 절대 복종

「子云, 從命不忿, 微諫不倦, 勞而不怨, 可謂孝矣」(『禮記』, 坊記)

⑦ 부모를 욕되지 않게 처신.

「孝子不服闇, 不登危, 懼辱親也」(『禮記』, 曲禮)

「孝有三, 大孝尊親, 其次弗辱, 其下能養」(『禮記』, 祭義)

⑧ 몸을 보전

「曾子曰, 身也者, 父母之遺體, 行父母之遺體, 敢不敬乎」(『禮記』, 祭儀)

⑨ ⑩ ⑪ 사후의 효

(君子生則敬養, 死別敬享」(『禮記』, 祭儀)

「愛其所親, 事死如事生, 事亡如事存, 孝之至也」(『中庸』, 제19장)

「子曰, 孝之事親也(中略), 喪則致其哀, 祭則致其嚴」(『孝經』, 紀孝行章)

㈑ 효의 정도

「事父母能竭其力」『論語』, 學而)

「父母存, 不許友以死, 不有私財」(『禮記』, 曲禮)

(마) 효와 타인간 관계

「子曰 君子之事親孝, 故忠可移於君, 事兄悌, 故順可移於
長, 居家理, 故治可移於官, 足以行成於內, 而名立於後
世矣」(『孝經』, 廣揚名章)

「居處不莊非孝也, 事君不忠非孝也, 涖官不敬非孝也, 朋
友不信非孝也, 戰陣無勇非孝也, 五者不遂, 戔及於親,
敢不敬也」(『禮記』, 祭義)

「子曰 愛親者, 不敢惡於人, 敬親者, 不敢慢於人, 愛敬盡
於事親, 而德敎加於百姓, 刑于四海」(『孝經』, 天子章)

「事親者, 居上不驕, 爲下不亂, 在醜不爭居上而驕則亡,
爲下而亂則刑, 在醜而爭則兵, 三者不除, 雖日用三牲之
養, 猶爲不孝也」(『孝經』, 紀孝行章)

[표 Ⅱ-4] 『소학』에 나타난 효

효의 내용	章 數
일반적 가치인 효	8
사친으로서의 효	2
효의 목적(보은)	1
방법(생전): 養志	10
養體	14
마음으로 공경 사랑	8
행동 삼가	17
절대순종	10
부모에게 의로 권고	8
부모를 욕되지 않게	4

스스로의 保身	10
(사후): 마음에 기억	6
행동 삼가	1
喪과 祭	21
정도: 자기부정과 희생	10
무한, 극진, 종신	9
효의 타인간 관계 적용	8
夫子關係 總章數	80

『소학』을 분석한 결과는 어떠한가 보기로 하자. [표 Ⅱ-4]를 보면 사친의 방법을 가장 많이 논하고 있는데 그 중에도 사후의 상제에 힘쓰되 바르게 하라는 것이 가장 많고(21), 다음에는 생전에 행동을 삼갈 것(17), 몸을 편안하게 해 드릴 것(14)이 따라오고 마음을 즐겁게 해 드릴 것, 절대순종할 것, 스스로 몸을 보전함으로써 효를 할 것, 그리고 효를 하되 자기희생이나 부정을 무릅쓰고 할 것 등이 각각 10장씩이다.

(2) 男女關係

유교의 남녀관계는 주로 부부관계를 말한다. 부부관계는『맹자』의 「夫婦有別」(滕文公, 上)이라는 것을 골자로 하여, 남녀는 「男子親迎, 男先於女. 剛柔之義也, 天先於地, 君先於臣, 其義一也. 執摯以相見, 敬章別也, 壻親御授綏, 親之也. 親之也者, 親之也. 敬而親之, 先王之所以得天下也. 出乎大門而先. 男帥女, 女從男. 夫婦之義, 由此始也」(『禮記』, 郊特牲)와 같이 선천적으로 남자가 우세한 입장에 있으므로 구별을 두어야 한다는 일종의 권위주의적 입장에서 취급되고 있다. 따라서 남녀간에 행

위나 역할상 구별 내지 격려하도록 가르치고 있는 것이다. 가
령「男不言內, 女不言外, 非祭非喪, 不相授器, 其相授, 則女受
以篚其無篚, 則皆坐, 奠之而後取之, 外內不共井, 不共偪浴, 不
通寢席, 不通乞暇, 男女不通衣裳, 內言不出, 外言不人, 男子入
內, 不嘯不指, 夜行以燭, 無燭則止, 女子不出門, 心擁蔽其面, 夜
行以燭, 無燭則止, 道路男子由右, 女子由左」(『禮記』, 內則)는
이를 잘 말해 주고 있다. 따라서 그 인간관계는 여자의 남자에
대한 일반적인 순종이나 정절, 婦道의 이행 등으로 규정되는
것이다. 이러한 것을 대충 다음과 같은 범주로 나누고 『소학』
에 나타난 부부관계의 논리규범을 분석해 보았더니 [표 Ⅱ-5]
와 같은 결과가 나왔다.

부부관계에서 중시되는 것은 일반적으로 婦道라 하여 부인
된 사람의 인격수양(13)과, 여자의 희생적 수절(11)을 높이
평가하여, 일반적 남녀관계 규범에 있어서도 원리원칙보다는
행위상의 구별을 엄격히 할 것(10)이 강조된 것 같다.

[표 Ⅱ-5] 『소학』에 나타난 부부관계 규범

규 범	章 數
男女有別	
남녀유별(일반적 규범)	3
남녀의 선천적 차별	4
남녀의 역할상의 구별	6
남녀의 행위상의 격리	10
婦 道	
여자의 희생적 정절 요구	11
여자의 수양된 인격 요구	13

여자의 공경과 순종	5
남자의 일방적 권위 인정	4
夫婦關係 總章數	27

(3) 長幼關係

'長幼有序'의 규범이 잘 말해 주듯이 장유관계는 주로 권위적 질서의 관계이지만, 사실은 좀더 다양한 내용을 포함한다. 가령, 장유에는 형제간의 관계, 일가친척의 관계, 가족 외의 일반적인 연장자에 대한 관계, 그리고 師長에 대한 관계가 포함된다. 그래서『소학』의 장유관계를 다음 기준에 의하여 분류해 보았다.

앞서 장유관계의 가치지향에서도 보았지만(표 Ⅱ-3), 가족 내에 있어서는 弟의 兄에 대한 존경(11), 행동의 공경(4)과 선후질서의 명백(4) 등을 兄友(6)나 兄弟相愛(9)보다 더 강조하고 있으며, 일반적 질서(10)에 있어서나 가족 외 관계에서 연장자에 대한 존경(9) 및 스승에 대한 존경(14)도 공동체상호질서(2)나 일가친척간의 협동(12)을 훨씬 능가하고 있다. 그리고 역시 인도주의적 상애나 상호부조 협동이 아주 무시된 것이 아니라 상당한 비율을 차지하고 있음은 간과할 수 없다.

[표 Ⅱ-6] 『소학』에 나타난 장유관계 규범

규 범	章 數
家族內長幼	
兄友	9
弟敬	11
선후 명백(형제, 적서 등)	4
행동에 공경과 예	4
兄弟相愛	9
家族外長幼	
연장자에 대한 존경(事長)	9
스승에 대한 공경	14
공동체의 상호부조	2
일가친척간의 상호관계(협조)	12
일반적 질서로서의 장유유서	10
長幼關係 總章數	36

(4) 朋友關係

붕우관계는 友道와 待賓客之道의 두 가지로 크게 구분된다. 友道는 '붕우유신'의 도요, 예와 공경으로 사귀어 輔仁, 責善하는 전인격적 교제이며, 賢·仁·直·諒·多聞한 友를 택하는 道이다. 待賓客之道는 손님을 예로 대하며 謙讓之道로 서로 후히 대할 것을 가르치고 있다. 따라서 이 관계는 전술한 바와 같이(표 Ⅱ-3) 인도주의적이고 도덕적인 관계이다. 이제 『소학』의 경우를 보면 [표 Ⅱ-7]과 같다.

[표 Ⅱ-7] 『소학』의 붕우관계

규 범	章 數
友道: 붕우유신	5
예의 · 공경	5
輔仁 · 責善	5
全人的交際(誠)	4
擇友(賢 · 人 · 直 · 諒 · 多聞)	5
待賓客之道: 예와 겸양과 후대	9
朋友關係 總章數	17

(5) 君臣關係

군신관계는 권위주의적이면서도 도덕적인 관계가 가장 지배적인 것임은 이미 지적했지만(표 Ⅱ-3), 특히 여기서는 부자나 장유, 부부 등의 권위적 관계에서는 보기 어려운 君의 臣에 대한 또는 官長의 民에 대한 도덕적 의무를 규정하고 있다는 점이 특기할 만하다. 물론 父慈子孝라든가 夫和婦順, 兄友弟恭 등의 상호관계가 없는 것은 아니지만 이들은 모두 자연적인 인정으로서도 권위적 관계가 유지될 수 있는 소지를 지니고 있으며, 따라서 주로 인도주의적 관계가 권위주의 다음으로 강조되고 있다. 그러나 군신의 관계는 가장 권위주의적인 면이 강조되어야 할 관계임에도 불구하고 그 자체에 자연적인 결속이 가능한 바탕이 희박하므로 이를 도덕적인 의무로써 강화하려는 경향이 나타나는 것은 당연한 귀결이라 여겨진다. 따라서 이는 추종자의 일방적인 의무만으로는 불충분하고, 지배자의 인격적 수양과 도덕적 조건도 어느 정도 갖추어져야만 한다는 것이 중시되고 있는 듯하다. 이제 『소학』의 경우를 보면 [표 Ⅱ-8]과 같다.

[표 Ⅱ-8] 『소학』의 군신관계

규 범	章 數
君臣關係	11
(事君之道)事君以忠	6
事君以道	6
事君輔過(有爭)	4
君臣之義	3
事君의 중요성 강조	19
(敬君之道)君에 대한 行儀上의 존경	3
명령 이행	5
(君使臣, 治民之道)愛百姓	2
治正	3
使臣以禮	
官長과 官吏	2
(官長에 대한 도리)충성	2
공경	1
有爭	
(當官之法)愼	5
淸	4
勤	3
君臣關係 總章數	43

Ⅲ. '修身'·'道德' 敎科書에 나타난 價値志向: 『小學』과의 比較

지금까지는 『소학』을 중심으로 유교교과서 분석에 의하여 유교가치지향의 일반과 인간관계규범의 양상을 살펴보았다. 본장에서는 일제히 보통학교의 修身書와 오늘날 국민학교의 도덕교과서를 분석함으로써 그 안에 얼마만큼의 儒敎的 志向이 아직도 잔존하는지 또는 어느 정도로 새로운 價値志向이 내포되어 있는지를 검토하기로 한다.

앞서도 약간 언급한 바이지만 교과서라는 것은 극히 형식적인 교육의 지침이므로 이상적인 규범이 많이 취급되고 있다. 따라서 여기에 실린 내용이 곧 실제생활에서 그대로 실시되고 있다고 믿기는 어려운 것이다. 요는 이념형적이라고 보는 규범을 한 사회가 설정하고 그것을 사회화 과정에 의해 교화시키려고 할 때 교과서가 필요한 것이므로 현실적인 적용이 곧 나타나리라고 볼 수는 없지만, 이런 내용의 교육을 받은 사람일 것 같으면 어느 정도 일상생활에서나 또는 정신적인 자세면에서라도 그러한 규범이 일종의 행동기준처럼 되어 있으리라고 보아도 좋을 것이다. 그래서 현재의 30대 내지 50대 정도의 사람으로 일제하에 교육을 받은 이는 보통학교에 다녔을 것으로 보고, 현시점에서 이들의 태도가 과연 어느만큼 교과서에 나타난 규범에 의해서 좌우되는지, 아니면 사회적 분위기 내지 부모 세대의 가정교육의 영향을 받는지를 검토하는 데 기준이 되어 줄 수 있는 것이 바로 교과서라고 생각한다. 그러니까 여기서 분석이 된 수신서는 연대상으로는 大正 12~13년(서기 1923~1924)에 간행되었고, 조선총독부에서 발행한 아동용 교과서이다.

　그리고 현재 10대와 20대 초기인 사람들은 해방 이후, 그것도 6·25 이후에 국민학교를 다닌 세대이므로, 이들의 태도비교 기준은 현재의 도덕교과서에다 두기로 하였다.

　분석의 범주는 유교교과서를 분석할 때 사용하던 것을 그대로 적용하려면 무리일 것 같아서 별도로 작성하였다. 단 수신서와 도덕교과서는 같은 범주로 분석하여 비교가 가능하도록 하였다.

　우선 가치지향의 차원을 보면, 국가·사회·가정·대인관계·개인의 자질 및 기타 새로운 이념 등으로 구분되는 것을 알 수 있다. 국가의 차원에는 국민 된 도리·의무·일반적 애국심 고취·기타 국가적 축일의 기억 등 애국이라는 것과, 일제하에서는 천황에 대한 범주, 오늘날에는 반공이라는 범주가 이에 속한다. 다음, 사회의 차원은 일반적 공익을 위한 봉사·공중도덕·규칙 준수·공사의 구별 등으로 구성된다. 家庭의 次元에는 부모의 은혜를 기억하는 것 등, 부모에 관한 범주 등이 포함되고 있다. 대인관계에서는 심리적인 측면으로 충성·성실·친절·붕우애·협동과 화친·동정심 등이 있고, 행위상으로 예의 단정한 행동, 스승에 대한 존경이 있으며, 도의적인 측면에서는 감사와 보은이 이에 속한다. 그리고 개인의 자질은 근면·절약·검소·인내·수양·입지 등의 개인적 인격수양 면과, 용기·정의감·정직·겸손·관용·침착·신의를 아는 사람 등의 도덕적 측면, 건강·위생·청결 등 생활면 및 선행·덕행·자비 등 인도적 측면을 내포하고 있다. 끝으로 기타에는 教學의 강

조, 합리적 생활(미신타파 등), 진취적 기상, 자주정신, 좋은 습
관, 남녀의 의무, 평화 등의 새로운 이념이 주로 취급되고 있다.

[표 Ⅲ-1] 수신·도덕 교과서의 가치차원별 과 수

차 원	課 數	
	수 신(%)	도 덕(%)
국 가	17(12.3)	69(29.4)
사 회	16(11.6)	27(11.5)
가 정	13(9.4)	20(8.5)
대인관계	29(21.0)	57(24.3)
개인자질	43(31.2)	50(21.3)
기 타	20(14.5)	12(5.0)
계	138(110.0)	235(100.0)

　분석의 단위는 課이며, 각 과에 한 가지 주제만 계상하였
다. 이제 분석한 결과를 보면 다음 [표 Ⅲ-1]과 같다. 먼저
백분비의 순서로 두 가지를 비교해 보자면, 수신서는 개인자
질이 31.2%로 으뜸이고 다음이 대인관계(21%), 기타(14.5%),
국가(12.3%), 사회(11.6%), 가정(9.4)%의 순으로 되어 있으
며, 도덕책은 29.4%로 국가가 수위에 있고, 대인관계(24.3%),
개인자질(2.3%), 사회(11.5%), 기타(5.0%)의 차례로 나타난다.

[표 Ⅲ-2] 『소학』 수신·도덕 교과서 비교

차　원	%		
	소　학	수　신	도　덕
입　교	10.1	9.4	1.2
명　륜	58.3	54.3	73.7
경　신	30.8	31.2	21.3
통　론	0.8	5.1	3.8
계	100.0	100.0	100.0

　　이것을 『소학』의 경우와 잠깐 비교해 보기로 한다. 『소학』을 크게 나누어서 立敎·明倫·敬身·通論으로 구분할 수 있는데, 입교는 오늘날의 교육의 중시라는 범주와 동일시하기로 하고 명륜은 인간관계 일반으로 보아 국가·사회·가정·대인관계를 모두 합한 것과 대비하고, 경신은 개인적 자질과, 기타는 통론과 비교해 보면 위와 같은 모습으로 나타난다(표 Ⅲ-2). 이것만 보아서는 확실한 비교가 안 되는 것은 사실이지만 대체적인 경향만을 본다면 소학과 수신서는 거의 같다고 할 수 있고 도덕책만 조금 다르게 보인다. 그러나 세 가지 모두 인간관계에 중점을 두고 있다는 점에서는 공통적이라 할 수 있다. 그런데 인간관계라는 차원에서 볼 때 『소학』은 다른 두 가지와는 내용이 상당히 다르다는 점을 간과해서는 안 될 줄 안다. 가령 『소학』의 명륜을 가정 내 관계와 가족 외 관계로 나누고 수신서와 도덕책도 가족 내외 관계로 구분하여 비교해 보면 이것은 뚜렷해진다.

[표 Ⅲ-3] 인간관계차원의 비교(%)

인간관계차원	소 학	수 신	도 덕
가족 내	123(54.7)	13(17.3)	20(11.6)
부 자	80(35.6)	9(12.0)	14 (8.1)
부 부	27(12.0)	-	-
형 제	16 (7.1)	4 (5.3)	4 (2.3)
화 목	-	-	2 (1.2)
가족 외	80(35.6)	38(50.6)	114(65.9)
군 신	43(19.1)	-	-
붕 우	17 (7.6)	4 (5.3)	17 (9.8)
장 유	20 (8.9)	1 (1.3)	1 (0.6)
국 가	-	17(22.7)	69(39.9)
사 회	-	16(21.3)	27(15.6)
통론(일반적 관계)	22 (9.8)	24(32.0)	39(22.5)
계	225(100.1)	75(99.9)	173(100.0)

　[표 Ⅲ-3]에서 볼 수 있듯이, 『소학』에 있어서는 가족 내 관계가 54.7%로 과반인 데 비해서 수신이나 도덕책에서는 가족 외 관계에서 태반을 넘고 있다. 전반적으로 보아 『소학』에서는 부자관계가 35.6%를 차지하여 수위에 있는 데 비하여 수신서에서 일반적 대인관계가 32%로 으뜸이고 다음이 국가(22.7%), 사회(21.3%) 순으로 되어있으며, 도덕책에서는 국가가 39.9%로 단연 우위에 있고, 다음으로 일반적인 대인관계가 22.5%요, 사회는 15.6%로서 일견 좋은 대조를 보여 주는 듯하다.

　여기서 [표 Ⅲ-2]와 [표 Ⅲ-3]을 종합하여 그 경향을 해설하자면, 『소학』과 수신서는 인간관계와 자기수양이란 점에서 비슷한 비율을 점하고 있는 대신, 수신서와 도덕책은 인간

관계 차원 중 가족 내 관계보다 가족 외 관계 특히 국가·사
회 측면을 강조한다는 점에서 비슷한 경향을 나타내고 있다
고 할 수 있다. 그러니까 『소학』에서는 가족관계에 중점을 두
고 인간관계의 규범을 중시하여 개인의 인격과 수양을 강조
한 데 반해서 오늘날에는 도덕적 규범이 어떻게 국가사회의
질서를 유지강화하는가 데로 초점이 기울고 있다고 할 수 있
을 것이며, 수신서가 교육되던 일제하에서는 이 두 가지 경향
의 과도기적 현상으로 한편으로는 인간관계 면과 개인적 수
양을 강조하면서 또 한편으로 광범위한 국가사회의 공익과
공중도덕의 중요성을 부각시키고있는 것이다. 또 한 가지 주
목할 만한 것은 『소학』과 수신서는 교육을 중요시하는 면에
서도 비슷한 비율을 나다낸다는 것이 도덕책과는 다른 점이
며. 특히 수신서에 있어서는 합리적 생활·자립정신·남녀의
의무·진취적 사상·좋은 습관 등 새로운 생활태도를 강조하
는 면이 다른 두 가지보다 높은 비율을 보이고 있다는 점이
다. 이는 다분히 그 시대에 계몽적인 교육의 경향이 있었음을
말해 주고 있는 것이라 하겠다.

　그리고 표현방법에 대해서는 엄밀한 분석은 하지 않았지만
수신서와 도덕책을 대충 비교해 보아도 금방 눈에 뜨이는 것
은, 수신서에 있어서는 孝行·行儀·禮儀·儉約·勤信·逸
强·堪忍·忍耐·正直·忠實·質素·仁愛 등등의 한자식 표현
이 課의 명명에 두드러지게 많다는 점이다. 개중에는 유교식
표현을 그대로 빌어온 것도 있고 그렇지 않은 것도 있지만 이
것은 요즘 교과서에서 "내가 어른이 되면", "할머니의 이야기"
등으로 표현된 것에 비하면 얼마나 다른가를 알 수가 있을 것

이다. 표현법이라는 것은 시대에 따라 달라지는 것은 당연하거
니와 그러한 상이한 표현법을 가지고 나타낸 내용이 과연 얼
마나 다른가를 이제부터 좀 상세히 고찰해 보기로 하겠다.

먼저 국가 차원에서 살펴보자. 기술한 바와 같이 도덕책에서
는 국가에 관한 것이 가장 많이 논급되고 있거니와 그 중에서
반공이 52.2%로 36과를 차지하고 있다. 이것은 1학년에서 6학
년 전 235과를 통틀어 가장 많은 항목이다(전체의 153%). 다음
이 역시 국가차원 중 애국심과 국민의 도리를 고조한 과가 33
과로 전체의 14%, 국가 차원의 47.8%를 차지하고 있다. 한편
수신서에 있어서는 애국 항이 12과로 전체 항목 중 둘째이며
(전체의 8.7%), 국가 차원 17과의 약 3분의 2를 점하고 있다. 그
리고 국가 차원의 나머지 5과는 천황에 관한 과이다(표 Ⅲ-4).

[표 Ⅲ-4] 국가·사회 차원의 가치지향

지 향	과 수	
	수 신	도 덕
국가(소계)	(17)	(69)
애 국	12	33
반 공	–	36
천 황	5	
사회(소계)	(16)	(27)
공익봉사	8	18
공중도덕	3	9
규칙 준수	3	–
공사 구별	2	–

[표 Ⅲ-5] 가정 차원의 가치지향

지 향	과 수	
	수 신	도 덕
효(부모에 대한 관계)	6	13
형제우애	4	4
가족화목	-	2
제사와 祖先	3	1
계	13	20

사회 차원에서는 일반적으로 향토를 위해서라든지 어떤 집
단이나 공동체를 위한 공익에의 봉사가 강조되고 있다. 수신
서에서는 사회 항 16과 중 반인 8과가 이 공익을 취급하고
있으며, 도덕교과서는 27과 중 3분의 2인 18과가 이것을 강
조하고 있다. 다음으로 수신서는 공중도덕(3), 규칙 준수(3),
공사 구별(2)의 순서로 되어 있고 도덕책은 나머지 9과가 공
중도덕에 관한 것이다. 이로 보아 사회적 측면에서 오늘날 반
공과 사회봉사・공중도덕이 가장 중요한 목표적・표준적 가
치로 되어 있는 것 같다. 동시에 애국심도 상당히 강조되는
가치이며, 특히 수신서는 사회적 봉사와 공중도덕, 규칙의 준
수를 상당히 고취하는 경향을 보인다(표 Ⅲ-4).

가정의 차원에서는 역시 부모에 대한 효행이나 은혜의 보
답 등이 으뜸이다. 그런데 이런 것은 소학이나 기타 유교적인
孝의 관념에서 볼 수 있는 엄격한 권위주의적 지향과는 거리
가 좀 멀고, 수신서에서는 오히려 인도주의적 경향이 있다.
요 즘의 도덕책에서는 하나의 대인관계로 취급되다시피 하여
부모를 도와드린다든가 말씀을 잘 듣는다는 형태로 나타나며,

여기에 부모의 은혜를 기억하고 감사한다는 식의 사고방식이 우세함을 지적할 수 있다. 분류내용은 [표 Ⅲ-5]와 같다.

대인관계에서 보면 수신서는 예의와 단정한 행위를 제일로 치고 동정적인 인정이 다음, 그리고 친절·붕우애·감사·충성과 성실·협동화친·스승에 대한 존경의 순서로 되어 있고, 도덕책은 붕우애를 으뜸으로 치고 협동·동정심·예의·성실·친절·謝恩 및 尊師의 순으로 되어 있다. 수신서에서 좀더 감정적인 측면과 의례적인 점이 중시되는데 비해, 도덕책에서는 붕우애와 협동화친 등의 공동생활의 영위를 위한 협조적인 인간관계가 중요시되는 것 같다.

개인의 자질은 대개 네 가지로 구별할 수 있는데, 수신서는 수양 면이 17, 도의적인 자질이 11, 그리고 생활면이 8로 그 다음이며, 인도적인 것이 7로 되어 있다. 도덕책에서는 수양적인 것이 37로 으뜸이고 도의적인 면(11), 그리고 생활 면(2)의 순위로 나타난다. 수신서에서는 좀더 도덕적인 인격수양이 강조되는 데 비해서 도덕책에서는 근면·반성·검소 등 실질적인 수양에 중점을 두고 있음을 알 수 있다(표 Ⅲ-7).

[표 Ⅲ-6] 대인관계의 가치지향

지 향	과 수	
	수 신	도 덕
붕우애	4	17
협동화친	1	12
동정적 인심	6	11
예의(단정한 행위)	8	6
충성(성실)	2	4
친절	4	3
사은	3	3
스승의 존경	1	1
계	29	57

끝으로 기타 생활의 변화·교육·평화 등의 차원에서 보면, 수신서에서는 교육을 가장 중시하고(13) 있으며 도덕책에서는 평화를 가장 중요시하고 있다.

이제 참고삼아 수신서와 도덕책의 학년별 가치중점을 살펴보겠다. 사실 뚜렷한 경향을 파악하기는 어렵지만, 먼저 수신서를 볼 것 같으면 애국은 1, 2학년에는 없고 고학년으로 가면서 그 과수가 늘어 가는 것을 안 수 있다. 그런데 도덕책에서는 이와는 반대로 저학년에서 애국적인 것이 더 많이 얘기되고 있다. 그러나 수신서에서 천황에 대한과는 5학년을 제외하고 일률적이지만 도덕책에 있어서는 반공이란 범주는 고학년으로 갈수록 비율이 높아짐을 볼 수 있다. 그러니까 일반적으로 나라에 대한 것, 국가에 대한 소개, 군인들의 노고 등의 애국적인 것은 고학년으로 감에 따라 반공사상이라고 하는 좀더 뚜렷하고 한정된 형태의 애국으로 변질해 가지 않는가 생각되는 것이다.

[표 Ⅲ-7] 개인의 자질

내 용	과 수	
	수 신	도 덕
수양 면		
근면	3	17
반성과 克	1	11
절약, 검소	5	9
입지	2	–
인내, 침착	4	–
분수를 아는 사람	2	
도의 면		
정직	5	6
정의	–	4
용기	–	1
관용	3	–
신의	1	–
겸손	2	–
생활 면		
건강	4	2
청결, 위생	4	–
인도적인 면		
선행, 덕행	4	–
자비	3	–
계	43	50

[표 Ⅲ-8] 기 타

내 용	과 수	
	수 신	도 덕
교학	13	3
평화	-	4
합리적 생활(미신타파)	1	3
자립정신	2	2
진취적 기상	1	-
좋은 습관	1	-
남녀의 의무 이행	2	-
계	20	12

[표 Ⅲ-9] 수신서의 학년별 가치차원

가치차원/학년	1	2	3	4	5	6	계
애 국	-	-	2	3	3	4	12
천 황	1	1	1	1	-	1	5
가 정	4	1	4	4	2	3	16
사 회	4	3	1	1	2	1	13
대인관계	4	7	5	5	4	5	29
개인자질	7	9	9	9	9	3	43
기 타	3	2	1	1	3	6	20
계	23	23	23	23	23	23	138

　사회적 차원은, 수신서에서는 학년이 올라갈수록 하향하는 반면 도덕책에서는 상향하는 듯이 보인다. 가정문제는 양자 공히 학년과 반비례하는 것 같다. 대인관계규범은 수신서에서는 2학년을 예외로 하고 대체로 일률적인데, 도덕책에서는 1학년만 예외하면 학년이 높아짐에 따라 과의 비율이 줄어든다.

[표 Ⅲ-10] 도덕교과서의 학년별 가치차원(%)

가치차원/학년	1	2	3	4	5	6	계
애 국	7(18.4)	6(21.4)	3(8.3)	5(10.2)	8(17.8)	4(10.2)	33(14.0)
반 공	4(10.5)	3(10.7)	6(16.7)	5(10.2)	9(20.0)	9(23.1)	36(15.3)
사 회	1(2.6)	–	4(11.1)	7(14.3)	6(13.3)	9(23.1)	27(11.5)
가 정	5(13.2)	3(10.7)	2(5.6)	5(10.2)	2(4.4)	3(7.7)	20(8.5)
대인관계	9(23.7)	9(32.1)	11(30.6)	12(24.5)	11(24.4)	5(12.8)	57(24.3)
개인자질	9(23.7)	5(17.8)	7(19.4)	13(26.5)	9(20.0)	7(17.9)	50(21.3)
기 타	3(7.9)	2(7.1)	3(8.3)	2(4.1)	–	2(5.1)	12(5.0)
계	28(100.0)	28(99.8)	36(100.0)	49(100.0)	45(99.9)	39(99.9)	235(99.9)

[표 Ⅲ-11] 『소학』 수신·도덕 교과서의 비교(%)

가치지향/교과서별	소 학	수 신	도 덕
권위주의	167(43.3)	10(7.2)	15(6.4)
예의지상주의	161(41.7)	8(5.8)	6(2.6)
물질적 안일의 경시	35(9.1)	5(3.6)	9(3.8)
수양된 인격	129(33.4)	25(18.1)	30(12.8)
교학주의	56(14.5)	13(9.4)	3(1.3)
인도주의	94(24.4)	26(18.8)	18(7.6)
도덕적 지향	91(23.6)	11(8.0)	18(7.6)
국 가	–	17(12.3)	69(29.4)
사 회	–	16(11.6)	27(11.5)
생활개선	–	7(5.1)	9(3.8)
계(% 산출기준)	386*	138(99.9)	235(100.0)

※ %에 각 범주마다 중복 가능

개인적 자질은 양자 모두 일률적이 못 되고, 기타 소위 생활개선의 면이라고 할까 하는 점에서는 수신서와 도덕책이 서로 상반되는 경향을 나타낸다. 즉 수신서에서는 학년과 비례하고 도덕책에서는 학년과 반비례하는 것이다.

종합적으로 말해서 수신서나 도덕책이 모두 저학년에서는 개인의 자질이라든가 대인관계의 규범 또는 가정 정도의 좁은 범위의 문제를 다루다가 학년이 높아 가면 국가나 사회쪽으로 비중이 약간 기울어지는 경향을 보인다고 말할 수 있다.

그러면 유교교과서(『소학』)를 분석할 때 사용한 가치지향의 범주에 수신서나 도덕책을 갖다 맞춘다면 그것들이 어느 정도 유교적인 지향을 나타내는가를 알 수 있을 것이므로, 이제 끝으로 그것을 비교해보고자 한다.

원래『소학』이란 것은 소위 灑掃應待의 기본적인 교재이기 때문에 국가적인 문제를 다루지 않는다는 것은 기지의 사실이지만, 유교에서 국가문제는 주로 治者의 도리를 논하는 데 불과하다는 것은 염두에 두고 비교해야 할 줄 안다. 또 한 가지 주의할 것은 분석의 단위계산법에 있어서도 소학은 한 장에 여러 주제를 인정하여 두 번 이상 計上된 것이 있으므로 백분비를 낸 것이 다른 교과서와 다르다는 점이다.

우선 가장 현저한 변화는 방금 언급한 대로 소학에서는 전혀 볼 수 없는 국가와 사회 및 생활상의 개선(진보)을 합하면 수신서가 **29%**, 도덕책이 **44.7%**로 비교적 유교적이라고 할 수 있는 가치지향에서 벗어나는 비율이 시대가 갈수록 더 크게 나타난다는 것을 볼 수 있다. 그러니까 보통학교 수신서의 교육만 해도 유교적인 것에서 상당히 벗어나오고 있으며, 오늘날에 와서는 거의 절반이 새로운 범주에 속한다는 것이다. 즉 일제 치하의 교육은 이런 뜻에서 일종의 과도기적인 역할을 하는 것인지도 모른다. 보기 쉽게 각 교과서 별로 가치지향의 순위를 열거하면 이런 경향을 더 잘 알 수 있을 것이다.

『소학』	수신서	도덕책
권위주의 ———	인도주의 ———	국가
예의지상주의 ———	수양된 인격 ———	인도주의
수양된 인격 ———	인도주의 ———	수양된 인격
인도주의 ———	사회 ———	사회
도덕적 지향 ———	교학주의 ———	도덕적 지향
교학주의 ———	도덕적 지향 ———	권위주의
물질경시 ———	권위주의 ———	생활개선, 물질경시
	예의지상주의 ———	예의주의
	생활개선 ———	교학주의
	물질경시	

이 결과는 우리가 흔히 기대할 수 있는 것이라고 할지도 모른다. 즉 유교의 교과서에서는 권위주의와 예의가 가장 강조되었고, 인격수양과 인도주의가 다음 자리에 오고 있으며, 다음에 도덕적 지향과 교학 및 물질경시가 따라온다. 이와 비교해서 일제시대 보통학교의 수신서에서는 인도주의와 인격수양이 수위를 차지함으로써 일단 유교의 권위주의와 예의지상주의를 말단의 위치로 내몰고 있으며, 국가와 사회가 그 대신 다음 자리를 차지하고 있다. 이것이 오늘날의 국민학교 도덕교과서로 오면 국가가 먼저 나선 다음 인도주의와 인격수양이 일단 그 뒤를 따르고 사회가 다음으로 오고 있으며, 기타 유교적 지향은 끝으로 내려가고 있다.[20]

———

20) 여기서 사용한 교과서는 1962, 1963년도 문교부 편『도덕』책 1학년

이상의 경향을 조금 설명한다면, 유교의 가치지향은 인간관계의 질서와 형식적 의례적인 면을 중요시하는 방향으로 흐르던 것이, 일본의 문화정책에 의하여 일단 개인의 정신적 자세, 즉 인도주의적 태도와 개인의 인식적 수양이라는 일견 유교적이면서 동시에 서구적인 개인주의와 기독교적 인도주의 사상이 혼재된 상태로 초점이 바뀌어 가고 있으며 한편으로 국가·사회라는 광범위한 집단을 향해 관심을 나타내기 시작했다고 본다. 그러다가 오늘날에는 완전히 국가라는 대규모 공동체가 일단 표면적으로 강조되면서 한편으로 이제는 서구적인 의미의 인도주의와 인격의 수양이 社會道義를 곁들여 부각되는 경향을 뚜렷이 볼 수 있다.

특히 주목할 것은 오늘날의 도의교육의 상당한 부분이 반공사상의 고취에 기울어지고 있다는 점이다. 이 점만 빼면 사실상 내용 면에 있어서(적어도 표현상에서는 전술한 대로 언어도 다를 뿐 아니라 방식도 달라진 것이 사실이나) 일제시대의, 그것도 지금부터 약 3, 40년 전의 수신교과서와 별반 다른 것이 없다는 사실에 접하게 된다. 그렇다면 우리사회의 가장 기본적인 도의의 바탕이라고 하는 유교적 도의는 오히려 사라지고, 일제가 우리에게 전해 준 극히 모호한 道義觀이 그대로 우리의 새 세대들에게 교육되고 있지 않나 하는 의구심을 금할 수 없다. 지금은 새롭고 생동력 있는 도의가 얼마나 절실히 요구

에서 6학년용이다.

* 이 글은 저자가 1963~1964년도 Harvard-Yenching Institute의 연구비로 실시한 조사의 일부분을 정리한 것이다. 이 연구를 가능하게 해 주신 동아문화연구위원회와 지도를 아끼지 아니하신 李相佰 선생님께 특별히 감사의 말씀을 드린다.

되고 있는지 모르는 때임에도 불구하고 교육당국자들이 구태의연하게도 옛것, 더욱이 남의 것을 겉모양만 바꾼 채 새로 자라는 싹들에게 훈육하고 있다는 것은 반성해 볼 만한 일이라 하겠다. 우리에게 유교적인 것이 필요하다면 필요한 것도 많다. 요는 이를 올바르게 새로운 준거틀 안에서 잘 조정하고 거기다가 새롭고 진취적인 사상을 가미한다면, 우리대로의 떳떳한 도의적 가치의 지향이 불가능하리라고는 생각지 않다.

앞으로 이 방면의 연구와 창의성 있는 노력이 촉구되는 바이다.

제2편 1960年代 工業化 初期의 態度와 價值觀

제2장 管理者와 勤勞者의 性向과 價值志向(1967)

Ⅰ. 理論的 背景

1. 工業發展과 政府의 役割

오늘날 빈곤이 미덕이었던 시대는 지나고 생활수준의 향상과 경제발전을 통한 국가발전은 후진제국의 주요목표가 되었다. 기술적으로 무엇이 국가발전이며 또 무엇이 근대화이며 경제발전인지에 관한 의견의 일치가 반드시 있는 것도 아니다.

대체로 일반적인 경향은 근대화의 핵심은 경제발전이요, 경제발전의 주축은 공업발전이라는 관념으로 쏠리고 있다. 공업화 발전 자체가 반드시 경제발전을 뜻하느냐에 관해서도 이견이 있을 수 있다. 그러나 우리나라를 비롯한 후진제국이 공업발전을 통하여 국가발전을 기하려고 노력하고 있다는 것은 현실이다.

본고에서는 공업발전의 경제적 의의라든가 정치적인 의미를 논하려 하지 않는다. 오히려 우리의 정부가 '공업입국'을 경제성장 내지는 조국근대화의 주요지표로 삼고 있다는 사실을 전제로 하고 이와 같은 국가목표의 달성을 위한 노력에 있어서 국민의 동원(mobilization)을 하려고 할 때 과연 국민 쪽에서는 얼마만큼이나 이에 동조 협력할 '정신적인 준비태세'(readiness)를 갖추고 있느냐 하는 데에 관심을 두고 있다.

경제발전도상에서 정부가 수행하는 역할은 사회와 시대에 따라 다르고 정부의 차별적인 간여가 어떤 공과를 나타내는지를 결정하는 일도 쉬운 일이 아니다. 현실적으로 선·후진국을 막론하고 오늘날의 사회경제체제는 정부의 직접·간접적인 참여를 요구하고 있는 실정이다.

우리나라에서 정부가 경제발전의 정책을 의식적, 체계적으로 입안 실시하고자 하는 기운을 보이기 시작한 것은 1950년대 말이었다고 보며 1960년대에 들어와서 비로소 그것이 2차에 걸친 經濟開發 5個年計劃으로 빛을 보기에 이르렀다고 하겠는데, 이러한 노력에서 정부는 '指導的資本主義'(Guided Capitalism)를 주창하고 나섰으며 주요 기간산업이나 사회간접자본의 운영이 정부의 통제하에 있고 사기업의 활동에 있어서도 정부의 재정적인 뒷받침이 큰 역할을 하고 있는 게 사실이다.

그러므로 정부의 경제정책과 공업발전에 있어서의 역할에 대한 국민의 의식과 태도는 중요한 발전의 요인이라고 할 것이며, 이러한 정책을 수행함에 있어서 국민이 정부를 얼마나 신뢰하며 얼마나 國家的主體意識(national identity)이 강한가는 사회적 동원의 기본적 전제조건으로서 중요한 의미를 갖는다.

2. 工業發展을 위한 '準備態勢'로서의 價値觀

工業發展이라는 경제적 과정에 있어서 비경제적 내지는 경제 외적 요인이 차지하는 위치에 관해서는 여기서 재강조할 필요가 없을 만큼 많은 논의가 있다. 그러나 결국 공업발전을 수행하는 주체는 어디까지나 인간이며 인간이 가지는 가치관과 태도는 그들의 행동을 좌우하는 긴요한 기초가 된다는 결론에 반대할 사람이 없을 것이다. 물론 그것만이 전부가 아닌 것은 틀림없지만 어느 한쪽이든 치우치게 되면 그것은 불완전한 입론이 되기 때문이다. 따라서 본고에서는 이와 같은 균형을 취하기 위하여 이론적 방법론적인 입장을 분명히 해 두고자 한다.

이론적인 수준에서 분석적으로 논의한다면 價値觀은 공업발전과 다음과 같은 상호관계에 있는 것으로 본다. 첫째는, 공업이 발전하기 위한 하나의 선행조건으로서의 가치관이다. 발전 초기의 문화적 풍토가 어떤 것인가에 따라 발전이 시작되어 촉진되기도 하고 지연되기도 할 것이다. 둘째로, 가치관은 공업발전과정과 더불어 상호작용하면서 바뀌는 變數이다. 끝으로 가치관은 이런 공업화의 단계에서 결과적으로 새로이 생성하는 요인이 되기도 한다.

우리나라에서는 이미 어느 정도의 공업발전이 시작되었다. 이것이 어떤 기초에서 시작·촉진되었던가 하는 문제는 역사에 속하는 것이고, 현재로는 앞날의 계속적인 공업발전을 위하여 사람들이 어떤 '정신적인 준비태세'를 갖추었는가를 탐구하는 문제가 남아 있다. 가치관적 기초가 초기에는 여러 모로 불리했던 것을 인정하고 외부세력에 의한 변동의 계기도 인정하면서 이제부터의 발전을 위해서는 지금의 가치관이 어떤 것이며 그것이 앞으로의 발전에 어떻게 영향을 미칠 것인가를 생각해 보는 것이 유용하다. 공업발전을 위한 자본과 자연자원과 기술의 준비는 물론 필수조건들이다. 그러나 인간의 가치관적인 준비태세를 무시할 때 그 발전의 방향은 말할 것도 없고 그 진도와 진행과정 자체에 지장이 있음을 간과할 수 없다.

본조사는 이러한 이론적 배경에서 출발하고 있거니와 방법론적 특징은 무엇인가?

Ⅱ. 方法論的인 特性

1. 行動豫測要因으로서의 價値觀

종래의 가치관 연구조사가 평면적으로 個人의 選好志向(pre-feren-tial orientation)만을 파악하는 데 그친 감이 있다는 점을 인정하고 이의 시정을 위해 다음과 같은 방법을 채택하였다.

규정상 價値觀이란 선택적·목적적 행동의 내면적인 상징적 요인이다. 그러나 인간의 행동은 가치지향대로 직접 나타나는 것이 아니고 거기에 여러 가지 상황적 요소가 개입한다는 문제가 있다. 따라서 우리가 個人의 選好(preference)만을 가지고 그의 행동을 예측하기가 어려워진다. 적어도 언어표현적인 수준(verbal level)에서나마 좀더 행동예측을 용이하게 해 줄 수 있는 가치관연구방법이 있을 것이다. 이를 위해서 우리는 개인의 선호 이외의 상황적인 요인 두 가지를 첨부하여 다음과 같은 접근법을 취하기로 하였다.

Parsons의 준거틀에서 볼 때 인간의 행동체제는 구체적인 체제로서의 퍼서낼리티 體制(Personality System)와 社會體制 (Social System), 그리고 조금 차원이 다른 文化體制(Cultural System) 등 세 가지로 대별된다. 이러한 준거틀에서 볼 때 개인에게 직접 질문을 하는 방법은 퍼서낼러티에 해당하는 것으로 個人的 志向(Personal Orientation) 또는 個人의 選好(Personal Preference)를 물을 수 있다. 문학체제에 상응하는 것으로는 개인이 의식하는 타인의 선호를 묻고 文化的 制裁(Cul-tural Sanction)의 의식이라 이름했다. 인간은 자기의 성향이나 욕구에 따라서만 행동하는 것이 아니라 문학적 제재를 내면화하여 행동하며 또 개인의 성향이 문화를 형성하기도 한다. 따라서 문화적 제재를 의식하는 타인의 선호가 행동을 결정하는 데 작용하는 한 가지 요인으로서 중요시된다. 다음으로는 개인의 수준에서 우리는 그의 예측되는 행동을 물어보기로 했다. 이것은 개인의 선호, 문화적 제재의 상호작용은 물론 현실적인 사회체제 내에서의 제도적인 용이두(Institutional Feasi-bility)까지도 참작하여 자기의 실제행동을 예측하도록 요구하기 위한 질문이었다. 이를 예상되는 행동(Predicted Behavior)이라 불렀다. 그런데 개인의 수준이 아니고 국가나 정부의 수준에서도 우리는 예상행동을 개인에게 물어볼 수 있다고 생각했다. 따라서 예상행동의 경우 문항에 따라 개인의 예상행동도 묻고 국가나 정부의 예상행동에 대한 의식(perception)도 묻고 있다. 이것을 도식적으로 표시하면 앞의 [그림 Ⅱ-1], [그림 Ⅱ-2]와 같다.

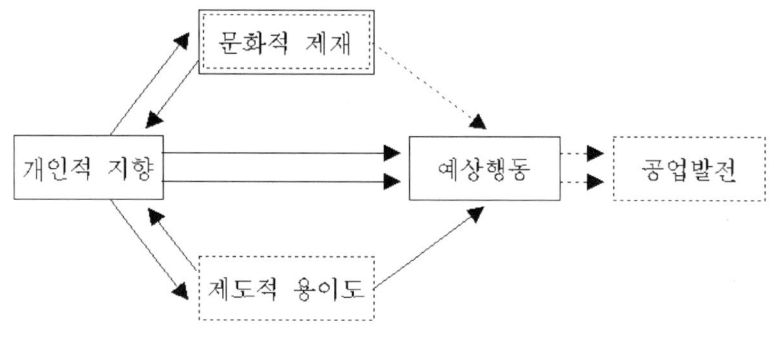

[그림 Ⅱ-1] 개인의 예상행동을 물을 경우

개인적 지향을 묻고 문화적 제재에 대해서는 그 의식을 묻
고 제도적 용이도는 직접 묻지 않으나 개인적 지향, 제도적
용이도 및 문화적 제재가 상호작용하여 결과적으로 일어날
가능성이 있다고 생각되는 예상행동을 묻는다 그리고 이러한
네 가지 요인의 작용으로 공업발전의 방향과 속도가 상당히
좌우될 것이라는 가정을 하고 있다.

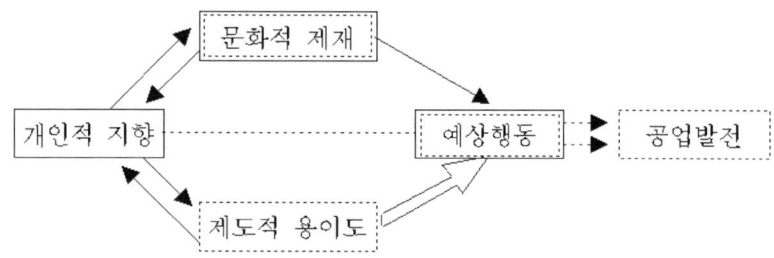

[그림 Ⅱ-2] 국가나 정부의 예상행동을 물을 경우

개인적 지향은 직접 묻고 문화적 제재의 의견을 묻는다. 그
리고는 국가나 정부의 예상행동을 추측하도록 요구하므로 이
것은 개인적 지향의 직접반영으로 보기는 어렵고 기대하는
행동(─────▶표)으로 간주한다. 국가나 정부의 예상행동은 문화
적 제재와 제도적 용이도(직접 묻지 않는 변수이다)의 영향을
받은 것으로 볼 수 있다. 오히려 이 경우 국가나 정부의 예상
행동은 곧 제도적 용이도의 직접 반영으로 보는 것이 좋을지
도 모른다(⇨).

중요한 것은 豫想行動이다. 그런데 예상행동이 개인의 예상행
동일 때 그것은 개인적 지향과 문화적 제재 및 제도적 용이도의
상호작용의 결과라고 하겠지만(그림 Ⅱ-1), 국가나 정부의 예상
행동일 때는 그것은 개인의 지향과는 직접 관계가 없고 오히려
제도적 용이도의 반영이라고 보는 것이 좋을 것이다(그림 Ⅱ-2).

2. 態度群에 의한 分析

그러면 어떻게 해서 상기 세 가지 변수, 즉 個人的 志向(Personal
Orientation, 이하 PO라 함), 文化的 制裁(Cultural Sanction, 이하
CS라 함) 및 豫想行動(Predicted Behavior), 이하 PB라 함)에 입
각해서 행동예측을 하는가? 그 분석틀로서 우리는 태도군(attitude
cluster)에 의한 분석법을 채택하기로 했다.

각 문항마다 兩極分(dichotomized) 選擇肢를 주고 이론상 공
업발전에 유리하다고 생각되는 선택지를 'A' 그 반대의 것은
'B'라 지칭했다. 그리고 PO, CS, PB의 세 차원에서 A와 B의
선택을 조합으로 나타낼 때 다음과 같은 여덟 가지 조합을 얻
는다.

AAA, ABA, BAA, BBA, AAB, ABB, BAB, BAB

이상의 8개 조합을 가치관의 유형으로 재분류하면 다음과 같은 네 가지 가치관으로 나누어진다.

(1) 有效價値觀(Operative Values)

이는 개인의 가치관념이 행동으로 나타날 유효성이 높은 것을 일컫는데 상기 태도군에서는 AAA와 ABA 두 조합이 여기에 속한다고 하겠다. 다시 말하자면 개인도 그것을 선호하고 문화적으로도 같은 선호가 지배적이라고 생각하며 실제 예상행동도 그것과 일치한다면 (AAA)이는 분명 유효성이 높은 가치관이라고 할 수 있다. 설령 문화적 제재, 즉 타인의 선호가 자기와 같지 않다 해도 예상행동이 개인적 지향과 일치하면 (ABA)도 AAA처럼 완전하지는 않지만 역시 유효도가 높다고 볼 수 있다.

(2) 採用價値觀(Adopted Values)

이것은 상황적 내지 제도적으로 유도된 가치관(situationally or institutionally induced values)이라고도 하는 것으로 개인은 꼭 그것을 선호하지 않지만 사회적 상황에 의하여 제도상으로 실제 행동화할 가능성이 높은 가치관이다. 태도군에서는 BAA와 BBA가 이에 해당한다고 하겠다.

(3) 觀念的 價値觀(Conceived Values)

이것은 사화문화적으로 유도된 가치관(socio-culturally ind-ucedvalues)으로 별칭할 수 있는 것으로 그 사회의 문화적 가

치체계에서 개인이 관념적으로 선호하는 것이지만 상황적인
여건이나 제도 면에서 제약이 있어 실제 행동으로 유효하게
나타날 확률이 적은 가치관이다. **AAB** 및 **ABB** 태도군을 여
기에 분류하면 좋을 것이다.

(4) 行動有關性이 낮은 價値觀(Values of Low Behavioral
    Relevance)

이것은 관념적으로나 제도상으로 별로 중요시되지 않는 것
일 뿐만 아니라 실제행동으로 나다날 유효성이 낮은 가치관
이다. **BAB**와 **BBB**가 여기에 속할 것이다.

Ⅲ. 調査의 內容 및 設計

1. 調査內容

경제발전에 있어서 공업발전과 직접·간접으로 관계있다고
인정되는 사항을 개인, 조직체 및 국가의 3대 가치차원에서 각
각 10개씩 선정된 가치내용에 대하여 개인적 지향, 文化的 制
裁 및 예상되는 실제행동의 세 측면에서 분석을 행하고자 하는
바 선정된 가치내용을 각 차원별로 분류하면 다음과 같다.

(1) 個人의 經濟的 性向
    ① 근로성향
    ② 장래를 위한 검약성

③ 사업적인 모험성향

④ 저축성향

⑤ 교육관

⑥ 경제적 합리성

⑦ 소비성향

⑧ 개인적 성취의 중요성

⑨ 물질적 富와 정신적 만족

⑩ 투자성향

(2) 粗織體內의 價値觀

① 회사 간부에 대한 일체감

② 인사의 개방성과 폐쇄성

③ 회사에 대한 귀속의식

④ 원가의식과 이에 대한 협력

⑤ 직속상사에 대한 신뢰도

⑥ 실력과 연공에 대한 평가

⑦ 작업중심주의에 대한 태도

⑧ 전제적 의사결정에 대한 태도

⑨ 기술혁신의 수용태도

⑩ 노동조합의 성격에 대한 태도

(3) 國家的인 經濟活動과 政策에 對한 意識

① 공업발전 대 사회복지

② 국가에 대한 귀속감

③ 국가를 위한 개인의 희생용의도

④ 중요산업의 국영화에 대한 견해

⑤ 사기업에 대한 정부역할 평가

⑥ 전통에 대한 태도

⑦ 정경분리원칙에 대한 태도

⑧ 국가지도자에 대한 신뢰도

⑨ 공업과 농업의 상대적 중요성

⑩ 새로운 기술의 수입과 국내개발

2. 調査의 設計 및 方法

이번 조사는 지난해 실시한 바 있는 사전조사에 이은 본조사로서 당초의 조사설계원칙을 최대한으로 지켰다. 조사대상자는 관리자(과장급)가 300-500명, 노동자(현장종업원)가 600-1,000명으로 5개 업종 30개 기업을 대상으로 하였다. 업종의 선정은 산업의 중요성을 고려하여 섬유제조업, 식료품제조업, 화학 및 화학제품제조업, 기계 및 기제제품제조업(이 중에는 일반기계, 전기기계, 수송용기계를 포함) 그리고 금속 및 금속제품제소업(일차금속 포함)의 5개 업종에서 조사대상기업체를 선정하기로 하고 개별기업은 각 업종에서 종업원이 500명 이상인 기업을 6개 선정함으로써 총 30개 기업체를 대상으로 하였다. 자료수집은 修正郵便質問書法이었는데, 이 방법은 각 회사(또는 공장)에 미리 양해를 얻고 조사표를 일단 회사 또는 공장에 한꺼번에 우송하여 회사 또는 공장에서 배부책임을 맡고, 명시한 대상자의 선출기준에 따라 대상자들을 선정하여 自己記入시킨 후 개별적으로 회송시키는 방법을 뜻한다.

조사는 1967년 중에 실시하였고, 조사 결과 회수된 조사표
는 관리자의 경우 총우송조사표 600중 186, 근로자는 우송한
1,800 중 671이며, 30개의 조사대상기업체 중 식료품제조업
에서 5개, 섬유제조업에서 4개, 화학제조업에서 4개, 금속제
조업에서 4개, 기계제조업에서 4개 총 21개 기업체에서 회수
되었다. 조사표 편집과정에서 불완전한 질문서가 관리자 중
15명, 근로자 중 36명이 있었고, 나머지 관리자 171명과 근
로자 635명의 조사표를 집계, 분석하였다.

Ⅳ. 調査對象者의 一般的인 特性

1. 年齡別構成

조사대상자들의 연령별 구성은 노·사 공히 연령폭이 25-34
세 층에 몰려 있다(표 Ⅳ-1).

노사별로 연령의 분포상황을 보면 우선 관리자는 30-34세
층이 가장 높은 22.8%(39명)이며 다음으로 25-29세 층이
21.1%(36명), 그리고 35-39세 층과 40-44세 층이 공히 16.9%
를 점하고 있다. 따라서 관리자의 연령층은 25세부터 44세까지
20년 사이에 집중적으로 분포되고 있고, 고연령층과 저연령층
이 빠져 있음을 볼 수 있다.

한편 근로자는 25-29세 연령층이 27.9%(177명)로서 가장
많고 30-34세 층이 24.3%(154명), 20-24세 층이 19.5%(124
명)를 차지하고 있다. 그리고 고연령층으로 갈수록 급속한 감

소를 나타내고 있다.

[표 Ⅳ-1] 연령별 구성

구 분	관 리 자		근 로 자	
	실 수	구 성 비	실 수	구 성 비
19세 미만	1	0.6	14	2.2
20-24	8	4.1	124	19.5
25-29	36	21.1	177	27.9
30-34	39	22.8	154	24.3
35-39	29	17.0	74	11.7
40-44	29	17.0	45	7.1
45-49	10	5.9	28	4.4
50세 이상	16	9.4	8	1.3
무응답	3	1.8	11	1.7
계	171	100.0	635	100.0

2. 學歷別構成

학력별로는 관리자는 대학교 졸업 이상이 과반수를 훨씬 상회하고 근로자는 고등학교 졸업 이하가 과반수를 넘고 있다는 특징을 보인다(표 Ⅳ-2).

노사별로 학력별 구성을 보면 관리자는 대학교가 62.6%(107명)로서 가장 높고 다음이 고등학교의 21.6%(37명)이고 중학교와 대학원이 각각 6.4%(11명)이다. 한편 근로자는 43.9%(279명)를 차지하고 있는 고등학교가 가장 높고 다음 대학교가 24.7%(157명), 중학교가 19.7%(127명)의 순이다.

이와 같은 학력별 구성에서 볼 때 노사의 차별요인은 연령

층의 폭보다는 학력의 차가 더 중요한 요인이 됨을 알 수 있
다. 종래의 우리 관습은 연령도 높고 학력도 높은 양자의 겸
유를 일반적으로 요구하였지만 점차로 이러한 관습은 쇠퇴하
고 연령적인 측면보다는 개인의 능력에 따라 연령에 구애됨
이 없이 관리자 지위에 설 수 있음을 시사하는 것이다. 따라
서 우리는 능력의 원천이 된다고 볼 수 있는 인간의 훈련 과
정, 즉 교육경력에 의해서 노사의 특징이 분명하게 나타남을
볼 수 있다.

[표 Ⅳ-2] 학력별 구성

구 분	관 리 자		근 로 자	
	실 수	구 성 비	실 수	구 성 비
무 교 육	1	0.6	8	1.3
국민학교	2	1.2	52	8.2
중 학 교	11	6.4	125	20.0
고등학교	37	21.6	279	43.9
대 학 교	107	62.6	157	24.7
대 학 원	11	6.4	0	0
무 응 답	2	1.2	14	2.2
계	171	100.0	635	100.0

3. 成長地別構成

자랄 때 가장 오래 산 곳을 알아본 결과 성장지가 도회지
인 사례가 과반임을 알 수 있다(표 Ⅳ-3). 이번 조사에서 밝
혀진 것은 아직도 농민의 도시로 향한 이동이 별로 활발하지
않다는 것이다.

노사별로 보아도 우선 관리자의 58.5%(100명)가 도시에서
성장하였고 성장지가 촌락인 사람은 24.0%(41명), 읍 정도의
도시인 사람이 15.8%(27명)인데, 근로자의 성장지 분포도 비
슷하여 도회지가 52.0%(330명)로서 가장 높고 다음이 촌락의
28.8%(183명), 읍 정도의 도시가 18.4%(117명)의 순이다.

[표 IV-3] 성장지별 구성

구 분	관 리 자		근 로 자	
	실 수	구 성 비	실 수	구 성 비
도 회 지	100	58.5	330	52.0
읍 정도의 도시	27	15.8	117	18.4
촌락(농·어·산촌)	41	24.0	183	28.8
무 응 답	3	1.8	5	0.8
계	171	100.0	635	100.0

V. 個人의 經濟的인 性向

여기에서는 공업발전과 관련있다고 보는 개인의 경제적인
성향을 열 가지 차원에서 분석함으로써, 우리나라 관리자와
근로자가 얼마나 공업발전에 유리한 심리적 성향을 지니고
있는지를 살펴보고자 한다.

1. 勤勞性向

일반적으로 근로성향이라 하면 작업에 대한 사기(morale)가
높은 것으로 이해할 수 있다. 일찍이 Max Weber가 지적했듯

이 근세 초 자본주의 발달과정에서 칼비니즘이 강조했던 절
제와 금욕, 그리고 시간의 낭비를 죄악시했던 개신교 윤리가
공업화에 유리한 정신적 자세를 제공했던 것이다. 그렇지만
우리의 현실이 그러한 역사적 사정과 일치하는 것은 물론 아
니다. 다만 개인의 경제적 성향의 차원에서 볼 때 공업발전과
유관한 근로성향을 어느 정도 지니고 있는가가 초점이 될 수
있다. 이를 알기 위하여 설계된 질문은 다음과 같다.

問 1. 근무 이외의 자유시간을 보내는 방법을 아래와 같은 두 가지로
　　　생각해 보십시오.

　　　(A) 돈을 더 벌기 위하여 그 시간에 일을 한다.
　　　(B) 휴식 또는 레크리에이션(여가활동)으로 시간을 보낸다.

1. 귀하는 이 둘 중에서 어떻게 하기를 더 원하십니까?　　　　　(A)___ (B)___
2. 귀하가 아는 대부분의 사람들은 어떻게 하기를 더 원할 것 같습니까?　　　　(A)___ (B)___
3. 실지로 귀하는 어떻게 하시겠습니까?　(A)___ (B)___

　여기서 (A)와 (B)는 兩分化 選擇肢로서 (A)를 택하면 근로
성향이 높은 것으로 보고 공업발전에 유리한 지향이라고 가정
하였다. 네모 속의 질문 세 가지 중 질문 1은 PO(개인적 지향),
질문 2는 CS(문화적 제재), 질문 3은 PB(예상행동)를 각각 묻
기 위한 것이다. 그리고 [표 Ⅴ-1]은 이에 대한 답을 태도군과
PO, CS, PB의 태도차원으로 나타낸 것인데 특히 태도군에서

OV는 유효가치관, AV는 채용가치관, CV는 관념적 가치관, CB는 행동예측이 낮은 가치관을 가리키는 것이다.

먼저 표의 상반부를 보면 태도군에 의한 행동예측을 할 수가 있겠는데 노사 모두 OV보다 LB가 높다. 특히 관리자와 근로자를 대비해볼 때 관리자는 OV가 26.4%인 데 비하여 LB는 51.4%의 높은 비중을 나타내고 있으며, 근로자는 OV가 31.1%, LB가 45.4%로 관리자보다는 다소 유효 가치관쪽으로 기울고 있다. 이러한 현상에서 유추할 수 있는 것은 우선 관리자와 근로자 사이에는 소득의 차이가 있을 것이며 그에 따른 정신적인 여유의 폭이 있을 것이라는 점이다. 그렇지만 두 집단간의 가치관의 차이는 심하게 거리가 먼 것은 아니며 대체로 근로의욕에 관한 한 일보다는 여가를 선호하는 경향이 약간 더 두드러진다. 한편 이를 태도차원에서 보면 문화적 제재, 즉 사회 일반의 영향을 오히려 개인의 선호나 행동예측보다 일을 하겠다는 쪽으로 나타난다.

다시 말해서, 이 문항에 대한 관리자와 근로자의 응답에 따르면 오늘날 근로성향에 크게 고무적이라고 보기 어렵다 하겠다. 이처럼 근로성향이 낮은 만큼 노사간에 공업화 담당층의 의식을 새로운 방향으로 유도힐 필요가 있다고 본다.

2. 將來를 위한 檢約性

인간행동의 동기는 대개 충동과 의지라고 한다. 공업화라는 문제에만 국한시켜 볼 때도 미래를 겨냥하여 현재의 충동을 얼마나 억제하느냐가 상당히 중요한 행동성향이라고 할 수 있다.

따라서 이를 밝혀내기 위하여 다음과 같은 질문을 제시하였다.

[표 Ⅴ-1] 근로성향(%)

태도군 \ 대상집단		관리자	근로자
AAA	OV	20.5	23.2
ABA		5.9	7.9
BAA	AV	4.1	3.9
BBA		5.9	5.8
AAB	CV	7.0	5.7
ABB		2.3	3.9
BAB	LB	7.0	11.7
BBB		44.4	33.7
무 응 답		2.9	4.3
계		100.0	100.0
(태도차원)			
개인적 지향(A)		36.3	39.8
문화적 제재(A)		39.2	41.6
예상되는 행동(A)		35.1	37.5

問 2. 사람이 살아가는 태도와 방법을 다음 두 가지로 생각해 보십시오.

    (A) 장래를 생각해서 지금 당장 하고 싶은 일을 참고 살아간다.
    (B) 장래는 어떻게 되든 지금 당장 하고 싶은 대로 하며 살아간다.

> 1. 귀하는 이 둘 중에서 어떻게 하기를 더 원하십니까?
>
>   (A)___ (B)___
>
> 2. 귀하가 아는 대부분의 사람들은 대개 어떻게 하기를 더 원할 것 같습니까? (A)___ (B)___
>
> 3. 실지로 귀하는 어떻게 하시겠습니까? (A)___ (B)___

[표 Ⅴ-2]에 제시한 결과를 보면, 우선 유효가치관의 비중이 매우 크다는 사실을 알 수 있다. 그리고 그 방향은 미래지향적인 것으로 드러난다. 다시 말해서 장래를 위해 오늘의 욕구충족을 억제할 용의가 있다는 것이다. 이는 노·사 두 집단은 물론 사회적 분위기도 그러하다는 결과라고 할 수 있다.

[표 Ⅴ-2] 장래를 위한 검약성(%)

태도군	대상집단	관리자	근로자
AAA	OV	66.1	70.0
ABA		15.8	14.0
BAA	AV	1.8	2.4
BBA		1.2	1.6
AAB	CV	4.1	3.8
ABB		2.3	1.7

BAB	LB	1.8	1.9
BBB		7.0	4.2
무 응 답		0.0	0.6
계		100.0	100.0
(태도차원)			
개인적 지향(A)		88.3	82.7
문화적 제재(A)		73.7	80.0
예상되는 행동(A)		84.2	80.9

이는 우리나라의 공업화를 위해서 잠재적으로 기여할 소지
가 큰 성향이라 할 수 있겠다.

3. 事業的인 冒險性向

공업화를 추진하는 세력은 많다. 그러나 실질적인 담당자로
서는 기업가 이상의 역할을 맡고 있는 층은 없다. 서구에서
不撓不屈의 정신을 가진 기업가와 전통적인 기업정신이 공업
화에 중요한 작용을 해왔다는 사실은 잘 알려져 있다. 사업적
인 모험성향은 일종의 투기가 아니며 어디까지나 새로운 투
자를 통한 확대재생산을 목적하는 것이다. 그러나 우리는 또
한 개인이 가지고 있는 제반 사회여건에 대한 의식을 간과하
고자 하지는 않는다. 따라서 다음 질문은 이를 밝혀내는데 목
적을 두고 있다.

問 3. 가령 어떤 사람이 회사에서 은퇴할 때 충분히 돈을 모으게 되었다고 합시다. 이런 경우에 그 사람이 택할 수 있는 길을 다음과 같은 두 가지로 생각해 보십시오.

(A) 장래 생활이 안정되지 못할지도 모르지만 그 돈을 가지고 새로 사업을 시작한다.

(B) 그가 모은 돈으로 검소하지만 안정된 생활을 한다.

> 1. 귀하는 이 둘 중에서 어떻게 하기를 더 원하십니까?
>   (A)___ (B)___
> 2. 귀하가 아는 대부분의 사람들은 대개 어떻게 하기를 더 원할 것 같습니까?   (A)___ (B)___
> 3. 실지로 귀하는 어떻게 하시겠습니까?   (A)___ (B)___

[표 V-3]의 결과를 보면 우선 태도군에 의한 대상집단의 사업적인 모험성향은 근로자가 관리자보다는 유효 가치관인 0V의 비율이 약간 높다.

[표 V-3] 사업적인 모험성향(%)

태도군 \ 대상집단		관리자	근로자
AAA	OV	35.7	37.8
ABA	OV	12.3	14.5
BAA	AV	6.4	4.3
BBA	AV	2.9	1.7
AAB	CV	7.0	4.3
ABB	CV	2.9	3.0
BAB	LB	13.5	15.6
BBB	LB	18.1	17.3

무 응 답	1.2	1.6
계	100.0	100.0
(태도차원)		
개인적 지향(A)	58.5	62.5
문화적 제재(A)	62.6	59.5
예상되는 행동(A)	57.1	58.3

관리자는 OV가 48.0%, LB가 31.6%이며 근로자는 OV가
52.3%, LB가 32.9%로 나타나고 있는데 유효가치관에서와는 달
리 행동예측이 낮은 가치관에서는 근로자가 관리자보다 다소
높다.

한편 태도차원을 보면, 관리자는 개인적 지향이 58.5%, 문
화적 제재가 52.6%, 그리고 예상되는 행동이 57.1%로서 문
화적 제재에도 불구하고 실제 예상되는 행동은 개인적 지향
보다도 소극적인 태도를 보이고 있다. 반면에 근로자는 개인
적 지향이 62.5%, 문학적 제재가 59.5%, 예상되는 행동이
58.3%로서 낮은 문화적 제재의 영향 때문에 실제행동에서는
유효한 태도가 줄어들고 있다.

요컨대, 사업적인 모험성향은 우리나라 관리자나 근로자가
비교적 긍정적인 방향으로 기울고 있다고 하겠다.

4. 貯蓄性向

일반직으로 개발도상국의 주요 목표는 자립경제의 달성이
며 이를 달성하기 위해서는 산업투자의 증대가 필요하다. 그
러나 대부분의 국가에서는 산업투자에 쓰일 자본이 부족한

것이 사실이다. 물론 외국자본의 유치로써 이를 추구할 수도
있지만, 거기에는 또 그 나름의 문제점이 있으며 선진국에 대
한 경제적인 예속성을 완전히 배제할 수 있다는 보장이 없다.
그리하여 자본조달의 국내적인 방책으로서 저축의 장려와 저
축에 의한 내자 확보의 방법을 취하게 된다. 그러므로 국민들
이 갖고 있는 저축에 대한 적극적인 지향은 공업발전을 위해
서는 유리한 작용을 한다고 볼 수 있는바 저축성향의 정도를
파악하기 위하여 다음의 질문을 던져 보았다.

[표 Ⅴ-4]는 상기 질문에 대한 대답을 분석한 것으로, 우
선 표 상반부의 태도군에 의한 노사의 저축성향을 보면 노사
모두 유리한 지향을 보이고 있음을 알 수 있다.

問 4. 기대하지도 않았던 한 달 임금만큼의 특별수당이 나왔다고 합시
다. 이 특별수당을 어떻게 처리할 것인가를 다음과 같은 두 가
지로 생각해 보십시오.

(A) 그 돈의 대부분을 저축한다.
(B) 그 돈의 대부분을 써버린다.

1. 귀하는 이 둘 중에서 어떻게 하기를 더 원하십니까? (A)___ (B)___	
2. 귀하가 아는 대부분의 사람들은 대개 어떻게 하기를 더 원할 것 같습니까?　　　　　　　　　(A)___ (B)___	
3. 실지로 귀하는 어떻게 하시겠습니까?　　(A)___ (B)___	

[표 Ⅴ-4] 저축성향(%)

태도군	대상집단	관리자	근로자
AAA	OV	43.3	45.7
ABA	OV	16.4	18.1
BAA	AV	1.8	1.1
BBA	AV	0.6	4.4
AAB	CV	15.2	10.4
ABB	CV	6.4	7.2
BAB	LB	4.7	2.5
BBB	LB	8.8	9.3
무 응 답		1.9	1.3
계		100.0	100.0
(태도차원)			
개인적 지향(A)		84.2	80.9
문화적 제재(A)		64.9	59.4
예상되는 행동(A)		62.6	68.2

　　관리자는 OV가 59.7%인데 비하여 LB는 13.5%에 불과하
며 더욱이 근로자는 OV가 63.8%이며 LB는 11.8%에 머물고
있어 저축성향은 높은 편이다. 태도차원에서 볼 때 관리자는
개인적 지향이 84.2%, 문학적 제재가 64.9%, 예상되는 행동
이 62.6%로서 높은 개인적 지향에도 불구하고 실제 예상되
는 행동은 낮은데 이는 문화적 제재의 영향을 크게 받은 까
닭인 듯하다. 즉 저축은 하고 있지만 주위의 사람들이 별로
원할 것 같지 않아 본인도 실제행동에서는 저축의욕이 감퇴
할 것이라고 보는 것이다. 또 실생활의 상황에서는 저축할 여

유가 없는지도 모른다. 이러한 추세는 근로자의 경우도 마찬가지인데 개인적 지향은 **80.9%**로 높지만 예상되는 행동은 **59.4%**라는 낮은 문화적 제재의 작용을 받아 **68.2%**로 상당히 감퇴되고 있다.

5. 教 育 觀

국민의 교육관의 공업발전을 포함하는 국가발전에 영향을 미친다는 점은 자주 지적되어 왔다. 특히 우리나라와 같이 전통적으로 崇文思想이 강한 사회에서 과학기술개발과 관련된 이공계 교육의 선호도는 앞으로의 공업화나 경제성장에 중요한 함축이 있으리라는 점은 부인하기 어렵다. 여기서 교육관에 관한 질문은 이 쟁점에다 초점을 맞추었다.

問 5. 고등학교를 졸업하고 대학에 진학하려는 학생에게 권하고 싶은 전공과목을 아래와 같은 두 가지 방법으로 생각해 보십시오.

(A) 기술자나 과학자가 될 준비를 할 수 있는 기술교육 방면
(B) 문학, 예술, 철학 같은 교양교육 방면

1. 귀하는 이 눌 중에서 어떻게 하기를 너 원하십니까? (A)___ (B)___
2. 귀하가 아는 대부분의 사람들은 대개 어떻게 하기를 더 원할 것 같습니까? (A)___ (B)___
3. 실지로 귀하는 어떻게 하시겠습니까? (A)___ (B)___

[표 Ⅴ-5]의 결과는 우선 노사 모두 유효 가치관의 비율이 높으며 노사 대비에서는 관리자의 태도가 더 유리한 쪽이다.

유효가치(OV)의 비율을 보면, 관리자가 81.3%, 근로자는 74.8%인데 비해, 행동유관성이 낮은 응답(LB)의 비율은 각각 10.0%, 14.8%에 그치고 있다.

한편 태도차원에 있어서는 관리자는 개인적 지향이 87.7%, 문화적 제재가 82.5%, 예상되는 행동이 84.2%로서 개인적 지향이 문화적 제재의 작용을 받고 있다. 이 근로자에게서는 좀더 강하게 작용하고 있다. 즉 개인적 지향이 79.9%인데 대하여 예상되는 행동은 63.0%로서 문화적 제재보다도 낮다. 기술교육을 권장하고 싶고 또 기술교육의 필요성은 인정하지만 인문교육을 중시하는 사회적인 관행 때문에 실제행동에서 적지 않은 제재를 받아 본래 자기가 품고 있는 가치지향보다는 소극적이 되고 있다. 따라서 개인적 차원의 교육관은 공업화에 유리한 데 반해 실제행동 가능성은 좀 떨어지고 있다. 따라서 기술교육에 대한 사회적인 인식이 더 강화되어야 할 것이다.

[표 Ⅴ-5] 교육관(%)

태도군 \ 대상집단		관리자	근로자
AAA	OV	70.8	60.8
ABA		10.5	14.0
BAA	AV	1.0	2.8
BBA		0.0	1.1

AAB	CV	4.7	3.3
ABB		0.0	1.7
BAB	LB	5.3	8.5
BBB		4.7	6.3
무 응 답		2.9	1.4
계		100.0	100.0
(태도차원)			
개인적 지향(A)		87.7	79.7
문화적 제재(A)		82.5	76.7
예상되는 행동(A)		84.2	63.0

6. 經濟的 合理性

경제적 합리성이라 할 때 우리는 여기서 개인들이 갖고 있는 경제적 판단의 합리성과 비합리성을 주어진 상황에서 밝히고자 하는 것이다. 이를 위하여 준비된 질문은 다음과 같다.

[표 Ⅴ-6]에서 분석결과를 보면, 일반적으로 경제적 합리성 쪽으로 유효가치관의 응답 비율이 과반에 미치지 못하고 있다. 가령, 관리자는 OV가 41.6%, LB가 34.5%이며 CV가 12.9%로서 OV가 LB보다는 높지만, OV와 AV, 그리고 LB와 CV의 합계치로써 대비해 볼 때 전자가 47.2%, 후자가 47.4%로서 비등한 지향을 나타내고 있어서 경제적 합리성과 비합리성간에 강한 가치갈등을 시사하고 있다. 한편 근로자는 OV가 35.9%, LB가 44.3%이고 AV와 CV간에는 큰 차이가 없는데, LB가 상대적으로 높은 것으로 보아 관리자보다는 경

제적 비합리성이 강해 보인다.

問 6. 자녀들의 혼인을 당한 부모로서 다음 (A), (B) 중에 한 가지를
    선택해야 한다고 합시다.

　　(A) 결혼잔치 비용으로 들 만한 돈을 자녀들에게 준다.
　　(B) 자녀들을 위해서 결혼잔치를 베풀어준다.

> 1. 부모 된 입장에서 귀하는 이 둘 중에서 어떻게 하기를 원하
>   십니까?   (A)___ (B)___
> 2. 귀하가 아는 부모님들은 대부분 어떻게 하기를 더 원할 것
>   같습니까?   (A)___ (B)___
> 3. 부모 된 입장에서 실지로 귀하는 어떻게 하시겠습니까?
>   (A)___ (B)___

　태도차원에서 관리자의 개인적 지향은 56.7%, 문화적 제재
는 29.8%, 그리고 예상되는 행동은 48.5%로서 낮은 문화적
제재가 별로 높지도 않은 개인적 지향을 압박함으로써 예상
될 수 있는 경제적 합리성을 약화시키고 있다. 이 점은 근로
자도 마찬가지다. 즉 개인적 지향이 46.0%, 문화적 제재가
26.3%, 예상되는 행동이 43.0%로서 아직은 경제적 비합리성
이 개인의 경제성향을 지배하고 있음을 시사한다.

[표 V - 6] 경제적 합리성(%)

태도군 \ 대상집단		관리자	근로자
AAA	OV	22.3	19.2
ABA		19.3	16.7
BAA	AV	1.2	1.1
BBA		4.4	7.4
AAB	CV	4.7	2.7
ABB		8.2	6.8
BAB	LB	1.2	3.0
BBB		33.3	41.3
무 응 답		5.3	1.7
계		99.9	99.9
(태도차원)			
개인적 지향(A)		56.7	46.0
문화적 제재(A)		29.8	26.3
예상되는 행동(A)		48.5	43.0

7. 消費性向

일반적으로 대량소비단계에 들어 있는 선진공업국에 있어서는 공업발전의 족진을 위해서 소비가 미녁이 될 수 있다. 그러나 공업발전을 목표하고 있는 저개발국가들에서는 지나친 소비성향이 공업발전에 저해요인이 될 여지가 많다. 따라서 우리나라에서는 다음과 같이 과시효과적인 소비행위를 억제하는 방향의 행동지향을 유리한 것으로 설정하는 질문을 제시하였다.

問 7. 귀하가 이미 가지고 있는 물건과 비슷한 것이 새로 나왔을 때
     귀하가 할 수 있는 행동을 다음과 같은 두 가지로 생각해 보십
     시오.

(A) 지금 가진 물건이 쓸만한 것이면 새로 나온 것을 사지 않는다.
(B) 새로 나온 물건은 살 수 있기만 하면 곧 그것을 산다.

> 1. 귀하는 이 둘 중에서 어떻게 하기를 더 원하십니까?
>   (A)___ (B)___
> 2. 귀하가 아는 대부분의 사람들은 어떻게 하기를 더 원할 것
>   같습니까?   (A)___ (B)___
> 3. 실지로 귀하는 어떻게 하시겠습니까?   (A)___ (B)___

[표 V-7] 소비성향(%)

태도군 \ 대상집단		관리자	근로자
AAA	OV	55.6	51.5
ABA	OV	22.2	23.9
BAA	AV	1.8	2.7
BBA	AV	2.3	3.2
AAB	CV	2.9	3.3
ABB	CV	2.9	4.3
BAB	LB	4.1	3.7
BBB	LB	5.3	6.8
무 응 답		2.9	0.8
계		100.0	100.0
(태도차원)			
개인적 지향(A)		86.0	77.3
문화적 제재(A)		64.3	60.9
예상되는 행동(A)		82.5	81.6

[표 Ⅴ-7]에 제시한 결과를 보면, 관리자나 근로자나 모두 과시적 성향이 있는 소비를 억제하는 것을 유효가치로 지니고 있음을 알 수 있다. OV의 비율이 각각 77.8%, 75.4%나 된다. 다만, 태도차원에서 볼 때는, 자신의 선호와 예상행동은 소비억제로 기우는데, 사회적인 분위기는 그 정도로 유리한 것 같지 않다는 견해가 포착된다.

8. 個人的 成就의 重要性

여기에서는 이른바 業績性과 歸屬性의 대비를 시도한 셈인데, 개인의 업적을 중시하게 된 것은 역사적으로 르네상스 이후 근세의 자유사상이 대두하면서부터이다. 이처럼 개인의 성취를 강조하는 생각은 종래의 신분제도하에서 그 활동범위가 한정되었던 인간의 능력을 개방시킴으로써 사회발전, 특히 공업발전에 중요한 역할을 하였다고 평가되고 있다. 따라서 현대에 있어서 개인의 사회이동은 자기의 업적에 의하여 좌우되는 것이 원칙이다. 특히 개발도상국가에서는 아직도 업적보다 귀속적 지위, 즉 배경을 중시하는 경향이 있으므로, 개인적 업석의 중요성에 내한 질문을 다음과 같이 제시하였다.

자료분석결과 [표 Ⅴ-8]에서 보는 것과 같이, 놀라울 정도로 많은 사람들에게 개인적 업적 또는 성취가 유효가치관으로 나타났다. 관리자나 근로자 모두에게서 OV가 9할 이상이다. 물론 OV의 크기는 근로자보다 관리자가 앞선다. 그런데 한 가지 흥미 있는 현상은 태도차원으로 보아, 개인의 선호와 예상행동은 두 집단 모두 90% 이상이 개인의 업적을 중시하지만,

문화적 제재 즉 사회의 전반적인 분위기는 그렇지 않을 것이라
는 태도가 뚜렷한 대조를 이루고 있는 점이다.

問 8. 사람이 출세하는 것을 다음 두 가지로 생각해 보십시오.

(A) 자기의 능력과 의지를 바탕으로 출세한다.
(B) 가문이나 연줄을 바탕으로 출세한다.

1. 귀하는 같으면 이 중에서 어떻게 하기를 더 원하십니까?	(A)___ (B)___
2. 귀하가 아는 대부분의 사람들은 어떻게 하기를 더 원할 것 같습니까?	(A)___ (B)___
3. 실지로 귀하는 어떻게 하시겠습니까?	(A)___ (B)___

[표 Ⅴ-8] 개인적 성취의 중요성(%)

태도군	대상집단	관리자	근로자
AAA	OV	47.4	52.1
ABA		42.7	36.5
BAA	AV	0.6	1.0
BBA		1.2	1.6
AAB	CV	1.2	2.1
ABB		1.2	2.5
BAB	LB	1.2	0.8
BBB		1.8	2.5
무 응 답		3.0	1.0
계		100.0	100.0
(태도차원) 개인적 지향(A)		95.3	93.2

문화적 제재(A)	50.9	54.3
예상되는 행동(A)	94.7	90.2

9. 物質的 富와 精神的 滿足

物質志向的 價値觀과 精神志向的 價値觀은 오래 전부터 대립되어온 상대적 가치관의 대표적 유형이다.

問 9. 사람이 세상에서 물질적으로 부유해지는 것과 정신적으로 만족하게 사는 것 둘 중에 어느 한 가지를 중요하게 생각할 수 있을 것입니다.

  (A) 정신적 만족보다 물질적으로 부유해지도록 노력한다.
  (B) 물질적인 부보다 정신적으로 만족을 누리며 살도록 노력한다.

  1. 귀하는 이 둘 중에서 어느 쪽을 더 원하십니까?
  (A)___ (B)___
  2. 귀하가 아는 대부분의 사람들은 어떤 쪽을 더 원할 것 같습니까? (A)___ (B)___
  3. 실지로 귀하는 어떻게 살아가시겠습니까? (A)___ (B)___

특히 동양에서는 물질보다는 정신세계의 우위를 강조하는 철학과 신념이 오랫동안 지배하였기 때문에 공업화나 경제개발과 같은 물질문명의 발달이 지연되었을 것이라는 견해마저 있다. 그러므로 이번 연구에서는 공업발전을 추진하자면 물질적인 부의 가치를 인정하는 태도가 갖추어져야 할 것이라는 가정에서 문항을 작성하였다.

물질적 부와 정신적 만족에 대한 노사의 태도지향은 [표
Ⅴ-9]와 같다. 태도군에 의한 분석을 하면, 노사 공히 行動
有關性이 낮은 가치관을 지닌다.

[표 Ⅴ-9] 물질적 부와 정신적 만족(%)

태도군	대상집단	관리자	근로자
AAA	OV	25.2	17.0
ABA	OV	5.9	10.4
BAA	AV	5.9	3.7
BBA	AV	2.3	2.5
AAB	CV	5.3	8.0
ABB	CV	1.8	2.2
BAB	LB	28.1	27.4
BBB	LB	23.4	27.7
무 응 답		2.3	1.1
계		100.0	100.0
(태도차원)			
개인적 지향(A)		38.0	51.3
문화적 제재(A)		63.2	27.3
예상되는 행동(A)		39.8	34.7

관리자는 LB가 51.5%, OV가 31.1%이고 AV와 CV는 각
각 10.2%, 7.1%로 나타나고 있는데, 우리나라에서는 아직도
물질우위사상보다는 정신적 만족에 더 높은 가치를 부여하는
전통적 가치관이 강하게 남아 있는 듯하다. 이러한 경향은 근
로자에서 더욱 심하다. 근로자는 LB가 55.1%, OV의 27.4%
이고 AV와 LV는 각각 6.2%, 10.2%를 보이고 있다.

이를 다시 태도차원에서 볼 때도 이 경향은 여전하다. 그런
데 한 가지 주목할 것은 노사 모두 문화적 제재와 개인적 지
향 사이에 괴리가 있다는 것과 문학적 제재가 예상되는 행동
에 큰 영향을 주지 못한다는 점이다. 다시 말해서, 사회적인
관행이 물질적 부를 추구하게끔 여건이 변하고 있음을 인정하
지만 개인 각자는 아직도 사회적 분위기에 동조할 수 없는 전
래의 정신적 만족을 우위에 두는 가치지향을 가지고 있다는
말이다.

10. 投資性向

투자란 생활의 여유가 전제로 한다. 그러나 생활의 여유가
반드시 생활을 하고 남은 잉여분만을 의미하는 것이 아니라 새
로운 증식을 목적으로 하는 절약분도 이에 포함된다고 하겠는
데, 국민들이 여분을 어떻게 활용하는가에 따라 공업발전에 도
움이 될 수도 있고 기여하지 못할 수도 있다. 여력이 저축의 형
태가 아닌 투자의 형태를 취할 때 그것이 생산적인 투자인가
비생산적인 투자인가에 따라 공업발전은 영향을 받는 것이다.
이를 검토하기 위하여 마련된 질문은 다음과 같다.
[표 Ⅴ-10]에 의하여 노사의 투자성향을 볼 때 태도군에 의
한 행동가능성은 노사 공히 유효가치관이 별로 강하지 않다.
관리자는 OV가 33.4%, LB가 49.1%로서 비생산적인 투자
성향이 높고 이런 성향은 관리자들보다 근로자들에게서 더
강하게 나타난다. 즉 OV가 31.6%인데 비하여 LB는 54.7%
로서 투자성향이 공업발전에 유리한 방향으로 유도되기 어려

운 상태에 있다.

問 10. 돈을 얼마간 저축할 수 있었다고 할 때 그것을 투자하는 방법
을 아래와 같은 두 가지로 생각해 보십시오.

(A) 증권이나 채권을 산다.
(B) 보석이나 귀금속을 산다.

1. 귀하는 이 둘 중에서 어떤 쪽을 더 원하십니까?
(A)___ (B)___
2. 귀하는 아는 대부분의 사람들은 어느 쪽을 더 원할 것 같습니
까? (A)___ (B)___
3. 실지로 귀하는 어떻게 하시겠습니까? (A)___ (B)___

[표 Ⅴ-10] 투자성향(%)

태도군	대상집단	관리자	근로자
AAA	OV	19.9	16.9
ABA	OV	13.5	14.7
BAA	AV	0.6	1.3
BBA	AV	2.3	3.9
AAB	CV	3.5	1.6
ABB	CV	4.7	2.7
BAB	LB	4.7	8.2
BBB	LB	44.4	46.5
무 응 답		6.4	4.4
계		100.0	100.0

(태도차원)		
개인적 지향(A)	41.1	36.7
문화적 제재(A)	28.1	29.5
예상되는 행동(A)	36.8	36.5

한편 태도차원에 있어서도 이러한 지향은 유지되고 있다. 개인적 지향에서도 노사 공히 행동가능이 낮은 가치관을 보이고 있을 뿐만 아니라 아주 부정적인 문화적 제재로 예상되는 행동은 더 낮은 수준에 있다.

요컨대, 우리나라에서는 투자의식이 아직도 형태를 취하고 있어 재화의 증식이나 투자가 보석이나 귀금속의 매입 등 소극적이고 비생산적인 게 특징이다.

VI. 組織緝內의 價値觀

1. 會社幹部에 대한 一體感

기업조직체 내에서 간부들의 행동에 대한 일반 종업원들의 평가자세는 기업내 성원들의 응집력의 정도를 반영한다. 기업의 지도층을 얼마만큼 지도층으로 인정(indentify)하고 그들의 사고에 얼마만큼 동조하느냐에 따라 조직체의 발전이 좌우될 수도 있다. 회사간부들에 대한 일체감의 정도를 알기 위한 질문은 다음과 같다.

[표 Ⅵ-1]에 의하면 우선 간부에 대한 일체감의 척도가 되리라고 보았던 행동성향은 매우 저조한 응답률을 보인다. 대상집단별로 보면, 관리자는 LB가 62.7%, OV가 25.7%, CV가 9.4%로서 유효가치관은 상당히 낮고 근로자는 관리자보다 다소 높지만 역시 CB가 50.4%, OV가 37.2%, CV가 6.9%이다. 노사 공히 회사간부에 대한 일체감의 정도가 낮아 자기와 직접 상관없는 일에는 방관의 태도를 취하고 있다. 이는 태도차원에서도 마찬가지다. 관리자의 경우 개인적 지향이 35.8%로서 문화적 제재의 36.8%보다도 낮고 예상되는 행동에 있어서는 29.1%로서 거의 행동가능성이 없다. 한편 노동자는 문학적 제재가 43.0%로서 다른 차원보다는 높지만 개인적 지향이나 예상되는 행동은 37.2%로서 행동가능이 낮다. 결국, 다른 사람은 몰라도 자기는 그러지 않을 것이라는 태도가 강한 것으로 보아 간부에 대한 동료의 비판을 간부에게 알린다는 행위가 꼭 간부와의 일체감을 반영한다고 볼 수 있을지 의문이다.

問 1. 가령 회사의 동료가 회사간부에 대하여 비평하는 말을 들었다고 합시다. 그런데 이 동료가 하는 말이 사실이 아니라고 생각할 때 귀하가 취할 수 있는 행동을 다음과 같은 두 가지로 생각해 보십시오.

(A) 그 사람의 이름은 대지 않고 상사에게 그런 사실을 보고한다.
(B) 그런 사실을 도대체 모른척 한다.

1. 귀하는 이 둘 중에서 어떻게 하기를 더 원하십니까?
                                    (A)___ (B)___
2. 귀하가 아는 대부분의 사람들은 어떻게 하기를 원할 것 같습 니까?   (A)___ (B)___
3. 실지로 귀하는 어떻게 하시겠습니까?   (A)___ (B)___

[표 Ⅵ-1] 회사간부에 대한 일체감(%)

태도군 \ 대상집단		관리자	근로자
AAA	OV	15.8	21.3
ABA	OV	9.9	15.9
BAA	AV	0.6	1.9
BBA	AV	0.6	2.7
AAB	CV	4.1	2.2
ABB	CV	5.3	4.7
BAB	LB	20.0	18.6
BBB	LB	42.7	31.8
무 응 답		4.1	1.1
계		100.1	100.2

(태도차원)		
개인적 지향(A)	35.7	37.2
문화적 제재(A)	37.8	43.0
예상되는 행동(A)	28.1	37.2

2. 人事의 開放性과 閉鎖性

기업체의 인사정책이 사내의 인간관계를 고려하여 내부승진과 같은 폐쇄성을 띠는 것과, 사외 인물까지 포함하여 유능한 인재를 채용하는 개방적인 것으로 지향할 수 있는데, 이 둘은 각기 장단점이 있겠으나, 일단 성공적인 공업화를 위해서는 개방적 인사가 유리한 것으로 가정할 수 있다. 이를 다루기 위하여 마련한 질문은 다음과 같다.

[표 Ⅵ-2] 결과를 보면, 일단 개방적 인사정책이 유효가치로 떠오른다. 관리자는 OV가 56.2%, LB가 23.9%, CV가 19.4%, AV가 7.1%이고, 노동자는 관리자보다는 낮지만 그래도 OV가 44.4%로서 LB의 22.5%보다는 상당히 우세하다. 그러나 적지 않은 비중으로 내부에서만 사람을 구하여야 한다는 분위기가 있어서 우리나라 기업에서는 대내 인간관계를 중요시하는 풍조가 아직도 지배적임을 시사하고 있다.

問 2. 회사간부의 자리가 비었을 때에 회사가 사람을 쓰는 방침을 다음과 같은 두 가지로 생각할 수 있을 것입니다.

(A) 유능한 사람을 회사 안에서는 물론 다른 회사에서도 구해 본다.

(B) 유능한 사람은 회사 안에서만 구한다.

1. 귀하는 이 두 가지 방침 중에 어느 것을 더 좋아하십니까?
   (A)___ (B)___

2. 귀하가 아는 대부분의 사람들은 어떤 방침을 더 좋아할 것 같습니까? (A)___ (B)___

3. 실지로 귀회사는 어떤 방침을 따를 것 같습니까?
   (A)___ (B)___

[표 Ⅵ-2] 인사의 개방성과 폐쇄성(%)

태도군	대상집단	관리자	근로자
AAA	OV	43.3	30.7
ABA		12.9	13.7
BAA	AV	1.8	3.5
BBA		5.3	3.3
AAB	CV	4.1	3.7
ABB		5.3	4.1
BAB	LB	17.5	6.9
BBB		3.5	15.6
무 응 답		3.5	0.8
계		100.0	100.0

(태도차원)		
개인적 지향(A)	67.3	68.5
문화적 제재(A)	55.0	58.4
예상되는 행동(A)	64.9	66.5

3. 會社에 대한 忠誠度

조직체에 대한 충성은 대체로 그 조직체에 대한 소속성원의 애착정도로 결정되는데, 특히 회사원으로서는 현재 봉직하고 있는 직장이 일생 동안 종사할 만한 곳인가 혹은 임시로 더 나은 직장이 생길 때까지만 있을 곳인가를 고려하는 데서 조직체에 대한 충성의 강도가 결정된다고 하겠다. 또한 소속 성원들의 회사에 대한 충성은 작업에 임하는 자세에서도 중요한 영향을 미친다.

問 3. 종업원으로서 이 회사에 언제까지 근무할 것인가에 대해서 다음
과 같은 두 가지 경우로 생각해 보십시오.

(A) 정년퇴직할 때까지 이 회사에서 근무한다.
(B) 보다 좋아 보이는 기회가 올 때까지만 이 회사에 근무한다.

1. 귀하는 이 둘 중에서 어떻게 하기를 더 원하십니까? (A)___ (B)___
2. 귀하가 아는 대부분의 사람들은 어떻게 하기를 더 원할 것 같습니까?   (A)___ (B)___
3. 실지로 귀하는 어떻게 하시겠습니까?   (A)___ (B)___

태도군에 의하여 노사의 회사에 대한 충성도를 보면 [표
Ⅵ-3]에서와 같이 관리자는 OV가 39.2%, LB가 39.6%로서
유효가치관과 행동유관성이 낮은 가치관이 거의 같은 비중으
로 대치하고 있다. 근로자는 CV가 33.9%, LB가 49.9%로서
관리자보다는 OV가 낮고 LB가 높다. 즉 좋아 보이는 기회가
올 때까지만 그 직장에 있겠다는 의사가 좀더 강하다. 그런데
한편 태도차원에 있어서는 노사 모두가 자기는 그때도 오래
근무할 생각이 좀 있는데, 주위 사람들은 임시로 다니는 것
같은 인상이 강하다는 태도가 보인다.

[표 Ⅵ-3] 회사에 대한 충성도(%)

태도군＼대상집단		관리자	근로자
AAA	OV	20.5	19.9
ABA		18.7	14.0
BAA	AV	1.8	1.9
BBA		4.1	3.8
AAB	CV	4.7	2.5
ABB		6.4	5.2
BAB	LB	2.3	6.1
BBB		37.3	43.8
무 응 답		4.1	2.8
계		100.0	100.0
(태도차원)			
개인적 지향(A)		46.2	39.7
문화적 제재(A)		29.2	29.6
예상되는 행동(A)		49.1	40.0

4. 原價意識과 이에 대한 協力

생산과정에 있어서 원가를 절하하는 방법은 생산성을 고양시키는 것만큼 중요하다. 원가의 절하 또는 생산성의 향상 문제는 공업생산을 촉진시키는 제1의 요소이다. 따라서 생산을 직접 담당하고 있는 작업장에서 노사의 의식이 얼마만큼 원가를 염두에 두고 있으며 이를 위하여 어느 정도 적극적인 협력할 용의를 보이는가 하는 문제는 국가 전체의 공업화를 위하여 중요한 문제이다. 자재의 낭비를 방지하고 시간을 절약하고 초과근무를 회피하지 않는 정신적인 자세가 확립될 수 있어야 하는 것이다.

問 4. 귀하의 회사에서 원가를 줄이기 위하여 개인의 작업량을
　　　늘이겠다는 제안을 한다면 이 제안에 대하여 귀하가 취할 수
　　　있는 태도를 아래와 같은 두 가지로 생각해 보십시오.

　　(A) 될 수 있는 데까지 협력한다.
　　(B) 될 수 있는 데까지 반대한다.

1. 귀하는 이 둘 중에서 어떻게 하기를 원하십니까? 　　　　　　　　　　　　　　　　　(A)___ (B)___
2. 귀하는 아는 대부분의 사람들은 어떻게 하기를 더 원할 것 　같습니까?　　　　　　　　　　　(A)___ (B)___
3. 실지로 귀하는 어떻게 하시겠습니까?　(A)___ (B)___

[표 Ⅵ-4]에 의하여 노사의 원가의식과 이에 대한 협력도
를 보면 노사 공히 유효가치관이 높고 노사대비에서는 관리
자가 근로자보다 다소 높다.

한편 태도차원에 있어서는 관리자나 근로자 모두가 다른
사람들은 기피하려 할지 모르지만 자신은 원가 절약에 협력
하겠다고 하는 태도를 보이고 있다.

[표 Ⅵ-4] 원가의식과 이에 대한 협력(%)

태도군	대상집단	관리자	근로자
AAA	OV	71.4	65.7
ABA		10.5	13.5
BAA	AV	0.6	1.9
BBA		2.3	1.1
AAB	CV	0.6	1.3
ABB		1.2	2.1
BAB	LB	0.0	2.1
BBB		9.9	12.0
무 응 답		3.5	1.4
계		100.0	100.0
(대도치 원)			
개인적 지향(A)		84.8	82.8
문화적 제재(A)		71.4	69.5
예상되는 행동(A)		92.6	80.5

5. 直屬上司에 대한 信賴度

기업 조직체 내에서 작업의욕과 자발적인 협력을 촉구하기 위해서는 임금인상과 같은 노동조건의 인상이 중요한 사항이 될 수 있는 것은 틀림없지만 상하간의 인간관계는 그보다 더 중요한 사항이 될 수도 있다. 작업상의 공식적인 상하접촉만으로는 부족하고, 비공식적인 접촉도 어느 만큼 허용되고 또 통할 수 있는 유리한 인간관계가 맺어질 때 작업능률이 오르고 상하간에 원활한 의사소통을 가질 수 있다. 따라서 여기서는 소위 수직적인 인간관계와 수평적인 인간관계의 양자 중에서 기업목표달성을 위해서는 수직적인 인간관계의 신뢰도가 공업발전을 위해서는 더 유리하다고 간주하고 다음과 같은 질문을 제시해보았다.

問 5. 일과는 관계없는 개인의 문제를 회사 안에 있는 누구와 의논하고 싶을 때 그 의논 상대를 다음 두 가지로 생각해 보십시오.

(A) 자기 직속상사와 의논한다.
(B) 자기 동료와 의논한다.

1. 귀하는 이 둘 중에서 누구와 의논하기를 더 원하십니까? (A)___ (B)___
2. 귀하가 아는 대부분의 사람들은 누구와 의논하기를 더 원할 것 같습니까? (A)___ (B)___
3. 실시로 귀하는 누구와 의논하시겠습니까? (A)___ (B)___

[표 Ⅵ-5]에 의하면 직속상사에 대한 인간적인 신뢰도가

매우 낮음을 알 수 있다. 대부분의 응답자가 중요한 신상문제에 관한 의논상대자로 직속상사보다는 동료직원을 택할 확률이 높다. 이러한 경향은 태도차원에서도 마찬가지다.

[표 Ⅵ-5] 직속상사에 대한 신뢰도(%)

태도군 \ 대상집단		관리자	근로자
AAA	OV	16.4	18.3
ABA	OV	11.7	10.1
BAA	AV	0.6	0.9
BBA	AV	2.3	1.9
AAB	CV	2.9	2.8
ABB	CV	7.0	5.7
BAB	LB	7.6	8.5
BBB	LB	48.0	50.4
무 응 답		3.5	1.4
계		100.0	100.0
(태도차원)			
개인적 지향(A)		38.6	35.8
문화적 제재(A)		27.5	26.8
예상되는 행동(A)		32.8	31.3

6. 實力과 年功에 대한 評價

임금 또는 급료수준의 결정은 기업사회에서 개개인의 역량과 자질을 적의배치하는 데 기준이 되고 있지만 어떠한 기준에서 그 수준을 정하느냐는 그렇게 용이한 문제가 아니다. 職務給, 職階給, 業績給, 責任給 등 여러 가지의 급여형태가 있을 수 있지만, 여기에서 항상 핵심을 이루는 것은 年功에 우위성을 두는가 혹은 실력에 우위성을 두는가라는 쟁점이다. 그런데 일반적으로 전통적인 사회에 있어서는 인간적인 유대관계, 연장자에 대한 예우 때문에 개인능력의 객관적인 평가보다는 연공서열에 더 큰 비중을 두는 수가 많다. 그러나 기업이 당면하고 있는 격심한 경쟁상태가 고조될수록 유능한 인적 자원의 중요성이 부각되어 종래의 관행이 수정되지 않을 수 없게 되는데, 이때 요구되는 것이 임금수준의 결정을 실력에 기초하는 것이다. 연공에 대한 평가를 묻기 위하여 제시한 질문은 다음과 같다.

問 6. 임금을 정할 때 다음 두 가지를 생각해 보십시오.

(A) 임금은 종업원의 연령이나 근속연한을 참작하지 않고 정한다.
(B) 임금은 종업원의 연령이나 근속연한을 참작하여 정한다.

1. 귀하는 이 두 가지 방법 중에서 어느 쪽을 더 좋아하십니까?
   (A)___ (B)___
2. 귀하가 아는 대부분의 사람들은 어느 쪽을 더 좋아할 것 같습니까?
   (A)___ (B)___
3. 실지로 귀회사에서는 어떤 방침을 따를 것 같습니까?
   (A)___ (B)___

[표 Ⅵ-6] 실력과 연공에 대한 평가(%)

태도군	대상집단	관리자	근로자
AAA	OV	13.5	12.9
ABA		4.1	5.7
BAA	AV	1.2	1.9
BBA		5.9	7.1
AAB	CV	3.5	2.1
ABB		6.4	1.9
BAB	LB	4.1	5.9
BBB		58.5	61.7
무 응 답		2.9	1.1
계		100.0	100.0
(태도차원)			
개인적 지향(A)		29.2	20.5
문화적 제재(A)		22.2	19.5
예상되는 행동(A)		25.2	24.1

이 질문은 형식상 실력을 언급하지 않고 연공과 근속연한
만을 기준으로 제시하였는데, 우리나라의 관리자와 근로자들
은 아직도 연공서열을 임금결정의 기준으로 생각하는 경향이
매우 뚜렷하다(표 Ⅳ-6 참조.)

7. 作業中心主義에 대한 態度

사람들의 일에 대한 태도는 공업화에 중요한 영향을 미칠
수 있다. 일에 대한 태도를 확인하는 한 가지 방법으로, 이
연구에서는 집안일과 직장의 시간 외 작업을 딜레머로 대비
시켜 가정보다도 잔업을 선택하는지의 여부를 알아보는 길이
있다. 이를 작업중심주의라 이름하기로 한다.

[표 Ⅵ-7]에 의거하여 볼 때 노사의 작업중심주의에 대한
태도는 대체로 부정적이고, 관리자보다는 근로자가 더 부정적
이다. OV의 비율이 낮고 LB가 과반에 접근하고 있다. 그리고
자기 자신의 생각보다도 주위 사람들은 잔업을 위해 가정의 화
목을 희생하는 것에 대하여 더 부정적이라고 인식하고 있다.

問 7. 귀하의 감독자가 오후에 귀하에게 와서 저녁에 잔업을 해달라고
　　　부탁했는데 그 날 저녁에 마침 가족과 식사를 하기로 약속이
　　　되어있다면 귀하가 할 수 있는 일을 다음 두 가지로 생각해 보
　　　십시오.

　　(A) 가족과의 식사를 취소하고 잔업을 한다.
　　(B) 이유를 설명하고 감독자의 부탁을 거절한다.

1. 귀하는 이 둘 중에서 어떻게 하기를 원하십니까? 　　　　　　　　　　　　　　　　(A)___ (B)___
2. 귀하가 아는 대부분의 사람들은 어떻게 하기를 원할 것 같습 　니까?　　　　　　　　　　　　　(A)___ (B)___
3. 실지로 귀하는 어떻게 하시겠습니까?　　(A)___ (B)___

[표 Ⅵ-7] 작업중심주의에 대한 태도(%)

태도군 \ 대상집단		관리자	근로자
AAA	OV	22.8	18.1
ABA		13.5	12.0
BAA	AV	3.5	2.4
BBA		7.0	5.5
AAB	CV	0.6	2.1
ABB		2.9	3.7
BAB	LB	8.2	7.9
BBB		38.0	47.6
무 응 답		3.5	0.9
계		100.0	100.0
(태도차원)			
개인적 지향(A)		42.7	35.4
문화적 제재(A)		33.9	29.3
예상되는 행동(A)		44.4	38.7

8. 專制的 意思決定에 대한 態度

조직을 운영하는 과정에 있어서 意思決定形態는 대체로 민주적인 방식과 전제적인 방식의 두 가지로 대별되고 있다. 일반적으로 이상적인 것은 민주적인 형태의 의사결정방법임은 사실이지만 신속성이라는 장점을 높게 평가할 때는 전제적인 의사결정방식이 각광을 받게 된다. 따라서 공업화라는 문제도 긴급을 요하는 과제로 상정할 때 작업장 차원에서 감독자와 종업원간의 의사결정을 전제적인 방식에 의존하는 것이 유리하다고 가정하였다.

問 8. 현장 감독자가 매일매일의 여러 가지 일을 결정하는 방법에 있
　　 어서 다음과 같은 두 가지를 생각해 보십시오.

　　 (A) 자기 부하인 현장종업원의 의견을 듣지 않고 결정한다.
　　 (B) 자기 부하인 현장종업원의 의견을 들어 결정한다.

> 1. 귀하는 이 둘 중에서 어떤 방법을 더 좋아하십니까?
>   (A)＿＿ (B)＿＿
> 2. 귀하가 아는 대부분의 사람들은 어떤 방법을 더 좋아할 것
>   같습니까? (A)＿＿ (B)＿＿
> 3. 실지로 귀회사의 현장 감독자들은 어떻게 할 것 같습니까?
>   (A)＿＿ (B)＿＿

　[표 Ⅵ-8]의 결과를 보면, 전제적 결정행사에 대한 관리자
와 근로자의 태도는 뚜렷이 부정적인 쪽으로 기운다. OV의
비율이 15%수준 이하에 머문다.

　다만, 관리자와 근로자 사이에 약간 차이를 보이는 것은, 태
도차원에서 개인의 지향보다는 문화적 제재, 즉 주위의 분위기
가 전제적 의사결정 유형을 선호하는 정도에서 관리자가 더 큰
차이를 보인다는 사실이다. 자기는 민주적 유형이 좋은데, 주위
사람들은 그렇지 않은 것 같다는 생각이 더 강하다는 말이다.
결국, 우리나라의 공업화 담당자들은 작업장 수준에서 전제적
의사결정을 선호하지 않고 인화를 중시한다고 할 수 있겠다.

[표 Ⅵ-8] 전제적 의사결정에 대한 태도(%)

태도군 \ 대상집단		관리자	근로자
AAA	OV	12.3	10.7
ABA		2.9	3.0
BAA	AV	3.5	2.7
BBA		7.0	12.3
AAB	CV	3.5	1.7
ABB		1.8	6.9
BAB	LB	12.3	9.9
BBB		54.8	58.3
무 응 답		2.9	0.6
계		100.0	100.0
(태도차원)			
개인적 지향(A)		19.9	16.2
문화적 제재(A)		31.6	24.1
예상되는 행동(A)		25.7	27.6

9. 技術革新에 대한 反應

새로운 기술의 도입이 생산성을 높이고 공업발전에 핵심적인 작용을 한다는 것은 주시의 사실이시만 이를 받아들이는 태도에는 환영과 저항의 두 가지를 상정할 수 있다. 재래적인 생산방식과 기술활용을 고수하는 입장에 있는 저항적인 종업원은 기술혁신을 생산성의 제고라는 장점보다 실업에 대한 우려의 관점에서 볼 것이고, 환영하는 자세에 있는 사람들은 이를 국가의 발전이라는 차원에서 수용한다고 볼 수 있다. 여기서는 공업발전에 유리한 지향이라는 가정 아래 기술혁신을 환영하는 자세로 다음과 같은 질문을 던져보았다.

問 9. 회사에 새로운 기계를 들여왔을 때 종업원으로서 취할 태도로
　　　다음과 같은 두 가지를 생각해보십시오.

　　(A) 새로운 기계를 들여오면 앞으로 발전을 가져올 수 있으리라고
　　　　생각해서 환영한다.
　　(B) 새로운 기계를 들여옴으로써 실직자가 생길지도 모르니까 반대
　　　　한다.

1. 귀하는 이 둘 중에서 어떻게 하기를 원 하십니까? 　　　　　　　　　　　　　　　　　　(A)＿＿　(B)＿＿ 2. 귀하가 아는 대부분의 사람들은 어떻게 하기를 더 원할 것 　같습니까?　　　　　　　　　　　(A)＿＿　(B)＿＿ 3. 실시로 귀하는 어떻게 하시겠습니까?　　(A)＿＿　(B)＿＿

[표 Ⅵ-9] 기술혁신에 대한 반응(%)

태도군	대상집단	관리자	근로자
AAA	OV	80.7	78.1
ABA		10.5	8.7
BAA	AV	0.0	0.6
BBA		0.6	0.3
AAB	CV	1.2	1.4
ABB		0.0	1.9
BAB	LB	0.6	1.4
BBB		4.1	6.5
무 응 답		2.3	1.1

계	100.0	100.0
(태도차원)		
개인적 지향(A)	94.7	88.7
문화적 제재(A)	81.9	79.5
예상되는 행동(A)	94.2	86.9

[표 Ⅵ-9]에서 보듯이, 노사 모두가 기술혁신에 대해서는 긍정적인 태도를 보이고, 그것이 유효가치가 될 확률도 매우 높다. OV의 비율이 관리자 91.2%, 근로자 86.8%에 이른다. 그러나 근로자보다는 관리자가 더 긍정적인 것도 사실이다.

그런데 태도차원에 대한 자료를 보면, 개인적으로는 기술혁신을 환영하나, 주위사람들도 환영할 것이라는 비율은 상당히 떨어지고 있다.

10. 勞動組合의 性格에 대한 態度

노동조합의 성격이 주로 조합원의 경제적인 권익옹호와 이해증진에 그 활동을 집중시키는 것이 되든가, 정치적인 활동에도 적극성을 띠는 것이 될 수도 있다. 앞의 것을 경제주의 노조라 하고, 후자를 정치적 노조주의라 한다. 적어도 공업화 초기에서는 경제주의적 노조보다도 정치적 관심이 높은 노조가 지배적이다. 하지만, 공업발전과 관련해서는 경제주의적 노조가 유리하다고 보는 것이 보통이다.

問 10. 각 공장의 노동조합에는 다음과 같은 두 가지 종류가 있을 것
입니다.

(A) 주로 임금, 가입조건 등 경제적인 이익을 도모하는 노동조합.
(B) 경제적인 이익은 물론 정치적인 문제에도 관여하는 노동조합.

1. 귀하는 어떤 노동조합을 좋아하십니까?　(A)___ (B)___	
2. 귀하는 아는 대부분의 사람들은 어떤 노동조합을 더 좋아할 것 같습니까?　　　　　　　　　　　　(A)___ (B)___	
3. 귀회사의 노동조합은 어떤 종류일 것 같습니까?　　　　　　　　　　　　　　　　　　　(A)___ (B)___	

[표 Ⅵ-10]은 노동조합의 성격에 대한 노사의 태도를 분
석·정리한 것이다. 관리자나 근로자나 OV의 비율이 각각
78.4%, 70.5%로 서 노동조합이 주로 경제적인 권익도모에
경주해야 한다는 태도가 우세하나, 근로자들이 정치적 노조를
상대적으로 선호하는 성향이 보인다. 특히 주목할 것은 태도
차원의 분석에서 개인이나 집단의 선호와는 관계없이, 정치적
노조로 기울어지는 경향이 근로자들 사이에서 강하게 드러난
다는 점이다.

[표 Ⅵ-10] 노동조합의 성격에 대한 태도(%)

태도군 \ 대상집단		관리자	근로자
AAA	OV	73.7	65.0
ABA		4.7	5.5
BAA	AV	0.6	1.4
BBA		1.8	3.5
AAB	CV	4.1	4.3
ABB		2.3	1.3
BAB	LB	0.6	1.3
BBB		2.3	11.5
무 응 답		9.9	3.8
계		100.0	100.0
(태도차원)			
개인적 지향(A)		88.3	76.5
문화적 제재(A)		76.6	75.9
예상되는 행동(A)		80.7	59.1

Ⅶ. 國家的인 經濟活動과 政策에 대한 意識

1. 工業發展과 社會福祉

국가발전이 공업발전과 동일시되어야 한다는 법이 없고 궁극에는 온 사회가 생활수준이 향상된 복지국가를 지향한다는 것은 사실이다. 그리고 어느 정도의 사회후생사업이 없이는 경제발전도 순조롭지 못하다는 것은 자주 지적되는 사실이다.

그러나 발전 초기에 있어서 제한된 자원을 가지고 적절히 배당해야 하는 사회에서는 어차피 어느 한쪽에다 중점을 두고 시작해야 한다. 그래서 공장, 철도, 댐, 항만 등의 개발과 사회복지사업인 병원, 주택의 개발 중 어느 쪽에 중점을 두어야 할까를 다음과 같이 질문하여 보았다.

問 1. 우리나라의 경우 물론 두 가지 다 중요하겠지만 다음 중에서 어느 쪽에다 더 중점을 둘 수 있을 것입니다.

　　(A) 새로운 공장을 건설하는 데 더 중점을 둔다.
　　(B) 사회복지사업을 개발하는 데 더 중점을 둔다.

1. 귀하는 이 두 가지 정책 중에 어떤 것을 더 좋아하십니까? (A)___ (B)___
2. 귀하가 아는 대부분의 사람들은 어떤 정책을 더 좋아할 것 같습니까?　(A)___ (B)___
3. 실지로 우리나라에서는 어떤 정책을 따를 것 같습니까? (A)___ (B)___

　　대체로 [표 Ⅶ-1]에서 나타나듯이 노사 공히 공업발전의 상대적 중요성을 인정하는 경향이 보인다. 태도군에 의한 분석에 있어서 관리자의 OV가 68.8%, LB가 17.6%로서 사회복지보다 공업발전에 대한 유효적 가치관의 비중이 높으며 근로자들도 대체적인 경향은 관리자와 같지만 그 정도에 있어서 OV가 51.3%, LB가 29.3%로서 관리자보다는 행동가능성의 면에서 공업발전에 대한 유효적 가치관의 비중이 줄어들고 사회복지에 대한 관심이 약간 높게 나타나고 있다. 태도

차원에서도 노사간에는 차이를 보여주고 있다. 관리자에 비해
근로자들은 복지에 더 큰 관심을 보이는 것이다.

[표 Ⅶ-1] 공업발전과 사회복지(%)

태도군 \ 대상집단		관리자	근로자
AAA	OV	53.0	42.5
ABA		15.8	8.8
BAA	AV	1.8	3.8
BBA		5.3	8.7
AAB	CV	2.3	3.9
ABB		1.8	2.4
BAB	LB	5.9	5.7
BBB		11.7	23.6
무 응 답		1.8	0.6
계		100.0	100.0
(태도차원)			
개인적 지향(A)		73.7	49.9
문화적 제재(A)		64.3	46.6
예상되는 행동(A)		79.0	53.2

2. 國家에 대한 歸屬感

후진국일수록 근대적 국가관이 희박하고 국가라는 공간적
개념이 약하다는 것이 정설이다. 우리나라에서는 이것이 비교
적 문제가 덜 되는 것 같다. 오히려 국가의 이익을 자기의 개인
적 이익이나 특정집단의 이익보다 더 중요시하느냐 하는 문제
나 국가에 대하여 얼마나 강한 귀속의식을 지니고 있느냐가 더

문제이다. 민족주의 운운하지만 사실상 일제 지배하에서의 감
정적인 민족주의는 해방 후 구체적인 공격대상을 잃었고 그 후
조수처럼 밀려든 자유민주주의는 개인적인 이익을 국가이익에
앞세우는 자기중심적인 개인주의를 급속히 발전시키기에 이르
렀다. 이러한 상황에서 정부가 조국근대화를 부르짖고 나설 때
국민들이 얼마만큼 국가에 대한 애착심이나 귀속의식을 가지고
이에 응할 것인가는 상당히 문제가 된다.

問 2. 다른 나라에 가서 그 나라의 국적을 얻을 기회가 주어졌다고 할
　　　때 귀하가 취할 수 있는 태도를 다음과 같은 두 가지로 생각해
　　　보십시오.

　　　(A) 그 기회를 무시하고 한국에서 산다.
　　　(B) 그 기회를 이용해서 한국을 떠난다.

1. 귀하는 이 둘 중에서 어느 쪽을 더 원하십니까? 　　　　　　　　　　　　　　　　　　(A)___ (B)___ 2. 귀하가 아는 대부분의 사람들은 어느 쪽을 더 원할 것 같습 　 니까?　　　　　　　　　　　　　(A)___ (B)___ 3. 실지로 귀하는 어떻게 하시겠습니까?　(A)___ (B)___

　이와 같은 국가에 대한 귀속지식을 알아보기 위한 질문은 위
와 같다.

[표 Ⅶ-2] 국가에 대한 귀속감(%)

태도군	대상집단	관리자	근로자
AAA	OV	33.3	28.2
ABA	OV	26.3	22.5
BAA	AV	1.2	1.7
BBA	AV	2.3	6.1
AAB	CV	1.8	1.1
ABB	CV	5.3	4.4
BAB	LB	7.0	5.2
BBB	LB	19.3	29.5
무 응 답		19.3	29.5
계		100.0	100.0
(태도차원)			
개인적 지향(A)		67.8	45.2
문화적 제재(A)		42.7	39.8
예상되는 행동(A)		64.9	47.2

[표 Ⅶ-2]에 의해서 태도군에 의한 행동예측을 보면 관리자가 근로자보다는 높은 OV를 보이고 있어 타국의 시민이 될 기회를 거부하고 본국에 머물러 있겠다는 가치지향이 더 강하다. 이러한 경향은 태도차원에서도 나타나는데 관리자의 개인적 지향 67.8%에 대하여 문화적 제재는 42.7%로서 상당히 불리한 상태에 있지만 그래도 예상되는 행동에서는 64.9%를 보임으로써 개인적 지향만큼의 수준을 보이고 있지만 근로자는 29.8%라는 낮은 문화적 제재는 물론 개인적 지향이나 예상되는 행동이 과반에도 미치지 못한 상태를 보인다. 근

로자들이 조국을 떠날 용의가 있다는 이러한 성향은 보기에
따라 심각한 쟁점이 될 수도 있다.

3. 國家를 위한 個人의 犧牲用意度

국가의식을 알아내는 또 다른 방법은 국가적인 공업발전을
위해서 정부가 개인의 봉급이나 임금에 대한 통제를 하는 것
이 좋은지에 대한 태도를 알아보는 것이다.

問 3. 만일 정부에서 공업발전을 촉진시키기 위하여 임금과 급료를 앞
    으로 2년 동안 지금과 같은 수준으로 고정하겠다고 제안한다면
    이에 대하여 귀하가 취할 수 있는 행동을 다음과 같은 두 가지
    로 생각해 보십시오.

  (A) 그러한 제안을 지지한다.
  (B) 그러한 제안에 반대한다.

1. 귀하는 이 둘 중에서 어떻게 하기를 더 원하십니까?　　　　　　　　　　　　　　　　(A)___ (B)___
2. 귀하가 아는 대부분의 사람들은 어떻게 하기를 더 원할 것 같습니까?　　　　　(A)___ (B)___
3. 실지로 귀하는 어떻게 하시겠습니까?　　(A)___ (B)___

간접적이지만 개인의 생활과 관련이 있는 임금과 봉급에 대
한 정부의 통제를 어느 정도 인정하느냐 하는 것으로써 국가
에 대하여 협력할 용의를 측정하려는 것이다. 동시에 정부에

대한 신뢰도도 간접적으로 알아낼 수 있다. 준비된 질문은 위
와 같다.

[표 Ⅶ-3] 국가를 위한 개인의 희생용의도(%)

태도군 \ 대상집단		관리자	근로자
AAA	OV	12.3	23.0
ABA		6.4	8.8
BAA	AV	0.0	0.5
BBA		2.9	2.5
AAB	CV	1.8	2.4
ABB		4.1	4.3
BAB	LB	0.6	1.3
BBB		67.3	56.1
무 응 답		4.7	1.3
계		100.0	100.0
(태도차원)			
개인적 지향(A)		24.6	27.9
문화적 제재(A)		27.9	24.7
예상되는 행동(A)		27.2	25.5

[표 Ⅶ-3]에 의하면, 우선 관리자나 근로자 모두 국가를
위한 개인의 희생용의도는 극히 낮다는 것을 알 수 있다. 태
도차원에서 볼 때도 국가를 위해서 개인의 희생을 치를 만큼
의 국가의식은 갖고 있지 않다는 것이 확연히 드러난다. 공업
화 초기에서 이 정도의 국가관이라면 정부가 시책을 수행하
는 데 다각적인 유인책을 강구할 필요가 있다고 할 것이다.

4. 重要産業의 國營에 대한 見解

민간기업이 자주적이고 합리적 자본축적이 어려운 발전 초
기에 있어서 정부가 기간산업을 소유, 운영하는 것은 많은 나
라가 취하는 기본방침인 것 같다. 그러나 요즘 차차 민간기업
이 커지고 국영기업체의 경영합리화가 문제되면서 민영화의
기운이 싹트고 있는 만큼 이 문제를 중심으로 정부의 경제정
책에 대한 국민의 태도를 알아보는 것도 중요한 일일 것이다.
아직은 중앙정부가 기간산업을 통제하는 것이 공업발전계획으
로서는 유리하다는 가정 아래 다음과 같은 질문을 준비하였다.

問 4. 우리나라에서 중요한 산업(기간산업)을 운영하는 방법을 다음과
　　　같은 두 가지로 생각해 보십시오.

　　(A) 정부가 중요한 산업을 소유하고 운영한다.
　　(B) 민간기업체가 중요한 산업을 소유하고 운영한다.

> 1. 귀하는 이 둘 중에서 어떤 것을 좋아하십니까?
>   (A)___ (B)___
> 2. 귀하는 아는 대부분의 사람들은 어떻게 하는 것을 더 좋아할
>   것 같습니까?   (A)___ (B)___
> 3. 실지로 우리나라에서는 어떻게 할 것 같습니까?
>   (A)___ (B)___

　[표 Ⅶ-4]는 중요산업의 국영에 대한 의견을 분석, 정리한
것인데, 일단 노사 공히 중요산업의 국가운영을 달가워하지 않
으며, 이러한 태도는 근로자보다 관리자에서 더 높다. 즉 관리

자의 OV는 21.7%에 지나지 않지만 LB는 56.1%이고 근로자
도 그 정도는 약하지만 OV가 34.8%임에 비하여 LB는 42.2%
를 나타내고 있다. 태도차원에서도 이러한 경향은 마찬가지다.

[표 Ⅶ-4] 중요산업의 국영에 대한 견해(%)

태도군	대상집단	관리자	근로자
AAA	OV	16.4	27.1
ABA		5.3	7.7
BAA	AV	2.9	2.4
BBA		10.5	8.1
AAB	CV	2.3	8.0
ABB		1.8	3.0
BAB	LB	4.7	4.1
BBB		51.5	38.0
무 응 답		4.7	1.1
계		100.0	100.0
(태도차원)			
개인적 지향(A)		26.9	41.4
문화적 제재(A)		26.9	38.5
예상되는 행동(A)		36.8	40.2

그러나 우리 정부의 예상되는 행동에서는 36.8%를 보임으
로써 중요산업의 국영이라는 정부행동에 대한 예상이 개인적
지향이나 문학적 제재보다 높다. 이는 근로자도 마찬가지로
개인적 지향의 41,4%, 문화적 제재의 38.5%에 비하여 정부
의 예상행동은 40.2%를 나타내고 있다. 하지만 전반적인 면
에서 중요산업의 국영화에 대한 지지도가 높은 것은 아니다.

특히 관리자들이 민영화에 더 큰 관심을 보이고 있다.

5. 私企業에 대한 政府役割 評價

발전 초기에 있어서 사기업활동은 여러 가지의 난관이 있다. 특히 자본부족의 곤란이다. 이런 때 정부가 보조해 줄 수 있다는 것은 상당히 긴요한 일이다. 그래서 공업발전에 있어서 정부의 역할에 대한 태도를 알아보는 한 가지 방도로서 기간산업계의 대회사가 파산위기에 있을 때 정부는 가능한 보조를 할 것인지 아니면 모른체하고 회사 자체가 최선을 다하도록 내버려둘 것인지를 파악하고자 하였다.

問 5. 중요한 산업에 속하는 큰 회사가 파산할 입장에 처해 있을 때 정부가 할 수 있는 일은 다음 두 가지로 생각할 수 있을 것입니다.

    (A) 국민의 세금인 국고금을 써서라도 그 회사를 재정적으로 도와 준다.

    (B) 회사 스스로 최선을 다하도록 내버려둔다.

> 1. 귀하는 정부가 어떻게 하는 것을 더 원하십니까?
>   (A)___ (B)___
> 2. 귀하가 아는 대부분의 사람들은 어떻게 할 것을 더 원할 것 같습니까?   (A)___ (B)___
> 3. 실지로 우리나라에서는 정부가 어떻게 할 것 같습니까?
>   (A)___ (B)___

사기업에 대한 정부의 역할을 어떻게 보는가를 분석, 정리한 [표Ⅶ-5]에 의하면 우선 태도군에 있어서 관리자의 경우는 OV가 65.5%, LB가 12.8%, CV가 15.6%, OV가 78.1%, LB가 5.9%, CV가 11.9%로서 중요 사기업이 부딪친 위기의 해결에 정부가 적극적으로 개입할 것을 기대하고 있다. 한편 태도차원에 의한 분석에서도 이러한 경향은 역시 나타나고 있는데 관리자보다는 근로자가 더 적극적인 것도 마찬가지다.

[표 Ⅶ-5] 사기업에 대한 정부 역할에 대한 평가(%)

태도군	대상집단	관리자	근로자
AAA	OV	60.8	71.5
ABA	OV	4.7	6.6
BAA	AV	0.0	0.8
BBA	AV	2.9	2.2
AAB	CV	9.9	9.5
ABB	CV	4.7	2.4
BAB	LB	2.9	0.9
BBB	LB	9.9	5.0
무 응 답		4.1	1.1
계		100.0	100.0
(태도차원)			
개인적 지향(A)		81.9	85.8
문화적 제재(A)		74.1	80.6
예상되는 행동(A)		68.4	83.2

6. 傳統에 대한 態度

근대화에 있어서 전통의 역할에 대한 논의는 사회마다 그 공과가 다르므로 일률적인 결론에 도달하기가 어렵다. 어떤

전통이 어떤 형식으로 공업화나 경제발전에 작용하는지는 그
사회의 역사적 특수성과 지도자의 능력에 따라 크게 좌우되
기 때문이다. 그러나 기본적인 가정의 하나는 동양사회 같은
후진국에서는 전통이 일시적으로 공업발전에 기여하기보다는
저해하는 요인으로 작용한 예가 많으므로 전통은 되도록 버
리는 것이 초기에는 유리하다는 결론이다. 따라서 전통적 관
습은 되도록 버리는 게 좋은지 되도록 간직해야 하는지를 다
음과 같이 물어 보았다.

問 6. 전통에 관해서 국민이 취할 태도를 다음 두 가지로 생각해 보
     십시오.

   (A) 전통적 관습이나 관념을 버린다.
   (B) 전통적 관습이나 관념을 보존한다.

> 1. 귀하는 이 둘 중에서 어떤 것을 더 좋아하십니까?
>   (A)___ (B)___
> 2. 귀하가 아는 대부분의 사람들은 어떤 것을 더 좋아 할 것
>   같습니까?   (A)___ (B)___
> 3. 우리나라 국민들은 실제로 어떻게 할 것 같습니까?
>   (A)___ (B)___

[표 Ⅶ-6]에 의하면 전통은 버리자는 의견과 간직하자는
의견이 대립되는 경향을 보이고 있다. 태도군에 의한 행동예
측에서 볼 때 관리자는 OV가 36.9%, LB가 34.0%, CV가
17.0%, AV가 7.1%로서 OV와 LB간에 팽팽한 충돌을 보이고
있으며, 근로자는 OV가 30.1%, LB가 43.5%, CV가 14.8%,

AV가 **9.7%**로서 오히려 **LB**쪽으로 기우는 경향을 보인다. 다만, 태도차원에서는 관리자의 개인적 선호로 보면, 전통을 버리는 쪽으로 약간 기울고 있는 반면, 근로자는 예상행동에서 전통보존 성향이 더 강하게 나타나고 있음을 주목할 필요가 있다. 근로자층의 보수성을 엿보게 하는 결과라 하겠다.

[표 Ⅶ-6] 전통에 대한 태도(%)

태도군 \ 대상집단		관리자	근로자
AAA	OV	27.5	23.8
ABA		9.4	6.3
BAA	AV	1.2	4.6
BBA		5.9	5.1
AAB	CV	11.1	8.2
ABB		5.9	6.6
BAB	LB	4.7	6.8
BBB		29.3	36.7
무 응 답		5.3	1.6
계		100.0	100.0
(태도차원)			
개인적 지향(A)		53.4	43.2
문화적 제재(A)		44.4	41.3
예상되는 행동(A)		48.5	39.7

7. 政經分離原則에 대한 態度

정경분리를 원칙으로 하는 외교정책은 실지로 우리나라에서는 현실적인 논의의 대상이 아니 될 수도 있다는 것이 옳

겠지만, 그런대로 국가의 경제적 이익을 고려할 때 가능한 범위 내에서 이러한 원칙 위에 외교를 넓히는 것이 유리하다는 일반적인 의견을 전제로 공산국가 여부를 막론하고 교역을 하는 것이 어떠냐는 질문을 던져 보기로 하였다.

問 7. 우리나라가 무역을 하는 데 있어서 다음과 같은 두 가지 정책을 생각해 보십시오.

    (A) 정치적인 차이를 무시하고 어떤 나라든지 무역을 한다.
    (B) 공산주의가 아닌 나라하고만 무역을 한다.

1. 우리나라의 경우 귀하는 어떤 무역정책을 더 원하십니까? (A)___ (B)___
2. 우리나라의 경우 귀하가 아는 대부분의 사람들은 어떤 정책을 더 원할 것 같습니까?　(A)___ (B)___
3. 우리나라는 실지로 어떻게 할 것 같습니까? (A)___ (B)___

　[표 Ⅶ-7]에서 볼 때 우선 태도에 있어서나, 태도차원을 보아서나, 공산주의에 대한 거부감이 상당히 크다는 것을 알 수 있다. 경제적인 이익에도 불구하고 정경분리가 불가하다는 견해는 관리자나 근로자나 공통적이며, 특히 개인적·사회적 의견과는 무관하게 실제행동 가능성은 더 반공으로 흐르는 것이 특징이다.

[표 Ⅶ-7] 정경분리원칙에 대한 태도(%)

태도군	대상집단	관리자	근로자
AAA	OV	22.8	22.2
ABA		4.1	3.3
BAA	AV	1.8	1.9
BBA		0.6	1.4
AAB	CV	11.1	8.9
ABB		6.4	6.8
BAB	LB	3.5	2.5
BBB		44.4	51.7
무 응 답		5.3	1.3
계		100.0	100.0
(태도차원)			
개인적 지향(A)		44.4	42.1
문화적 제재(A)		39.8	37.5
예상되는 행동(A)		28.7	31.7

8. 國家指導者에 대한 信賴度

공업화발전을 이끌어 가는 정부지도자는 어떤 사람이어야
할 것인가? 그들의 성격에 따라 국민의 호응노 좌우될 수 있
을 것이다. 여기서는 다음과 같은 질문을 던져 보았다.

[표 Ⅶ-8]에서 우선 태도군에 의한 행동가능성을 보면, 노
사 공히 유효적 가치관은 지도자의 소신을 중시하는 쪽이다.
관리자의 OV가 53.2%, LB가 22.3%이며 근로자는 OV가
50.6%, LB가 25.1%이며, 관리자들이 다소 유효적 가치관으
로 기우는 것 같다. 이러한 경향은 태도차원에서도 유사한데,

단지 문화적 제재, 즉 사회의 일반적 분위기는 오히려 소신
있는 지도자보다 국민의 의사를 중시하는 지도자를 선호할
것이라는 견해를 보이는 게 특징이다.

問 8. 정부 지도자들은 자기네들이 국가에 유익하다고 생각하는 일이
라도 국민들이 당장에 바라는 것과는 맞지 않는다는 것을 알게
될 때가 있습니다. 이런 경우에 정부지도자들이 할 수 있는 행
동을 다음과 같은 두 가지로 생각해 보십시오.

(A) 자기들 생각에 가장 유익하다고 믿는 대로 정치를 한다.
(B) 국민들이 당장에 바라는 대로 정치를 한다.

> 1. 귀하는 정부지도자들의 어떤 행동을 더 원하십니까?
>   (A)___ (B)___
> 2. 귀하가 아는 대부분의 사람들은 어떤 것을 더 원할 것 같습
>   니까?   (A)___ (B)___
> 3. 실지로 우리나라 지도자는 어떻게 할 것 같습니까?
>   (A)___ (B)___

[표 Ⅶ-8] 국가지도자에 대한 신뢰도(%)

태도군 \ 대상집단		관리자	근로자
AAA	OV	31.6	34.5
ABA	OV	21.6	16.1
BAA	AV	0.0	2.2
BBA	AV	9.4	9.9
AAB	CV	5.3	4.6
ABB	CV	5.3	5.5

BAB	LB	1.2	3.5
BBB		21.1	21.6
무 응 답		4.7	2.2
계		100.0	100.0
(태도차원)			
개인적 지향(A)		64.3	60.0
문화적 제재(A)		38.0	42.4
예상되는 행동(A)		63.7	59.5

9. 工業과 農業의 相對的 重要性

농업국의 전통을 오랫동안 탈피하지 못하던 후진 제국의 공업화노력은 무시할 수 없는 힘을 가지고 추진되고 있다. 그러나 문제는 선진 제국이 밟은 과정을 그대로 답습하지는 못한다는 데 고민이 있다. 공업과 농업의 균형 있는 발전이 긴요한 것만은 사실이나 그것이 말처럼 쉽사리 이룩될 성질의 것이 아니기 때문이다. 하여간 현재로 보아서는 공업에 우선적인 비중을 주는 것만은 사실이다. 그래서 이 두 가지의 상대적·중요성에 대하여 다음과 같이 물어보았다.

[표 Ⅶ-9]는 공업과 농업의 상대적 중요성에 관한 의견을 분석, 정리한 것이다. 공업의 중요성은 노사 다같이 인정하며 관리자가 다소 더 강조하는 듯하다. 태도 차원에서도 비슷하지만, 사회 전반의 분위기는 아직도 공업 중시 가치관이 약간 저조하다는 견해가 나타난다.

問 9. 우리나라가 발전하기 위해서는 공업과 농업 두 가지가 다 중요
    합니다만 정부에서는 어느 한쪽을 중점적으로 발전시키는 것이
    가장 좋다고 생각할 수 있습니다. 정부의 정책을 다음 두 가지
    로 생각해 보십시오.

(A) 농업보다는 공업을 중점적으로 발전시킨다.
(B) 공업보다는 농업을 중점적으로 반전시킨다.

> 1. 귀하는 정부에서 어떤 쪽을 중점적으로 발전시키기를 더 원
>   하십니까?   (A)___ (B)___
> 2. 귀하가 아는 대부분의 사람들은 어느 쪽을 더 원할 것 같습
>   니까?   (A)___ (B)___
> 3. 실지로 정부는 어떻게 할 것 같습니까?   (A)___ (B)___

[표 Ⅶ-9] 공업과 농업에 대한 중시도(%)

태도군 \ 대상집단		관리자	근로자
AAA	OV	67.3	63.5
ABA	OV	12.3	12.1
BAA	AV	2.3	2.7
BBA	AV	0.0	2.7
AAB	CV	2.9	3.2
ABB	CV	2.3	2.7
BAB	LB	0.6	4.1
BBB	LB	5.9	6.3
무 응 답		6.4	2.8
계		100.0	100.0
(태도차원)			
개인적 지향(A)		86.0	79.5

문화적 제재(A)	72.5	73.2
예상되는 행동(A)	83.0	79.4

10. 새로운 技術의 輸入과 國內開發

후진국에서는 기술의 자체개발보다는 이미 선진국에서 발전시킨 기술을 수입하는 것이 유리한 점의 하나이다. 따라서 외국에 대한 개방적 태도와 가능하면 새로운 문물을 많이 수용하려는 태도는 중요하다. 물론 무엇을 언제 어떻게 들여오느냐 하는 기술적인 문제들이 있고 또 외국으로부터 피동적으로 수입해 오는 것이 지나침으로써 생기는 부작용도 없지 않다. 그러나 일반적으로 개방적인 태도는 유리하다고 보아 새로운 것을 되도록 많이 받아들여야 한다고 보는지 또는 되도록 적게 받아들여야 한다고 보는지를 다음과 같이 물어 보았다.

問 10. 국가발전을 위해서 다음 두 가지 방법을 생각해 보십시오.

(A) 다른 나라에서 새로운 기술과 시설을 도입해 오는 것을 더 장려한다.
(B) 우리나라에서 새로운 기술과 시설을 개발시키는 것을 더 장려한다.

1. 귀하는 이 둘 중에서 어떤 것을 더 원하십니까? 　　　　　　　　　　　　　(A)___ (B)___
2. 귀하가 아는 대부분의 사람들은 어떤 것을 더 원할 것 같습니까? 　　　　　　　　　　　　　(A)___ (B)___
3. 실지로 우리나라에서는 어느 쪽을 더 장려할 것 같습니까? 　　　　　　　　　　　　　(A)___ (B)___

[표 Ⅶ-10]에서 볼 때 전체적으로 수입과 자체 개발에 대한 견해는 상충되고 있으며 수입장려가 유효가치관인 응답자의 비율도 낮은 편이다. 그러나 태도차원으로 보면, 관리자는 훨씬 더 긍정적인 태도를 나타내는 반면, 근로자는 개인적 선호보다 사회의 문화적 제재 때문에 좇아가는 듯한 자세를 보인다.

Ⅷ. 綜合 및 結論

지금까지는 價値內容의 항목별로 응답유형을 검토해 왔다. 이제 이것을 한눈에 쉽게 파악하고 가치유형에 의하여 이해하기 위하여 다음과 같은 종합표를 만들었다. 표에 의하여 각 가치내용에 따른 노사의 지향을 살펴보면 다음과 같다.

첫째로 총 30개의 가치내용에 있어서 관리자는 18개 항목에서 유효 가치관을, 그리고 12개 항목에서 행동유관성이 낮은 가치관을 나타내고 있으며 근로자는 유효 가치관과 행동유관성이 낮은 가치관이 각각 15개 항목씩이다. 따라서 이러한 종합에서만 보더라도 공업발전을 위해서 유효한 가치관은 근로자보다 관리자들이 좀더 긍정적인 편이다.

둘째로 차원별로 볼 때 노사 공히 행동유관성이 낮은 가치관을 두드러지게 보이는 것은 組織體 차원이다. 다음으로는 국가적인 차원이고 개인적인 차원에서 유효가치관의 비율이 가장 높다. 노사별로도 이러한 경향은 같다. 즉 관리자의 유효 가치관이 높은 가치내용은 개인차원이 7항목, 국가 차원이

7항목으로 같고 조직체 차원은 4항목에 불과하다. 근로자는
개인 차원이 7항목, 국가 차원이 5항목, 조직체 차원이 4항목
으로 나타나고 있다. 따라서 관리자와 근로자의 행동 가능한
가치관이 가장 저조한 분야가 조직체 차원이다.

[표 Ⅷ-10] 새로운 기술의 수입과 국내개발(%)

태도군	대상집단	관리자	근로자
AAA	OV	42.7	30.6
ABA		3.5	4.1
BAA	AV	3.5	7.6
BBA		9.8	7.6
AAB	CV	4.1	3.3
ABB		2.9	2.2
BAB	LB	4.1	8.7
BBB		25.2	35.0
무 응 답		4.7	1.6
계		100.0	100.0
(태도차원)			
개인적 지향(A)		53.8	39.8
문화적 제재(A)		54.4	49.5
예상되는 행동(A)		60.8	47.7

셋째로 노사가 상반되는 지향을 나타내는 가치내용으로는
개인 차원에서는 '경제적 합리성' 국가 차원에서 '전통에 대
한 태도', 외국문물의 '수입과 국내개발' 등이다. 이 세 항목
은 모두 그 가치지향이 보수성 내지 관습성에 있는 것으로서,
관리자가 가치수용에 개방적인 점을 시사하는 데 비해서 근
로자는 '현상유지'(Status quo)적인 성향을 보여준다고 하겠

다. 따라서 공업발전을 위한 유한가치관의 선도적인 수용역할
은 근로자보다 관리자에서 기대해야 한다고 할 것이다.

넷째로 유효가치관의 확률이 높은 가치내용은 개인 차원에
서 '개인적 성취의 중요성', 조직체 차원에서 '기술혁신의 수
용태도', 국가 차원에서 '공업과 농업의 상대적 중요성'이며
가장 행동 유관성이 낮은 가치관은 개인 차원의 '勤勞性向',
조직체 차원의 '실력과 연공에 대한 평가; 국가 차원의 '국가
를 위한 개인의 희생용의도'이다.

다섯째, 대부분의 가치내용에 있어서 다소 우열의 정도차이
는 있지만 OV나 LB간에 상충을 경험하고 있고 몇 개의 항
목은 완전히 CV 혹은 LB에 편중되는 태도를 보이고 있다.
즉 '장래를 위한 검약성', '사업적인 모험성향', '교육관', '소
비성향', '개인적 성취의 중요성', '원가의식과 이에 대한 협
력', '기술혁신의 수용태도', '노동조합의 성격에 대한 태도',
'私企業에 대한 정부 역할평가', '공업과 농업의 상대적 중요
성에 있어서는 유효가치관이 지배적이며', '전제적 의사결정
에 대한 태도', '국가를 위한 개인의 희생용의도'에서는 행동
유관성이 낮은 가치관이 지배적이다. 그리고 이러한 명백한
태도표현은 조직체 차원이나 국가적 차원에서보다는 개인적
차원에서 더욱 높게 나타나는 경향이 있다.

이번 연구에서는 태도의 차원을, ① 자신의 선호를 대표하
는 개인적 지향, ② 주위 사람들의 태도 또는 사회 전반의 인
식에 대한 인지를 일컫는 문화적 제재, 그리고 ③ 실제 자기
가 하리라고 예상하는 행동의 세 가지로 나누어 검토한 바
있는데 그 결과 주목할 만한 현상이 드러났다. 도합 30개 항

목 중 **60%**에 해당하는 18개 문항에 대해서 응답자들은 자신
의 개인적 선호 및 예상 행동과 주위의 다른 사람들이 지닌
것으로 판단하는 태도 사이에 일정한 정도의 괴리가 있다는
결과를 보이고 있는 것이다. 다시 말해서, 개인적 지향과 사
회의 일반적 성향과는 반드시 일치하지 않는 태도 영역이 상
당히 있다는 말이다.

　구체적으로는, 먼저 개인의 가치 지향 차원에서 '저축 성
향', '경제적 합리성', '소비 성향', '투자 성향' 등의 영역에
서 자신은 저축하고 합리적으로 행동하며 소비절약을 하고
투자를 중시하지만 우리 사회의 다른 사람들은 일반적으로
그렇지 못하다는 생각을 하고 있으며, '물질 대 정신'의 항목
에서는 자기는 정신이 중요하다고 생각하는 데 비해 다른 사
람들은 물질을 중시하는 것 같다는 대답을 하고 있다. 다음,
조직체 차원에서 보면, '인사의 개방성', '회사에 대한 귀속의
식', '원가의식', '직속 상사에 대한 신뢰', '작업중심주의', 및
'기술 혁신'의 가치 영역에서 자기는 이런 가치들을 선호하고
그에 따라 행동하려 하지만, 다른 사람들은 그런 성향이 부족
하다고 생각하며, '회사 간부와의 일체감'과 '전제적 의사결
정'에 대해서는 자신보다는 다른 종업원들이 더 우호적이라는
의견을 펴고 있다. 그리고 국가 차원에서는, 자기 자신은 복
지나 농업 발전보다 우선 공업 발전이 중요하다고 보는 데
비해 다른 사람들은 그런 것 같지 않으며, 자기는 국가에 대
한 귀속의식이나 지도자에 대한 신뢰가 있지만 사회 전반의
성향은 덜 그런 것 같다는 생각을 하고 있다.

종 합 표 (%)

가치내용 ＼ 대상집단	관 리 자	노 동 자
근로성향	LB(51), OV(26)	LB(49), OV(31)
장래를 위한 검약성	OV(82)	OV(84)
사업적인 모험성향	OV(48)	OV(52)
저축성향	OV(60),CV(22)	OV(64),CV(18)
교육관	OV(81)	OV(75)
경제적 합리성	OV(42), LB(35)	LB(44), OV(36)
소비성향	OV(78)	OV(75)
개인적 성취의 중요성	OV(90)	OV(89)
물질적 부와 정신적 만족	LB(52), OV(31)	LB(35), OV(27)
투자성향	LB(49), OV(33)	LB(55), OV(31)
회사간부에 대한 일체감	LB(63), OV(26)	LB(50), OV(37)
인사관리의 개방성과 폐쇄성	OV(56), LB(24)	OV(44), LB(22)
회사에 대한 귀속의식	LB(40), OV(39)	LB(50), OV(34)
원가의식과 이에 대한 협력	OV(82)	OV(79)
직속상사에 대한 신뢰도	LB(56), OV(28)	LB(59), OV(28)
실력과 연공에 대한 평가	LB(63), OV(18)	LB(67), OV(18)
작업중심주의에 대한 태도	LB(46), OV(36)	LB(55), OV(30)
전제적 의사결정에 대한 태도	LB(67)	LB(68)
기술혁신의 수용태도	OV(91)	OV(87)
노동조합의 성격에 대한 태도	OV(78)	OV(71)
공업발전 대 사회복지	OV(69)	OV(51), LB(29)
국가에 대한 귀속감	OV(60), LB(26)	OV(51), LB(35)
국가를 위한 개인의 희생용의도	LB(68)	LB(57), OV(32)
중요산업의 국영에 대한 견해	LB(56), OV(22)	LB(42), OV(34)
사기업에 대한 정부 역할 평가	OV(65)	OV(78)

전통에 대한 태도	OV(37), LB(34)	LB(43), OV(30)
정경분리원칙에 대한 태도	LB(48), OV(27)	LB(54), OV(26)
국가지도자에 대한 신뢰도	OV(53), LB(22)	OV(51), LB(25)
공업과 농업의 상대적 중요성	OV(80)	OV(76)
새로운 기술의 수입과 국내개발	OV(46), LB(29)	LB(44), OV(35)

이처럼, 자기 개인의 가치지향과 사회적인 가치지향 사이에 어느 정도 거리가 있는 것으로 인지한다는 사실은 우리 사회가 앞으로 공업화를 추진하는 데 있어서 국가적 합의 내지 국민적 참여를 얻어내는데 각별한 노력이 필요할지도 모른다는 점을 시사해 준다 하겠다.

따라서 이상의 결과로써 우리는 관리자와 근로자의 공업발전에 관련된 가치지향을 다음과 같이 요약할 수 있으리라고 본다.

우선, 개인적 차원에서 관리자들은 자기발전을 본인의 능력에 기대하려 하고 장래를 위해서 현재를 극기하겠다는 정신과 실용주의적인 교육관과 아울러 과시적인 소비행위를 좋아하지 않는 자세를 보여주면서 이에 부가하여 이를 지속시키는 가치태도로서 경제적 합리성과 저축성향을 갖고 있지만 근로성향은 낮아 휴식지향적이며 정신적인 만족을 기대하고 있다. 따라서 단적으로, 절약, 검소하는 자세는 지니지만 잉여생산을 위해 노동을 배가하기는 어렵다는 시사를 받는다. 이는 근로자에게도 대체로 같지만 경제적 합리성에 있어서는 좀더 관습지향적이다.

다음으로 조직체 차원에 있어서는 노사 공히 새로운 기술의 환영, 경제지향적 노조활동의 지지, 투철한 원가의식과 이에 협력하겠다는 의식을 보이면서 인사관리 면에서도 공업화에 유리하다고 보는 자세를 갖고 있지만, 전제적 의사결정 방식에서는 심한 반발을 보이고 있으며 회사 또는 직속상사에 대한 충성도는 상당히 낮고 作業中心主義에 대한 태도는 개인적 차원에 있어서 근로성향과 유사한 추세를 보이고 있다. 이상에서 볼 때 조직체 차원에서는 전반적으로 가치지향이 급속한 공업발전을 위해서는 크게 유리하지는 못하지만 민주적인 방식 내지 자율성에 대한 기대가 높다. 다만 실력과 연공문제에 있어서 실력보다 연공을 중시하는 태도는 의외이다.

　다음 국가적인 차원에서는 관리자들은 국가의식이 높고 기업발전에 대한 욕구성향이 짙은 편이지만 정부의 일방적인 독주를 상당히 꺼려하는 태도를 보이고 있으며 새로운 것에 대한 수용태도가 좋은 데 비하여, 근로자는 국가의식 면이나 정부 독주의 기피에서는 관리자와 일치하고 있지만 새로운 것에 대한 수용태도에 있어서는 상당히 보수적인 경향을 보이고 있다고 하겠다.

제3장 管理者와 勤勞者의 勤勞觀과 職業觀* (1967)

Ⅰ. 序論

1. 研究內容과 方法

(1) 研究內容

이 연구는 본시 고등학교 수준의 실업교육의 실상과 문제점을 사회학적인 관점에서 검토하고자 한 것이었다. 그러나 이 글에서는 그러한 연구 내용 중 일과 직업에 관한 사람들의 의식과 관념을 다룬 부분만을 보고하고 있다. 일의 의미가 무엇이며, 일은 왜 하고, 직업은 어떻게 평가하는지를 알아보는 내용이 되겠는데, 그와 같은 주제의 이론적인 배경은 후에 다시 소개할 것이다.

(2) 方 法

1) 調查對象
실업교육에 관한 전국적인 조사연구가 바람직스러운 것이

겠지만 현재까지 그러한 조사는 이미 행해진 바도 있거니와 문제의 초점이 다르다는 점을 고려할 때 이번 調査研究는 주로 다음과 같은 지역과 대상인원에 제한을 두고 실시하였다.

　㉠ 地 域

　우선 대도시 하나를 대상으로 선정하기로 하고, 이의 선정 기준으로는 ① 적어도 공농상(수산업은 특수여건을 요하므로 제외) 3개 부문의 실업고등학교가 있고, ② 도시 주변에 각종 공업시설을 갖춘 지역일 것을 고려하여 임의로 경북 대구시를 대상지역으로 정하였다.

　㉡ 對象機關

　조사대상기관은,

① 1개 공립공업고등학교와 이것과 비교하기 위한 1개 사립공업고등학교.
② 1개 공립상업고등학교와 그 비교집단으로 1개 사립상업고등학교.
③ 대구 시내에는 1개 공립농업학교밖에 없으므로 1개 농업고등학교.
④ 상기 실업계고등학교에 대한 비교집단으로 공・사립 인문계 고교 각 1개씩.
　　상기 공립실업학교 3개는 자동적으로 선택되었지만 공・사립 인문계고교는 3개 공립실업학교와 역사・시설・학생의 질 등으로 보아 비등하다고 생각되는 비교적 평판이 좋은 학교로 택했다. 이를 위해서 경북도교

육청의 전문가들에게 문의하였다. 사립공고와 상고는 대구 시내에 몇 개 되지 않으므로 크게 문제가 안 되었지만, 그래도 교육청 전문가들과 심의하여 공립학교와 비교가 될 만한 학교를 택하였다.

⑤ 대구 지역의 각종 산업조직: 가장 문제가 되었던 것은 산업조직의 선정이었다. 대구 시내에 있는 대소규모 조직 중에서 업종별·규모별로 무작위추출하는 것이 가장 이상적이겠으나, 실제에 있어서 여러 가지 난점이 개입되므로 우선 대구 상공회의소 조사과와 노동청 경북근로감독관실·경북도농촌진흥원·도내무국 등의 전문가들과 상의하여 1차로 학교별·규모별 기업체 조직체의 명단을 작성한 다음 接近容易度와 調査協調過程에 따라 우선순위를 매겨 질문서를 배부하되 일정수에 도달할 때까지 계속 새 조직체를 포함시키는 것을 원칙으로 하였다. 물론 각 업종에 따라 최소한의 수를 확보하는 것을 염두에 두고 실시하였다. 또한 업종의 선정에 있어서는 3개 실업계 고교 출신자들이 근무하리라고 생각되는 업종을 골고루 포함시키는 것을 원칙으로 하였다.

그 결과 방직계통에서 5개 기업체, 금속기계계통에서 3개, 화학계통에서 2개, 도합 제조업체 10개와, 금융계통에서 중앙은행 지점 1개와 시중은행 지점 2개, 농협 2개, 기타 서비스업에서 정부기관 半官半民企業體로 도청 2개, 군청, 농촌지도소, 농산물검사소 및 통운지점 등 도합 11개 조직체를 방문하게 되었다.

㉢ 調査對象者

본 조사연구의 주 대상집단은 실업계고교 학생과 그 졸업 생이다. 여기서 비교집단으로 인문계고교생 일부와 비실업계 고교 출신자 및 대학졸업자 그리고 중졸 이하 약간명을 포함 시켰다. 그리고 각 업체의 인사관리담당 관리자와 각 학교 교 사 및 농촌지역사회의 지도자도 가능한 만큼 비공식 면접대 상으로 삼았다. 전 조사대상자의 성은 남자에 국한시켰다.

① 고교생: 현재 고등학교 재학생은 졸업반을 상대로 하려던 것인데, 현지의 사정과 시간적인 조건 때문에 3학년생은 대부분 만나기가 어려웠으므로 전원 2학년을 대상으로 하였다.

② 졸업생(또는 현재 직장에 근무하고 있는 사람, 이하 직업 인이라 칭함): 본시 졸업생 조사는 각 학교의 동창생명부 에 의거 무작위 추출하여 우송질문서법을 실시하기로 하 고 대구 시내 업체에 근무하는 일부 종업원들에 대한 면 접조사를 할 예정이었다. 그러나 첫째로 동창생명부를 제 대로 갖춘 학교가 드물고, 둘째로는 이미 작성되어 있는 동창생 명부가 아주 부정확하나 오래 된 것이며, 셋째로 이들의 주소나 근무처가 미비하여 우송이 불가능한 것을 알게 되었다. 그리하여 이 계획을 변경, 대구 지역의 각 기관을 업종별로 나누어 고루 선택함으로써 실제로 그들 이 대도시내 제 고교 졸업생이든 아니든 상관없이 종업 원을 실업 및 인문계고교 출신자, 대학 출신자 그리고 중·고 이하로 구분 선정하기로 했다.

대상자 선정 방법 역시 현지 사정을 고려하여 출신학
교계통, 연령, 직위 등 범위를 명기해 주고 조직체의 종
업원 수에 의한 규모에 따라 목표숫자의 적당한 할당량
은 노무과, 서무과, 기획실 또는 총무과에다 맡겨서 분
배하도록 부탁하는 도리밖에 없었다.

③ 기타: 그 밖에 각 대상학교의 교사, 기업체의 관리자 및
농촌지역사회 지도자를 포함시켰는데, 교사는 교감에게
의뢰하여 각 담당과목별로 대표가 되도록 선정해 줄 것
을 부탁하였고, 관리자는 인사노무관계 해당자를 비공식
면접대상으로 잡았다.

2) 調査節次

① 고등학생: 각 대상학교에서 고교 2년 1개 학급씩을 학
교편의에 따라 선정하며 준비된 질문서를 배부, 조사원
이 설명해 준 다음 각자가 기입하도록 했다. 단 공립공
고와 농고는 전공과를 고려하여 공고에서 3학급, 농고
에서 2학급을 대상으로 정하였다.

② 직업인: 각종 기관에서 근무하는 대상자의 선정은 가장
난섬이 많은 부분이었다. 우선 전기한 내로 각 관계관
청 및 기관의 협조를 얻은 다음 협력정도가 비교적 좋
은 기관을 대상으로 잡지 않을 수 없었다. 물론 여기에
는 기관의 규모와 업종을 기본적인 고려점으로 생각한
것이 사실이다.

인원선정은 인사노무를 담당한 부서의 장에게 맡기되
연령, 학력, 직위, 직종 등을 고려하여 일정한 비율로

할당하도록 요청하였다. 질문서 배부방법은 각 기관의
담당자에게 일임하였다. 회수방법에 있어서 원래는 조
사원들이 시간을 정해서 정문에서 대기하다가 회수하기
로 하였던 것인데, 실지 형편으로 도저히 이것이 가능
하지 않았으므로 회수도 일단 책임자에게 맡겼다. 기관
별 회수율과 기타 자료는 후에 제시하겠다.

③ 기타: 학교의 교사들에게는 각 학교당 일정수의 질문서
를 주고 교감이 배부 및 회수하도록 부탁했다. 그리고
교감 기타 카운슬러와의 비공식 면접도 보충적으로 실
시하였다. 각 기관, 특히 여기서는 사기업체의 경우 인
사관리를 담당한 책임자에게 간단한 형식의 질문서를
주어 그 기관의 일반적인 사항을 기록하도록 요청했으
며, 조사자가 직접 비공식적인 면접을 하여 보완하는
것을 원칙으로 하였다.

질문서 회수상의 문제는 학생의 경우 별문제가 없었으나
종업원의 경우에는 예상했던 시간보다 훨씬 많은 날짜를 요
하였을 뿐 아니라 기관에 따라 회수율도 좋지 않았고 응답내
용도 불충실한 것이 많았다.

3) 調査實施

본 조사연구는 본시 1967년 5월에 계획준비되어 6월에 대
구에서 탐색적인 예비조사를 실시하고 7·8월에 사전검사
(pre- testing)를 하고 곧 본격적인 현지조사에 착수할 예정이
었으나 휴교령 때문에 지연되어 9월에야 사전검사가 서울 시

내와 그 변두리의 인문·실업계고교 각 1개, 1개 제조업체와 2개 시중은행 지점, 그리고 농촌지도소 교외출장소 1개를 대상으로 실시되었다.

본격적인 현지조사는 9월 말부터 10월 초에 걸쳐 약 2주간 실시하였다.

2. 調査對象者의 一般的 性格

(1) 대구시 개관

대구는 역사적으로 보아 신라시대부터 내려오는 주요 행정 도시이다. 조선 초에는 鎭을 설치함으로써 군사적 요지가 되었다. 일제하 1938년에 이르러 주변의 달성군 제 면을 편입하여 공장지대를 조성하면서 동시에 도시건설이 경영되었다. 해방 후 1949년에 府가 市로 개칭되고 1958년에는 다시 달성군의 수개 면을 편입시킴으로써 대도시의 면모를 갖출 지리적 소지를 마련하게 되었다. 1963년에는 새로이 區制를 실시하여 현재 東西南北中區의 5개로 나뉘어 인구 90만 명에 육박하는 대도시로 변모해 가고 있으며, 주변에 공업단지 건설이 진행되고 있어 번동하는 도시의 모습을 엿볼 수가 있다.[1]

대구시 인구는 1966년 10월 1일 현재로 847,494명, 총가구수 161,873호, 가구당 평균가족수는 5.2명이다. 性比는 98이며 1960년 이래 연평균 4.94%의 증가율을 보이고 있다.[2] 연령별 인구구성에서는 14세 이하가 39.54%, 60세 이상이

---

1) 대구시, 『제7회 대구시 통계연보』, 1967, p.1.
2) *ibid.*, pp.14 – 16.

3.95%이며 15세－59세의 인구가 56.51%이다. 전국인구의 경우 15세－59세까지의 활동인구가 52.2%(1965년도)인데 비하여 약간 높은 비율을 보이고 있다.3)

　산업별 인구구성을 보면 1965년 10월 1일 현재 총경제활동인구 212,731명에 대하여 농림수렵 및 어업이 6.84%, 광업이 0.11%, 제조업이 30.61%, 건설업이 2.53%, 전기가스・수도・위생・서비스업에 1.16%, 상업이 21.45%, 운수보관 및 통신업이 2.49%, 서비스업이 32.99%, 분류불능의 산업이 1.81%로 서비스업이 수위를 차지하고 제조업이 그와 비슷한 비율을 보이고 있다.4) 이것을 1965년도 전국의 산업별 인구구성5)과 비교해 볼 때 대구시의 경우 농업인구가 전국의 약 9분의 1에 불과하고 제조업이 약 3배, 상업과 서비스업이 각각 약 2배 내외로 되어 있음을 알 수 있다. 결국 하나의 공업도시로서의 특성을 상당히 지니고 있다는 것을 말해 준다 (그림 Ⅰ－1 참조). 이런 공업도시로서의 면모를 갖추게 된 데에는 물론 대구시 자체가 용수, 기타 입시조건이 유리한 것이 요인이 되었겠지만, 무엇보다도 사회간접자본의 집중도가 높은 교통요지라는 점이 더 큰 기여조건이 되었을 것이다. 실상 제조업이 상당부분을 차지하긴 해도 대부분 섬유・화학계통의 경공업이 우세한 것도 이유가 거기에 있을 것이다.

---

3) *ibid.*, pp.16－17.
4) *ibid.*, pp.72－73.
5) 경제기획원,『제13회 한국통계연감』, 1966, pp.166－167.

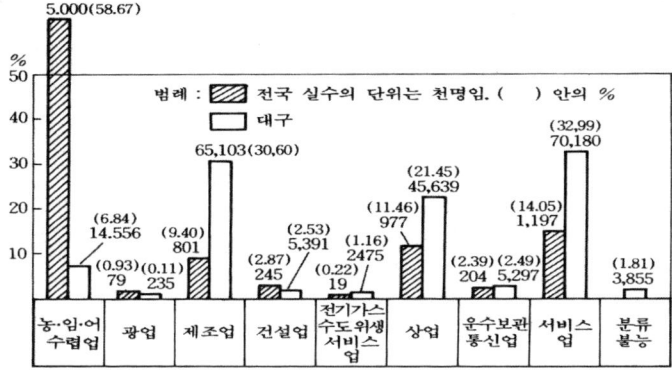

[그림 Ⅰ-1] 대도시와 전국 산업별 인구구성비교

(2) 機關別 質問書 配付 및 回收 人員數

1) 在學生: 재학생은 7개 고교 10개 학급의 학생들에게서 575부의 질문서를 회수하였으나 그 중 불완전한 것을 제외하고 548개 사례만 분석에 이용하였다(표 Ⅰ-1 참조).

2) 敎 師: 교사는 7개 고교에 175매를 배부하여 122매를 회수하였다(표 Ⅰ-2 참조)

[표 Ⅰ-1] 재학생 학교별 사례수

학 교	대상학급수	학생응답자수	총학급수 (1)	총학생수 (1)
A 공립공고	3*	146	33	1,663
B 사립공고	1**	60	22	1,360
C 공립상고	1	61	39	2,388
D 사립상고	1	62	17	1,111
E 공립농고	2***	100	21	1,307
F 공립인문고	1	57	24	1,407
G 사립인문고	1	62	24	1,551
계	10	548	179	10,787

 *A 공립공고의 3학급은 자동차, 기계, 방적 3개 학과에서 각 1학급씩임.
 **B 사립공고의 학과는 전기과임.
 ***E 공립농고의 2학급은 농과와 원예과에 각 1학급씩임.
 자료: 『제7회 대구시 통계연보』, 1967, pp.220-223.

참고로 대구 시내의 인문·실업별 남자고교 현황을 간단히 소개하겠다.6) 우선 1967년 3월 31일 현재 13개 실업계고교가 있고 그 중 8개가 남자학교이다. 이를 분야별로 구분하면, 공고가 공립 1개(33학급), 사립 3개(31학급), 상고가 공립 1개(39학급), 사립 2개(41학급), 농고는 공립 1개(21학급)로 되어 있다.

[표 Ⅰ-2] 교사 학교별 사례수

학 교	질문서배부수	응답자수	전교사수(1)
A 공립공고	25	14	73
B 사립공고	25	13	39
C 공립상고	25	14	68
D 사립상고	25	24	32
E 공립농고	25	15	43
F 공립인문고	25	23	44
G 사립인문고	25	15	46
계	175	122	345

자료: 『제7회 대구시 통계연보』, 1967, pp.220-223.

재학생 총수가 남자 9,466명인데 공립공고가 1,663명, 3개 사립공고가 도합 1,765명이며, 공립상고가 2,388명에다 2개

6) 대구시, op. cit. pp.220-223.

사립상고가 도합 2,621명이고 농고생이 1,307명이다.

전임교직원 수는 공립공고에 73명, 사립공고에 도합 77명, 공립상고에 68명, 사립상고에 도합 70명, 농고에 43명이 있다.

한편 인문계고교는 모두 20개인데 그 중 남자고교가(남녀공학 1개교 포함해서) 12개이고, 남자재학생수는 모두 13,341명, 그리고 교사 426명으로 되어 있다.

3) 職業人: 각 업종별·기관별·직업인에 대한 질문지 배부수 및 회수수, 그리고 분석에 사용된 사례수는 [표 Ⅰ-3]과 같다. 21개 기관에 대하여 657매를 배부한 결과 73.5%인 483매가 회수되었고 그 중에서 44매는 불완전한 것이므로 버렸다. 그래서 최종분석에는 439개 사례가 사용되었다. 결과적으로 전체 손실률은 약 33.2%가 된 셈이다.

[표 Ⅰ-3] 직업인 업종별·기관별·규모별 사례수

업 종	기 관	규 모	질문서배부수	질문서회수수	최종사례수
방적	A	大	30	28	27
〃	B	大	71	49	44
〃	C	大	100	80	78
〃	D	大	25	22	22
〃	E	中	30	26	23
기계금속	F	中	67	37	23
〃	G	中	18	16	16
〃	H	小	34	8	8
화학	I	小	60	48	45
〃	J	小	5	5	5
금 융	K(1)	－	20	15	15
〃	L(1)	－	12	12	11

〃	M(2)	–	22	13	16
〃	N(3)	–	30	11	10
〃	O(3)	–	9	9	9
반 관 민	Q	–	47	34	23
〃	P	–	30	28	28
〃	R	–	8	7	7
〃	T	–	15	12	12
〃	U	–	6	6	6
계	명		657	483	439

* 여기서 규모란 제조업체에 한하여 종업원수를 말한다. 그리고 그 분류는 대(종업원 500명 이상), 중(종업원 200명~500명), 소(종업원 200명 미만)이다.
  $K^{(1)}$과, $L^{(1)}$은 같은 회사의 지점을 말하고, $N^{(3)}$과 $O^{(3)}$ 역시 같은 회사의 지점을 뜻한다.

그 결과 조사에 응한 직업인들을 산업별로 볼 때 제조업이 292명으로 66%, 서비스업이 124명으로 29%, 나머지 23명 (5%)이 운수보관업으로 된 셈이다. 따라서 이 3개 산업에 대표 된 응답자의 비가 13 : 5 : 1로 된다. 이것을 대구시 전체의 남자인구에 대한 3개 산업별 상대비와 비교해 보자. 대구시 전체 인구에서 제조업에 종사하는 남자인구가 1965년 10월 1일 현재로 40,266명, 서비스업에 50,344명, 그리고 운수보관 및 통신업에 5,057명으로 되어 있어서 그 상대비가 대략 8 : 10 : 1로 나타난다.7) 이번 조사의 응답자(직업인)는 서비스업이 제조업의 절반밖에 안 되는 데 반하여 대구시 전체의 남자 산업별 인구비에서는 서비스업이 제조업을 상회하고 있다. 따라서 제조업에서 과잉추출되었다는 결론이 나오게 된다. 그러나 문제는

---

7) *ibid.*, p.72.

서비스업이라고 할 때 거기에 포함된 업종이 우리의 경우 은행과 정부기구의 일부에 불과하다는 것을 고려에 넣어야 할 것이다. 물론 여기에 우리의 표본이 유의적인 것이었음을 보여 주고 있다. 다시 말해서 본 연구조사에서는 제조업에 중점을 두었다는 말이다.

다만 제조업의 경우 업체수와 종업원수의 비를 대구시 전체와 비교할 때 비교적 근사하게 추출되어 있음을 알 수 있다. 1966년 현재 대구시내 제조업체 1,288개소 중에서 직조방직업이 594개, 기계공업이 286개, 화학공업이 111개소이며, 기타공업이 297개의 업체를 가지고 있다. 기타 공업은 대개가 중소규모의 것이므로 이를 제외하고 섬유방직・기계금속 및 화학공업만 보면 그 비가 대략 6 : 3 : 1인데 본조사의 대상업체의 업종별 비가 5 : 3 : 2로 되어 있다. 종업원수를 보면 대구시 전체의 46,380명 중에 섬유방직업 종업원이 28,369명, 기계금속이 7,822명, 그리고 화학에 2,830명으로 그 수가 약 28 : 8 : 3인데 비해서 본 조사연구에 뽑힌 응답자의 상기 3개 업종별 인원이 각각 194명, 47명, 51명으로 대략 20 : 5 : 5로 나타났다.8)

처음부터 완전한 대표적 표본을 얻을 것을 기대하지도 않았고 또 標本抽出節次 지체가 극히 유의적인 깃이있기 때문에 그 대표성을 주시하려고는 하지 않으나, 추출한 결과가 대구 전체의 특성과 크게 어긋나지 않았다면 다행으로 생각하려는 것뿐이다.

---

8) *ibid.*, pp.140－143.

(3) 應答者 個人의 特性

여기서는 응답자의 개인적 특성과 가족의 사회경제적 특성을 간략히 소개하겠다. 질문서의 개정 도중에 약간의 기술적 착오로 인하여 충분한 자료가 얻어지지 못하였으므로 부족한 점이 없지 않음을 미리 밝혀 둔다. 그리고 여기서 응답자란 재학생과 직업인 두 집단을 한정해서 말하는 것임을 아울러 명시하는 바이다. 그 이유는 이 두 집단이 본 조사연구 주대상이기 때문이며, 교사나 기타 응답자들은 비공식응답자이기 때문에 필요한 때 언급하기로 하겠다.

1) 年 齡

재학생은 고교 2학년이니까 평균연령 만 16세이므로 더 자세한 구분을 생략하고, 직업인의 경우를 보면 20세–29세(260명)가 59.2%로 가장 많고 30세–39세가 20.3%(89명)로 다음이며, 40대가 9.8%(43명), 15세–19세가 9.3%(41명), 그리고 50세 이상이 1.4%(6명)로 되어 있다(표 Ⅰ–4 참조). 현재 직업에 종사하는 사람들로서 고등학교를 나온 햇수가 10년 내외인 사람들을 주로 했기 때문에 20대가 과반수를 차지하는 것이 아닌가 한다. 참고로 이들이 고등학교를 나온 연대를 보면, 1955년 이후 출신자가 전체 직업인 응답자의 67.4%(297명)나 되며, 고등학교 교육을 받지 못한 직업인 56명(12.8%)을 제외하면 1954년도 이전 졸업자는 겨우, 19.8%(87명)에 불과하다(표 Ⅰ–5 참조). 결국 기업체를 주대상으로 하였고 또 거기에서 현장종업원들이 많이 대표된 것과도 관련시켜 볼 때 이러한 연령분포를 기대할 수 있지 않을까 한다.

[표 Ⅰ-4] 직업인 응답자 연령

연 령	실 수	%	연 령	실 수	%
15세-19세	41	9.3	40세-49세	43	9.8
20세-29세	260	59.2	50세 이상	6	1.4
30세-39세	89	20.3	계	439	100.0

2) 敎育程度

여기서도 재학생은 자동적으로 제외될 것이므로 직업인의 경우만 보면 처음 질문서 배포시에 계획한 대로 실업계고교 출신자가 공고 25.1%(110명), 농고 12.3%(54명), 상고 11.6% (51명)로 합계 49.0%(215명)로 되어 약 반수가 된다. 나머지는 인문고 출신 8.4%(37명), 중학 이하 10.5%(46명)와 대학 이상 29.4%(129명)이며 무응답자가 12명(2.7%)끼어 있다. 대학출신자들도 이공계대학이 12.8%(56명), 상경계가 10.0%(44명), 농과가 1.4%(6명)이며 인문계가 5.2%(23명)로 실업계통이주가 되어 있다. 이들 대학출신자들 가운데는 고등학교도 실업계를 나온 사람이 많은 줄로 짐작되나 그 숫자가 밝혀지지 않았다(표 Ⅰ-6).

[표 Ⅰ-5] 고등학교를 졸업한 자의 졸업연도 구분

연 도	실 수	%	연 도	실 수	%
1944년 이전	29	6.6	1960-1964	98	22.3
1945-1949	21	4.8	1965년 이후	69	15.7
1950-1954	37	8.4	중·고 이하	56	12.8
1955-1959	129	29.4	계	439	100.0

[표 Ⅰ-6] 직업인 응답자 교육정도

교육정도	실 수	%	교육정도	실 수	%
중졸 이하	46	10.5	상경대학	44	10.0
인문계 고등학교	37	8.4	이공대학	55	12.8
상고	51	11.6	농과대학	6	1.4
공고	110	25.1	무응답	12	2.7
농고	54	12.3	계	439	100.0
문과대학	23	5.2			

3) 兄弟序列

응답자의 형제서열은 직업인·재학생 공히 차남 이하가 각
각 46.5%(204명), 52.5%(288명)로 장남 44.2%, 37.6%보다
우세하다. 재학생의 경우 그 차이가 조금 더 큰 것 같다. 독
자는 직업인 6.1%, 재학생 8.8%로 소수에 속한다(표 Ⅰ-7).

[표 Ⅰ-7] 형제서열

형제서열	직 업 인		학 생	
	실 수	%	실 수	%
장 남	194	44.2	206	37.6
차남이하	204	46.5	288	52.5
독 자	27	6.1	48	8.8
무 응 답	14	3.2	6	1.1
계	439	100.0	548	100.0

[표 Ⅰ-8] 응답자의 직업

직 업	실 수	%	직 업	실 수	%
사무원	183	41.6	기타	6	1.4
비숙련노동	139	31.7	무응답	11	2.5
숙련노동	73	16.6	계	439	1.000
전문기술직	27	6.2			

4) 職業人 應答者 自身의 職業, 收入程度 및 職場生活年數

학생의 경우에는 부친의 직업과 수입정도만을 취급하였으므로 가족배경에서 언급하겠고, 여기서는 직업인 응답자에 한하여 자신의 직업과 수입정도를 보기로 한다.

우선 직업에 관해서는 후에 본론에서 자세하게 다루겠으므로 조잡한 분류에 의한 빈도만을 소개해보면, 사무직종사자가 41.6%(183명)로 수위이고, 다음이 비숙련노동자로 31.7%(139명)이며, 숙련노동자가 16.6%(73명), 전문기술직 종사자가 6.2%(27명), 기타 1.4%(6명)이다. 나머지 11명(2.5%)은 응답을 하지 않았다(표 Ⅰ-8). 대체로 이번 조사연구의 직업인 응답자가 우연히도 사무직과 노동직 종사자가 거의 같은 수를 차지하고 있어서 비교하는 데 도움이 될 것 같다. 다만 대구시 전체의 직업별 인구통계를 입수할 수가 없어서 그것과의 비교는 불가능하다.

다음, 응답자 자신의 평균월수입을 보면 10,000원-15,000원이 149명(33.8%)으로 最頻級間이며, 다음이 31.2%(137명)를 차지하는 5,000원-10,000원으로 그에 접근하고 있다. 15,000원-20,000원이 14.4%(63명), 20,000원-30,000원이

6.2%(27명), 30,000원 이상이 2.5%(11명), 그리고 5,000원 미만이 2.3%(10명)이고 42명(9.6%)이 응답하지 않았다(표 Ⅰ-9 참조). 무응답자를 제외한 평균치가 12,260원이다. 대체로 7,500원에서 20,000원 사이에 67.6%의 응답자가 속하고 있으며, 무응답자 9.6%를 제외한 나머지 4.8%가 5,000원 미만과 30,000원 이상이다. 이것을 우리가 방문한 10개 기업체에서 제공한 임금범위에 비교해볼 때 거의 차이가 없다. 자료를 제공해 준 10개 기업체의 경우 견습공을 제외한 종업원의 최저임금이 평균 5,000원 정도이고, 사무직을 포함한 종업원의 평균 임금의 최고액이 32,000원 정도였다.

그리고 지금까지 직장생활을 한 총근무연수로 보면 3-6년이 23.1%(102명)로 수위이고 1-3년이 22.3%(98명), 6-9년이 18%(79명), 1년 미만이 11.2%(49명), 15년 이상이 10.1%(44명), 9-12년이 6.6%(29명), 12-15년이 3.9%(17명), 그리고 4.8%(21명)가 무응답자이다(표 Ⅰ-10 참조). 전반적으로 1년 내지 9년의 근무경력을 가진 사람이 전체의 63.4%가 되는 셈이므로 근무경력이 10년이 넘는 사람이 비교적 적은 집단이라 하겠다. 이것은 연령층으로 보아 20대와 30대가 가장 많은 것으로 설명될 줄 안다.

[표 Ⅰ-9] 응답자의 월수입

월 수 입	실 수	%	월 수 입	실 수	%
5,000원 미만	10	2.3	15,000원-20,000원	63	14.4
5,000원-7,5000원	52	11.8	20,000원-30,000원	27	6.2
7,500원-10,000원	85	19.4	30,000원-50,000원	11	2.5
10,000원-12,500원	105	23.8	무 응 답	42	9.6
12,500-15,000원	44	10.0	계	439	100.0

[표 Ⅰ-10] 근무연수 총합계

근무연수	실 수	%	근무연수	실 수	%
1년 미만	49	11.2	12년-15년	17	3.9
1년-3년	98	22.3	15년 이상	44	10.1
3년-6년	102	23.1	무응답	21	4.8
6년-9년	79	18.0			
9년-12년	29	6.6	계	439	100.0

5) 應答者의 成長地 背景

응답자가 지금까지 성장하는 동안 가장 오래 거주한 일이 있는 지역적 배경을 보면, 우선 직업인의 경우 대도시가 53.3%(234명)로 과반수를 헤아리며, 다음이 농촌 출신으로 26.2%(115명), 중소도시가 11.6%(51명), 그리고 읍·면소재지 출신이 8.9%(39)이다. 재학생은 이와 약간 다른 경향을 보이고 있는데, 먼저 농촌 출신이 41.4%(227명)로 수위를 차지하고, 대도시가 38.5%(211명)로 다음이며, 읍·면소재지가 15.5%(85명), 중소도시는 4.2%(23명)이다(표 Ⅰ-11 참조). 전반적으로 볼 때 읍·면소재지 이하의 농촌과 중소도시 이

상의 도시로 대분하면, 직업인이 가장 오래 산 경험이 있다고
한 지역은 도시(64.9%) 쪽으로 기울어지고, 재학생의 경우에
는 농촌(56.9%) 쪽이 더 많다. 직업인 중에는 본래 농촌 출
신이라도 학생시절부터 현재에 이르는 동안 도시생활을 함으
로써 그 동안 가장 오래 거주한 곳이 도시생활을 함으로써
그 동안 가장 오래 거주한 곳이 도시라고 하는 사람이 더 많
은지도 모른다.

[표 Ⅰ-11] 가장 오래 산 곳

거 주 지	직 업 인		학 생	
	실 수	%	실 수	%
농 촌	115	26.2	227	41.4
읍·면소재지	39	8.9	85	15.5
도 시	51	11.6	23	4.2
대 도 시	234	53.3	211	33.5
기 타	-	-	-	-
무 응 답	-	-	2	0.4
계	439	100.0	548	100.0

[표 Ⅰ-12] 부모의 현거주지

거 주 지	직 업 인		학 생	
	실 수	%	실 수	%
대구시내	177	40.4	241	44.0
시외경북시	4	0.9	6	1.1
시외경북군	140	31.9	276	50.3
타 도	52	11.8	18	3.3
무 응 답	66	15.0	7	1.3
계	439	100.0	548	100.0

이 점은 응답자 부친의 현거주지에서 어느 정도 밝혀지는 것 같다. 우선 학생의 경우 50.3%(276명)가 대구시의 경북도 내의 군에서 부모가 살고 있다고 하며, 대구시를 포함한 경북도 내 다른 시에 산다고 하는 사람이 45.1%(247명)가 된다. 이에 반해서 직업인은 15%의 무응답자를 제외하면 대구시 및 경북도 내 다른 시에 부모가 거주하는 사람이 40.4%(177명)에 불과하며, 시의 도내 군 지역이 31.9%(140명), 그리고 타도가 11.8%(52명)로 되어 있다(표 1-12 참조). 이 때 타도는 시 지역인지 군 지역인지 구별이 안 되지만, 현재 그 대부분이 타도의 도시라 해도 직업인 자신이 가장 오래 산 곳이 도시라고 한 숫자에는 미치지 못하고 있다.

(4) 應答者 家族의 社會經濟的 背景

여기서는 응답자 부친의 교육·직업·수입정도와 가옥소유 관계, 그리고 자신의 사회경제적 지위에 대한 주관적 평가를 소개하겠다.

1) 父親의 敎育·職業·收入程度

직업인 재학생 공히 부친의 교육정도가 국민학교라는 사람
이 가장 많다. 직업인의 경우 33.7%(148명)이며 재학생의 경
우에는 36.1%(198명)이다. 다음으로 많은 쪽이 중·고등학교
정도인데, 직업인은 27.3%(120명), 재학생이 35.6%(195명)이
다. 그러나 세 번째로 빈도가 높은 것은 직업인의 경우 서당
출신(10.3%)인 데 반해서 재학생의 경우에는 전문대학 이상
(8.8%)이다. 아버지가 무학자인 경우는 직업인과 재학생 모두
7.5%씩으로 제일 적다(표 Ⅰ-13 참조). 일반적으로 직업인
의 부친들보다 재학생의 부친들이 약간 교육수준이 높은 것
은 우선 연령차이에서 설명이 될 줄 안다.

[표 Ⅰ-13] 부친의 교육

교 육	직 업 인		학 생	
	실 수	%	실 수	%
무 학	33	7.5	41	7.5
서 당	45	10.3	9	1.6
국민학교	148	33.7	198	36.1
중 학 교	87	19.8	133	24.3
고등학교	33	7.5	62	11.3
대학(전문)	33	7.5	48	8.8
무 응 답	60	13.7	57	10.4
계	439	100.0	548	100.0

[표 Ⅰ-14] 부친의 직업

직 업	직 업 인		학 생	
	실　수	%	실　수	%
기 업 주	14	3.2	20	3.6
자유전문직	9	2.1	3	0.5
관 리 직	7	1.6	23	4.2
사 무 직	50	11.4	72	13.2
농수산업	190	43.2	239	43.7
판 매 직	53	12.1	84	15.4
숙련노동	4	0.9	18	3.3
단순노동	12	2.7	10	1.8
전문기술직	-	-	4	0.7
서비스업	2	0.5	15	2.7
기 타	3	0.7	3	0.5
무 응 답	95	21.6	57	10.4
계	439	100.0	548	100.0

다음, 부친의 직업에 있어서는 직업인과 재학생 모두 농수산업이 각각 43.2%(190명), 43.7%(239명)로 수위를 점한다. 2위와 3위도 판매직 종사자가 직업인 12.1%, 재학생 15.4%, 및 사무직 종사자가 각각 11.4%, 13.2%이다. 이렇게 해서 농수산업·판매직·사무직을 합하면 두 집단이 각각 66.7%(직업인), 73.3%(재학생)로 전체의 거의 3분의 2에 가까운 비율을 차지한다. 나머지는 대체로 5% 미만을 차지하는 직업들로서, 직업인 부친의 직업은 노동자(3.6%), 기업주(3.2%), 자유전문직(2.1%), 관리직(1.6), 기타(0.7%), 서비스(0.5%)의 순서로 되어 있고, 재학생의 부친은 노동자(5.1%), 자유전문직과

기술직(4.3%), 관리직(4.2%), 기업주(3.6%), 서비스(2.7%), 그리고 기타(0.5%)의 순위를 보이고 있다(표 1 - 14 참조).

대구시 전체의 산업별 인구구성9)에서 농림수산업 등 1차산업 인구가 6.84%에 불과한 데 반해서 본 조사응답자들의 부친의 반수에 가까운 사람들이 농수산업에 종사했거나 하고 있다는 것으로 미루어 보면, 이들의 직업적 배경이 어떠하다는 것을 알 수 있을 뿐 아니라 근자의 산업별 인구구성에 어느 정도의 변화가 있었던가를 짐작할 수 있을 것 같다. 대체로 약간의 비율상의 차이는 있으나 부친의 직업내용이나 그 순서가 두 집단간에 의의 비슷한 것을 알 수 있다.

다음, 부친의 수입은 학생들에게만 알아보았고 직업인은 자신의 월수입을 물어보았다. 재학생 부친의 수입만 볼 때 우선 무응답자가 전체의 30.1%나 되었다. 그런대로 나머지 70%를 가지고 보면, 20,000원-30,000원이 14.2%(78명)로 1위이며, 다음이 13.7%(75명)의 10,000원-15,000원, 30,000원 이상이 13.1%(72명), 5,000원-10,000원이 11.3%(명), 15,000원-20,000원이 10.6(58명), 나머지 6.9%(38명)가 5,000원 미만으로 되어 있다. 무응답자를 제외한 평균치가 20,700원이다.

직업인 본인의 월수입에 비해 보면 평균치가 약 8,000원이나 높은 편이고, 더구나 30,000원 이상의 13.1% 중에는 50,000원 이상이 4.5%나 된다. 현재 고등학교에 다니는 자식을 가진 집단의 수입이 현재 직장생활 겨우 몇 년이 된 직업인들 집단의 그것보다는 높으리라는 것은 거의 자명하다.

---

9) *ibid.*, p.72.

이것을 대구시 표본조사에 의한 1가구 6인 정도의 가정에
서 소비하는 월평균지출액 7,180원에다 비기면 상당히 높은
것을 알 수 있다. 다만 이 추계가 얼마나 정확한 것인가를 알
길이 없으므로 비교가 가능한지 확실치가 않을 뿐이다.10)

2) 住宅所有形態와 住宅의 구조 및 크기
사회경제적 지위를 짐작하기 위한 또 하나의 지표로서 주
택소유형태, 주택의 구조 및 크기를 알아보았다.
우선 소유여부를 보면, 직업인의 49.4%(217명)가 주택을 소
유하고 있으며 재학생 가족은 80.9%(431명)가 소유하고 있다.
나머지는 직업인·학생별로 전세가 19.6%·8.9%, 월세가
15.5%·5.7%, 관사가 7.5%·1.5%, 기타가 2.3%·1.3%이다
(표 Ⅰ-15 참조). 1966년 현재 대구시 전체의 주택수 86,186
채에 대한 소유별 통계에 의하면 69,361채, 즉 80.5%가 소유
자이고 貰家는 14,049채로 16.3%이며 나머지 3.2%(2,776채)
가 無貰家로 되어 있다.11) 이렇게 볼 때 재학생의 주택 소유자
의 비율은 대구시 전체와 거의 같은 데 비해서 직업인은 약 반
수를 조금 넘는다는 것을 알 수 있다. 따라서 직업인의 경우 전
세나 월세가 도합 35.1%나 되어 재학생 가족에 비해서 2배 이
상이 된다. 일반적으로 현재 직업인으로 추출된 사람들의 연령
이나 직장생활연수 및 수입정도로 볼 때 이미 안정된 재학생의
부모보다는 경제적으로 아직 덜 정착되었다고 볼 수 있을 것
같다.

10) *ibid.*, pp.306-307.
11) *ibid.*, pp.164-165.

소유하고 있는 가옥의 구조를 지붕자료별로 볼 때 직업인 전
소유자 217명 중 76.5%가 기와나 함석지붕이고, 17.0%가 초
가나 루핑, 그리고 전양옥이 6.5%로 되어 있고, 재학생의 경우
에는 441명의 소유가족 중 58.5%가 기와나 함석, 38.1%가 초
가나 루핑, 그리고 3.4%가 순양옥으로 나타났다(표 Ⅰ-15).

대구시 전체의 예를 보면 전주택수 86,186채 중에 기와나
함석지붕으로 된 집이 70.7%, 초가가 18.3%, 콘크리트나 슬
레이트가 4.5%, 기타 6.5%로 되어 있다.12) 주택소유자 중 그
가옥의 지붕자료별 구성으로 보아서는 직업인의 경우 대구시
전체와 아주 근사하고 재학생은 초가나 루핑의 비율이 상당
히 높다. 결국 직업인은 대부분 대구시 내에 거주하거나 집을
소유한다고 볼 때 그 비율의 유사성이 설명될 것이고, 재학생
의 경우에는 자기 부모가 현재 거주하는 지역이 시외 농촌이
과반수를 차지한다는 사실에서 초가의 비율이 높은 것을 짐
작할 수 있을 것 같다.

---

12) ibid., pp.164-165.

[표 Ⅰ-15] 가옥형태

가 옥 형 태	직 업 인		학 생	
	실 수	%	실 수	%
초가나 루핑 자택	37	8.4	168	30.7
기와나 함석 자택	166	37.8	258	47.5
양 옥 자 택	14	3.2	15	2.7
전 세	86	19.6	49	8.9
월 세	68	15.5	31	5.7
관 사	33	7.5	8	1.5
기 타	10	2.3	7	1.3
무 응 답	25	5.7	12	2.2
계	439	100.0	548	100.0

[표 Ⅰ-16] 건 평

건 평	직 업 인		학 생	
	실 수	%	실 수	%
6평 이하	63	14.3	21	3.8
6 평-10평	50	11.4	56	10.2
11평-15평	71	16.1	38	6.9
16평-20평	53	12.1	103	18.8
21평-30평	58	13.2	113	20.6
31평-40평	15	3.4	53	9.8
41평-50평	11	2.5	44	8.0
51평-100평	6	1.4	40	7.3
100평 이상	2	0.5	10	1.8
무 응 답	110	25.1	70	12.8
계	439	100.0	548	100.0

다음 가옥의 크기를 건평으로 조잡하게 잡아 볼 때, 10평 이하가 직업인 25.7% · 재학생 14.0%, 11평 – 20평이 28.2% · 25.7%, 21평 – 40평이 15.6% · 30.4%, 41평 이상이 4.4% · 17.1%이다. 무응답자가 직업인 25.1%, 학생 12.8%나 나와 있는 걸 고려할 때, 일반적으로 학생들의 집의 건평이 직업인들보다 약간 넓은 것을 알 수 있다. 이것 역시 현재 취업중인 직업인 대상자는 연령적으로나 경제적으로 재학생의 부모들보다 사회적 지위가 낮을 것이라는 증좌로 보인다(표 Ⅰ-16).

3) 社會經濟的 地位의 主觀的 評價

끝으로 응답자들의 사회경제적 지위에 대한 자기평가를 참고로 소개하겠다. 자기 지역사회를 고려하여 자기 집이 어느 사회경제적 계층에 속하는지를 물어 본 결과, 직업인과 재학생 공히 중류층이라고 대답한 사람이 각각 40.1%, 32.9%로 가장 많다. 다음이 역시 中의 下로 22.1%, 20.8%를 점하고, 세 번째로는 직업인 21.5%, 학생 20.5%가 하류층으로 의식하고 있다. 中上은 12.5%, 15.9%로 4위이고, 그에 속한다고 생각하는 사람은 3.0%, 5.3%에 불과하다. 여기서도 약간의 차이기는 하지만 직업인이 학생들보다 자기의 사회경제적 지위를 낮게 보는 경향이 있다(표 Ⅰ-17).

[표 Ⅰ-17] 자기계층 평가

계 층	직 업 인		학 생	
	실 수	%	실 수	%
상상	4	0.9	10	1.8
상하	9	2.1	19	3.5
중상	55	12.5	87	15.9
중	176	40.1	181	32.9
중하	97	22.1	114	20.8
하상	69	15.7	70	12.8
하하	25	5.7	42	7.7
무응답	4	0.9	25	4.6
계	439	100.0	548	100.0

Ⅱ. 일에 대한 觀念

1. 일과 職業에 대한 觀念과 敎育

(1) 一般的 考察

전근대사회에 있어서 직업은 사회적 신분과 계급에 의해 귀속적으로 결정되는 것이 통례였으므로 그것은 개인의 의지에 의해 선택되는 것이 아니었다. 그러나 이러한 귀속적 지위에서부터 업적적 지위가 지배적인 근대사회로 옮겨 옴에 따라 직업선택의 문제는 개인의 직업관과 그에 영향을 미치는 그 사회의 사회문화적 가치관에 의해 좌우되게 되었으며, 여기에 현실적인 제한을 주는 조건, 즉 개인의 자질(지적 및 기술적 능력)이라든가 사회의 직업구조에 의해 개인의 직업이 결정되는 것이

라고 할 수 있다. 이와 같이 직업의 선택이 보다 많이 개인의
의사와 그가 습득한 기능에 의해 좌우되는 사회에서 개인이 받
은 교육의 계열 내지 분야와 수준은 그가 갖게 되는 직업과 밀
접한 연관을 갖게 된다. 그래서 학교교육의 계열을 선택하는 일
은 어떤 한 특정한 방향의 직업을 택하게 되는 준비단계 내지
전단계적인 역할을 하게 되는 것이며, 따라서 어떤 한 특정한
직업을 택하게 되는 통로(Channel)가 된다고 할 수 있다. 그러
므로 개인이 받은 학교교육의 계열 및 그 수준에 따라서 사회
에서 점하는 지위 및 사회에서 수행하는 역할도 달라지게 되는
것이다.

학교교육이 계열별로 나누어지게 되는 고등학교의 선택 문
제부터가 그 계열의 교육을 받은 후 장차 갖게 되리라고 예
측되는 전형적 직업에 대한 선호(즉 가치관)에 의해 영향을
받게 된다고 볼 수 있으므로 어떤 계열의 학교교육을 선택하
느냐 하는 것은 직업에 대한 평가와 밀접히 관련되어 있다고
가정할 수 있다. 물론 학교교육의 계열 및 수준에 따라 학교
를 선택하는 데는 개인적·가족적 차원에서 여러 가지 요인
이 작용되고 있다고 하겠으나, 여기서는 이러한 요인은 일단
무시하고 단지 사회적 차원에서 직업평가와 일에 대한 태도
(관념)가 학교교육의 계통을 선택하는 데 어떤 연관성이 있는
가에 대해서만 고찰하기로 하였다.

(2) 傳統的 職業價値觀과의 關係

그런데 현재의 직업관에는 전통적인 요소들이 어느 정도 작
용하고 있는 것이 사실이다. 유교사상이 지배적이던 과거 우리

나라 사회에서 士·農·工·商 및 賤役이라는 신분 - 직업구조
에서 잘 나타나고 있는바와 같이, 단지 文과 治만을 숭상하여
산업적·육체적 활동을 천시하는 종래의 전통적인 문화와 가
치관이 현재의 우리 사회에 있어서는 어느 정도로 잔류하여
영향을 미치고 있는가 하는 것을 파악해 낼 필요가 있다. 또한
조선시대에서의 교육이념이 어떤 분야에 관한 전문적·기능적
인간을 육성하는 것이 아니라, 문예와 고전의 교양을 통하여
君子가 되는 것을 이상으로 삼는 유교이념하의 교육정신이었
는바, 이러한 교육이념은 오늘날 한국의 교육제도 및 개인의
교육계열의 선정에도 영향을 미치고 있는 것으로 생각된다. 따
라서 만약 이러한 교육이념이 아직도 사회성원간에서 강력히
작용하고 있다면, 기능적으로 분화되어 가며 또 공업화가 급속
히 이루어져 가고 있는 우리 사회가 새로운 적응을 하는 데 상
당한 저해요소가 될 가능성도 있는 것으로 보인다.

(3) 일과 職業觀의 關係

그런데 위에서 언급한 교육관 및 직업가치관과 더불어 또
하나 고려되어야 할 측면은, 직업과 표리의 관계에 있으면서
직업의 내용을 이루고 있는 '일(work)에 대한 관념'이다. 일
에 대한 관념에 있어서도 전통적인 관념, 즉 손이나 육체를
사용하는 일이라든지, 도구나 연장을 가지고 생산활동에 종사
하는 일, 또는 손이나 의관을 청결하게 유지하지 못하는 일을
비천한 일 혹은 고역이라고 경시하려는 경향은 지금의 사회
에 있어서는 어떤 상태에 있는가? 그리고 이러한 경향은 직
업활동과 연관시켜 볼 때 어떻게 나타나는가 하는 점을 앞서

언급한 직업관 및 교육이념과 더불어 고찰해 보고자 하였다.

이를 좀더 근본적인 면에서 파악해 보기 위하여 직업활동의 내용을 이루고 있는 일에 대한 사람들의 태도와 관념을 살펴 보고자 하였다. 여기서 우리는 직업과 일과의 관계를 개념적으로 규정하여 다음과 같이 파악한다. 사람들이 그들의 생물학적·사회적·심리적 욕구를 충족시키기 위해 개인 또는 집단적으로 반복적이고 지속적으로 수행하는 활동을 일이라고 보고, 또 한편 이러한 욕구들을 충족시키기 위해 개인 또는 집단적으로 반복적이고 지속적으로 수행하는 "특정한 성질(형태)의 일과 그에 구별되는 또 다른 성질(형태)의 일을 사회적인 연관 속에서 구분할 수 있는 범주를 직업"이라고 규정하였다.13) 그러므로 본 연구에서는 일과 직업이 사회적 맥락 속에서 표리의 관계를 이루고 있는 것으로 보되, 일은 직업의 내용이 되는 것으로 한정시켜 먼저 일에 대한 관념부터 검토해 본다.

---

13) Arthur Salz는 직업을, "대다수의 사람들이 그들의 생계를 유지하고 일정한 사회적 지위를 획득하기 위해 비교적 지속적인 활동에 종사하게 되는바, 이러한 활동을 사회과학에서는 직업이라고 일컫는다"고 하고 있다.
   Arthur Salz, "Occupation," in the *Encyclopedia of the Social Sciences*, E. R. A. Seligman ed., New York: MacMillan, 1933, p.424.
   Dubin은, "일(work)은 지속적이며, 財貨와 用役을 생산해 내고 또 그럼으로써 보수를 받는 것"이라고 본다. R. Dubin, *World of Work*, Prentice Hall, 1958, p.4.

2. 일에 대한 一般的인 態度

(1) 일에 대한 態度 研究方法

산업사회 및 직업에 관한 사회학적 또는 사회심리학적 연구
에 있어서 주된 연구분야의 하나로 일의 의미(meaning of
work)에 관한 분석·해명을 들 수 있고, 이러한 주제를 취급하
는 연구는 다음과 같은 접근방법에 의해 탐구될 수 있다.14)

첫째는 역사적인 분석에 의한 연구인바, 서로 다른 시대의
일에 부과된 지배적인 일의 의미를 추출하고 기술하는 방법
이다. 이 역사적 분석에다 현대의 비교분석을 부가시키는 것
이 사회학자들에게 적합한 방법이 될 것이다. A. Tilgher15)
는 그의 문헌연구를 통하여 서방세계에 있어서의 일의 의미
에 관한 역사적 변동을 추구하였고, 이 변동과 관련하여 상이
한 시대가 당면한 새로운 문제와 문화적 주제를 연구하였다.
그리하여 그는 사회적 질서의 변동에 따라서 어떻게 일의 의
미가 달라지는가 하는 것을 명료하게 밝히고 있다. 아마도 이
러한 종류의 분석 중에서 가장 유명한 것으로 Max Weber의
西歐産業資本主義에 대한 프로테스탄티즘의 영향의 연구를
들 수 있다.

둘째로는 현대사회의 다양한 직업집단에 있어서 상이한 일
의 의미를 관찰하는 것이다.

이런 접근은 Morse와 Weiss16)의 연구, 그리고 Arensber-

14) S Nosow and W. H. Form (ed.), *Man, Work and Society*, New
    Yok: Basic Books, Inc., 1962, pp.9 - 11.
15) Adriano Tilgher, *Work through Ages*, (abridged in Nosow and
    Form (ed), *op. cit.*, pp.11 - 24.

g[17])의 연구 등을 들 수 있는데, 이들의 분석결과는 산업사회 내의 모든 직업(Occupation)과 전문직(Profession)을 통틀어 볼 때 여기에서 나타나는 일의 의미를 적합하고 단순한 하나의 命題(Theme)로 나타내기 곤란하다는 것과 또 일의 의미가 사회구조 내에서의 개인의 사회적 위치(place)에 따라 변한다는 것을 잘 보여 주고 있다.

세 번째로, 일의 의미를 탐구하는 접근방법은 일을 여가·은퇴 및 실업과 같은 사회현상과 대조되는 의미에서 비교연구하는 것이다. Riesman은 미국 사회의 '새로운 여가'(New Leisure) 문제를 기술하고 있으나 실은 일의 제 차원을 파헤치고 있는 곳이며[18]), Friedman과 Havighuat의 연구[19])는 일과 은퇴간의 관계를 구명하고 있다.

(2) 方法上의 問題點 및 制限

문헌을 통한 역사적 고찰에 의한 접근이나 또는 현대사회에서의 조사 및 관찰에 의하여 일의 의미를 구명하는 데는 여러 가지 난관과 문제가 있다. 이 문제점들을 위에서 든 세 가지 방법별로 나누어 언급해 보고자 한다.

---

16) N. C. Morse and R. S. Weiss, "The Function and Meaning of Work and the Job," *American Sociological Review*, 1955. 4., pp.191－198.
17) C. M. Arensberg, "Work and the Changing American Scene," abridged in *Man, Work and Society, op. cit.*, pp.24－35.
18) David Riesman and W. Blooming, "Work and Leisure: Fusion or Polarity?" *ibid.* pp.35－40.
19) E. A. Friedman and R. J. Havighust, "Work and Retirement," *ibid*, pp.41－55.

첫째, 방법에 있어서는, 모든 사회조사에 관련되어 있다고 할 수 있는 출처를 명확하게 밝히고 조사에 적절한 자료와 기록물을 획득하기가 곤란하다는 것이다. 만약 그런 것들의 입수가 가능하다 하더라도 Tilgher가 시도한 바와 같은 기록된 자료에 의존하는 방법은 통상 사회최상층의 생활을 기록하고 있는 것이며, '소위 보통 사람'(commonman)에 대해서는 거의 상세한 정보를 제공하지 못하고 있다. 그러므로 각 시대, 예컨대 삼국시대, 고려왕조, 조선왕조 및 서구의 문물이 우리 사회에 영향을 미치기 시작한 시기 이후와 일제점령하 등의 각 시기별로 일반민 또는 하층민들이 일에 대해 어떠한 생각을 품어 왔는가를 밝혀내는 것은 상당히 어려운 문제라고 생각된다. 본 연구에서는 유감스럽게도 이러한 우리 사회에서 각 시대에 걸친 일의 의미를 전반적으로 밝혀내는 문제는 시도하지 못하였다.

둘째, 현사회를 대상으로 하는 일에 관한 연구에서도 그 비슷한 결함이 있다. 즉, 대부분의 조사는 직접 사람들에게 그들이 일에 대하여 무엇을 좋아하고 무엇을 싫어하는가 또는 어떤 점에 동의하고 어떤 점은 부정하는가 하는 것을 물은 결과인 것이다. 따라서 이러한 방식으로는 대부분의 사람들은 그들에게 일이 무엇을 의미하는가를 말로써 명백하게 표현하기가 어렵다는 것이다. 이러한 방법상의 결함과 제한점은 본 연구에도 불가피하게 개재되어 있다고 하겠다.

셋째, 일의 의미는 때로 개인이 실업을 당하고 있을 때나 실업을 경험하고 난 후, 또는 은퇴한 뒤와 같이 일하지 않고 있을 때 개인에게 있어서 일의 의미가 더 잘 이해될 수가 있으나, 본 연구에서는 이러한 부류의 사람들을 조사대상자에 포함시키지 못했다.

이상의 문제점과 제한을 본 조사연구에서도 탈피하지 못한 데가 있음을 미리 언급해 두고자 한다.

(3) 일에 대한 一般的인 態度

흔히 일을 단순하게 생계를 위한 수단이라고 단정하려는 경향이 있는 것 같다. 물론 일은 사람들에게 있어 생계를 획득하는 중요한 수단이 되고 있긴 하나, 일은 대부분의 직업인들에게 단지 어떤 한 특정한 목적을 위한 수단 이상의 것을 의미한다. 따라서 일은 경제적 의의 외에도 도덕적·심리적·사회적인 면과 관련된 여러 가지 기능을 갖게 되는 것이며, 이러한 복합적인 의미를 내포하고 있는 일의 기능은 개인의 사회경제적 배경에 따라 다소 달라지는 것 같다.

우리는 다음과 같은 경우를 살펴볼 때 일이 경제적 욕구만을 충족하기 위한 수단이 아니라는 점을 찾아볼 수 있을 것이다. 즉 사람들이 직업이나 직장을 선택할 때 거기서 받게 되는 금전적 보상만이 유일한 결정조건으로 고려되지 않는 점이라든가, 은퇴한 후에 적절한 생활의 보장을 받고 있는 사람들의 경우에 은퇴 후에 일을 안 하고 지내는데서 상실감 또는 허탈감을 갖게 된다는 점, 또는 거액의 금전이나 재산을 소유하고 있음에도 불구하고 계속 일을 하고 있는 사람들이 있다는 점 등은 일이 단순한 경제적 보상만을 위해 수행되지 않는다는 것을 말해 준다. 만약 일이 단순한 경제적 기능만을 위해 수행되는 것이라면, 위에서 든 경우들을 달리 어떻게 설명할 방도가 없는 것이다. 따라서 사람들은 일을 통해 생계를 위한 경제적 문제를 해결짓는 외에 도, 사회의 다른 성원들과 결속되어 있다는 사회적 귀속감을 갖게 된다든가, 또는 타인으로부터 認定(recognition), 同一視(identification) 및 존경(prestige) 등을 받게 되는 것이다. 그 외에도 사람들은 무엇인가 해야 한다는 집념을 통해서 생활의 목표를 갖게 되기도 하며, 사회에 무엇인가 공헌을 하고 있다는 느낌을 갖게 되기도 한다.

　본 조사에서는 이러한 점을 참작해서 일이 갖고 있는 의미를 좀 더 잘 살펴보기 위해 우선 "만일 평생 살기에 족할 만큼 충분한 경제적인 여유가 있다면 어떻게 하시겠습니까?"라는 질문을 제시하였다20)(표 Ⅱ - 1참조).

---

20) Morse와 Weiss는 일의 기능과 의미를 밝혀내려는 그들의 연구에서 응답자들에게 "만약 당신이 일 안 하고도 편안히 살 수 있는 돈을 상속받았다면, 당신은 일을 하겠습니까? 또는 하지 않겠습니까?" 하는 질문을 통해 가·부만의 답을 얻고 있으나, 이와 같이 가·부 택일의 응답은 그 내용을 알려면 너무 막연한 것으로 생각된다. 그러므로 본 조사연구에선 응답의 내용을 좀더 분명하게 얻고저 응답의 내용을 긍정·부정의 몇 가지로 나누어 제시하였다.
　　N. C. Morse and R. S. Weiss, *op. cit.*, p.192.

[표 Ⅱ - 1] 평생 살기에 충분한 경제적 여유가 있다면

응답 구분 응답자 구분	1 일하지 않고 편히 살겠다.	2 되도록 일하지 않고 살겠다.	3 꼭 해야 할 일만 하면서 살겠다 .	4 하고 싶은 일만 골라서 하고 살겠다.	5 그것과는 관계없이 부지런히 일하며 살겠다.	무응답	계
직업인	1.2	0.2	1.4	57.6	38.7	0.9	100.0 (439)
학 생	1.3	3.5	3.1	50.9	40.5	0.7	100.0 (548)
	(ㄱ)		(ㄴ)		(ㄷ)		
직업인	1.3		59.0		38.8	0.9	100.0 (439)
학 생	4.7		54.0		40.6	0.7	100.0 (548)
	부정적 응답		긍정적 응답				
직업인	1.3		97.8			0.9	100.0 (439)
학 생	4.7		94.6			0.7	100.0 (548)

* 괄호 안의 숫자는 실수임.

그런데 이에 대한 응답은 [표 Ⅱ - 1]에서 볼 수 있듯이 그 내용으로 보아 ㈀ 일을 하지 않고 살겠다는 소극적인 태도 ㈁ 일은 하되 자기가 원하는 일만을 하면서 살겠다는 조건부의 응답 및 ㈂ 그것에는 관계없이 그대로 부지런히 일을 하면서 살겠다는 세 가지 태도로 구분해 볼 수 있다.

응답자 중 극소수(직업인 **1.3%**, 학생 **4.7%**)만이 일을 안하고 살겠다는 소극적 태도를 나타내고 있는 데 반해, 대부분

의 응답자들이 생계를 위해 염려할 필요가 없는 상황에서도
일을 하면서 살겠다는 태도를 취하고 있으므로 (ㄴ)과 (ㄷ)의 경
우만 중점을 두어 살펴보려고 한다.

　응답자가 위의 질문에 대해 (ㄴ), (ㄷ) 두 개의 응답자 중에서
어느 편을 택하느냐 하는 것은 응답자 자신의 의사에 따라
자유롭게 결정할 수 있으며 각 응답자들은 경제적인 조건은
이미 해결되어 있다는 가상조건하에서 선택하는 것이라는 점
을 주지하고 자기의 태도를 결정짓는 것이므로, 각 응답자가
(ㄴ) 또는 (ㄷ)을 택하는 것은 그의 경제 외적인 조건을 고려해
서 결정되는 것이다. 이러한 견지에서, (ㄴ), (ㄷ)의 두 긍정적인
카테고리를 가지고 응답자의 연령, 교육정도, 현직장에서의
만족의 정도 및 직능 등에 따라 태도가 어떻게 달라지는가
하는 것을 살펴보았다.

　우선, 여기에서 현재 직장을 갖고 실제로 일을 하고 있는
직업인들과 아직 직장에서 일을 해 본 경험이 없는 학생들간
에는 별로 태도의 차이가 나타나고 있지 않다(표 Ⅱ-1 참
조).[21]

---

21) (ㄴ), 즉 해야 할 또는 하고 싶은 일만 하겠다는 데 응답한 사람 가
　운데는 여백에 자신이 하고 싶은 일을 써 놓은 경우가 상당수 있
　었다(직업인 21명, 학생 30명). 이들 중 가장 많은 것은 사회사업
　(고아원 또는 양로원을 설립 운영하겠다. 실업자나 극빈자, 불구자
　및 환자를 구호하겠다 등)을 하겠다는 경우였으며, 공공시설(공원,
　병원, 도서관 등)을 세우겠다 또는 육영사업을 하겠다고 기입한 수
　가 소수 있었다. 그 외에도 修道, 탐험, 여행, 항해 전원생활 등을
　하겠다는 경우가 각각 한두 명씩 있었다. 여기에서도 직업인과 학
　생간에 별차이가 나타나고 있지 않았다.

[표 Ⅱ-2] 연령별 태도

응답 구분 / 응답자의 구분	(ㄴ) 해야 할, 또는 하고 싶은 일만 하면서 산다.	(ㄷ) 그것과는 관계없이 부지런히 일하며 살겠다.	(ㄱ) 부정적 응답	무응답	계
20세 미만	56.1	41.5	–	2.4	100.0 (41)
20세–29세	60.7	36.2	2.3	0.8	100.0 (260)
30세–39세	52.9	44.9	–	2.2	100.0 (89)
40세 이상	63.3	36.7	–	–	100.0 (49)

응답자(직업인)를 연령별로 볼 때 별로 일관성 있는 커다란 차이를 찾아볼 수 없으며, 단지 어느 연령집단이건 반수 이상이 "하고 싶은 일만 하면서 살겠다(ㄴ)"고 응답하고 있다(표 Ⅱ-2 참조).

그런데 40세 이상의 연령층이 다른 연령집단에 비해 다소 높은 율의 응답을 보이고 있다. 커다란 차이라고는 할 수 없으나 연령집단에 따라 나타나는 이와 같은 다소의 차이를 다음과 같이 분석해 볼 수 있다.

즉, 개인의 직장 경력 연수, 다시 말해서 개인이 경험한 직장생활의 기간의 장단에 따라 직장과 일에 적응하는 데에 어떤 공통적인 특징을 나타내게 되며 이 공통적 특징은 대체로 몇 가지의 유형으로 나누어진다. 따라서 직업인의 연령집단별로 다소 상이하게 나타나는 태도의 차이는 이들 각 유형이 갖는 특징과의 관련하에서 설명이 가능한 것으로 생각된다.

고등학교만을 졸업한 후 취직을 했는가 또는 대학을 마친 후에 취직을 했느냐에 따라 몇 년의 차이는 생기겠으나 Miller와 Form의 견해에 따른다면22) 대체로 20세 전후를 초기, 20대 후반부터 몇 년간을 시험기 그리고 30세 이상을 안정기라고 볼 수 있다.

직업생활의 초기라고 할 수 있는 20세 전후의 연령층에 있는 개인은 아직도 학교지향적인 요소를 많이 포함하고 있으며, 현재 자신이 맡고 있는 일 또는 자신이 속해 있는 직장을 임시적인 것으로 보아 장래의 더 좋고 영구적인 직장과 일을 얻기 위한 디딤돌로 생각하고 있는 경향이 많다.23)

다음, 대체로 시험기라고 할 수 있는 20세-29세의 연령층에 들어 있는 개인은 이제 실제로 자기가 영구적으로 종사할 일과 직장을 찾아 직장 내 또는 직장간으로 전출과 전입, 승진 및 사임 등 빈번한 이동을 겪으며 자기 자신에게 좀더 적합하고 또 바람직하며 전망이 좋은 직업과 직장을 택함으로써 장차의 안정기를 맞으려는 모색을 한다. 그러므로 시험기는 안정기를 맞이하는 준비기간이라고 할 수 있다. 따라서 이 기간 내에 들어 있는 20세-29세의 연령층에선 이미 초기와 시험기를 거쳐 어

---

22) Millar와 Form은 이를 먼저 예비기, 초기, 시험기, 안정기, 은퇴기의 다섯 pattern으로 나누고 이 중 초기, 시험기, 안정기의 세 기간만을 실제적인 work life로 보아 이들 세 기간의 특성을 설명하고 있다. D. C. Miller and W. H. *Form, lndustrial Sociology*, (2nd ed.), New York: Harper, 1964, pp.541-545.

23) *ibid.* p.542.

느 정도 안정기에 접어든 30대라든가 아직 실제로 모색기에 접어들기 이전의 20세 내외의 연령층보다 자기가 하고 싶은 일을 구하려는 경향이 높게 나타나는 것은 당연한 결과라 하겠다.

초기나 시험기에 있는 층과는 달리 이미 어느 정도 자기대로의 노력을 통해 자기에게 맞는 일과 직장을 선정했고, 또한 상당기간의 직장생활의 경험을 통해 자신의 일과 직장에의 적응도가 비교적 높아진 안정기의 전반기에 들어선 30~39세의 연령층은 여타의 어느 연령집단보다 "그것과는 관계없이 부지런히 일하며 살겠다(ㄷ)"는 태도를 많이 나타내고 있다.

같은 안정기에 있으나 안정기의 후반기에 돌입한 40세 이상의 연령층에서는 30대 연령층과는 대조적으로 여타의 연령집단에 비해 "하고 싶은 일만 하면서 살겠다(ㄴ)는" 태도를 가장 많이 보이고 있다. 이 연령층에 들어 있는 사람들이 이들보다 연령 및 직장경력이 낮은 사람들에게서는 작용하지 않을 요소들, 즉 장기간의 경력에 비해 하위의 직위에 오랫동안 머물러 있다든가 또는 얼마 안 있어 정년퇴직을 맞게 된다는 데서 생겨지는 어떤 심리적인 압박감, 기타 신체의 노쇠 등에서 이런 경향이 나타나게 되는 것이 아닌가 생각된다.

그런데 이를 다시 교육정도로 보면 응답자의 학력도에 따라 다소 태도의 차이가 나타나고 있다. 즉, 교육정도가 낮은 집단이 높은 집단보다 더 많이 "평생 살기에 충분한 경제적 여유가 있어도 그것과는 관계없이 부지런히 일하겠다(ㄷ)"에 응답하고 있으며, 반대로 학력이 높을수록 반대로 "해야 할 또는 하고 싶은 일만 하겠다(ㄴ)"에 응답하는 경향이 높아진다 (표 Ⅱ-3 참조). 그러나 전체적으로 교육수준에 관계없이 역시 (ㄷ)보다는 (ㄴ)에 더 많은 수가 응답하고 있다.

[표 Ⅱ-3] 교육적정도별 태도

응답 구분 응답자의 구분	(ㄴ) 해야 할, 또는 하고 싶은 일만 하면서 산다.	(ㄷ) 그것과는 관계없이 부지런히 일하며 살겠다.	(ㄱ) 부정적 응답	무응답	계
9년 이하(중졸 이하)	52.1	45.7	-	2.2	100.0 (46)
9년-12년(고교)	57.9	40.1	1.6	0.4	100.0 (252)
12년 이상(대퇴 이상)	65.1	31.8	1.6	1.6	100.0 (129)
무 응 답	(7)	(5)	-	-	(12)

* 괄호안의 숫자는 실수임.

교육정도가 높은 집단일수록 (ㄷ)보다 (ㄴ)에 응답하는 비율이 높은 것은, 고등교육을 받아 어떤 특정분야에 관한 전문적인 지식 및 능력을 갖춘 사람일수록 자신이 원하는 또는 자기 자신에게 적합한 일을 성취해 보려는 의욕이 교육수준이 낮은 사람에 비해 강할 것이며 또한 좀더 넓은 사회적 전망에 대한 의식과 자신의 진로에 대한 구상을 갖고 있는 데서 그 차이가 생기는 것이라고 볼 수 있다.

[표 Ⅱ-4] 직장만족도별 태도

응답 구분 / 응답자의 구분	(ㄴ) 해야 할, 또는 하고 싶은 일만 하면서 산다.	(ㄷ) 그것과는 관계없이 부지런히 일하며 살겠다.	(ㄱ) 부정적 응답	무응답	계
상	53.6	42.9	1.2	2.3	100.0 (84)
중 상	60.3	37.0	1.1	0.5	100.0 (179)
중 하	63.1	35.5	1.4	-	100.0 (138)
하	71.1	21.0	5.3	2.5	100.0 (38)

* 괄호 안의 숫자는 실수임.

그런데 동등한 전문적인 고등교육을 받은 사람들 중에서도 직업 및 직장과 전공과의 연관성, 현재 종사하고 있는 일과 직장에 대한 만족도, 그리고 개인의 적성 및 포부(Aspiration) 등 개인이 처해져 있는 상태에 따라 또한 태도의 변화가 생긴다고 볼 수 있다.

여기에서 응답자들이 현재 종사하고 있는 직장에 대한 만족도24)와 (ㄴ), (ㄷ)에 대한 응답태도와의 관계를 보면, 직장만족도가 높고 낮은 집단에 관계없이 "원하는 일만 하겠다"는 (ㄴ)의 경우가 집단에 따라 반 이상에서 2/3이상까지 이르고 있

---

24) 직장의 여러 가지 면에 관한 20개의 항목으로부터 개인별로 각기 낸 점수임.

다(표 Ⅱ-4 참조). 그러나 표에서 볼 수 있듯이 직장만족도
가 낮은 집단일수록 하고 싶은 일만 하겠다는 태도가 증가하
고 있다. 반면 만족도가 높은 집단이 그것과는 관계없이 부지
런히 일하겠다는 태도가 높게 나타나고 있다.

다음, (ㄴ)(ㄷ)에 대한 응답이 응답자가 현재 수행하고 있는 일
의 종류, 즉 직능별로 어떻게 차이가 나는가를 살펴보기 위해
사무직, 전문기술직,25) 숙련노동, 단순노동의 4개의 직능집단
별로 나누어 보았다. 사무직과 전문기술직 종사자들은 "하고
싶은 일만 하겠다(ㄴ)"는 답에 약 2/3가 응답하고 있는 반면,
숙련노동자들은 응답률(약 59%)이 낮으며, 단순노동의 사람
들은 약 반수만이 (ㄴ)에 응답하고 있다(표 Ⅱ-5 참조). 여기
에서는 주로 정신적 노동 또는 사무적인 일을 하는 사람들과
주로 육체적인 성질의 일에 종사하는 사람들간에 얼마간의
태도의 차를 보이고 있다. 직능과 교육정도와 밀접한 관계가
있으므로 직능간에 나타나는 이러한 차이점은 앞서 말한 교
육정도에서 나타나는 차이와 거의 동일한 이유로써 설명할
수 있을 것이다.

(4) 일과 餘暇에 대한 態度

다음에는 일의 또 하나의 측면, 즉 일하는 시간과 여가에의
시간배분에 대한 응답자의 태도를 살펴보고자 한다. 여기에서
는 일하는 시간을 더 늘리면 늘린 만큼의 시간에 비례하여
작업대금을 더 가산하여 준다는 등의 어떤 조건을 붙이지 않
고, 단지 응답자에게 일하는 시간과 여가의 양자간에 배분되

25) 전문기술직은 기업체 및 관청의 기사 및 기좌를 말함.

는 시간의 상대적인 선호만을 결정케 하였다. 이에 대한 태도
는 응답자가 직업을 가지고 있는가 아닌가에 따라 영향을 받
는 것이므로 우선 직업인과 비직업인(여기서는 대부분 직업적
인 일을 해 본 경험이 없는 학생)으로 구분하여 살펴보고, 다
음으로 직업인들의 연령, 교육정도, 직장만족도 및 직능별로
어떻게 상이한 태도가 나타나는가를 보고자 한다.

[표 Ⅱ-5] 직능별 태도

응답 구분 / 응답자의 구분	(ㄴ) 해야 할, 또는 하고 싶은 일만 하면서 산다.	(ㄷ) 그것과는 관계없이 부지런히 일하며 살겠다.	(ㄱ) 부정적 응답	무응답	계
사 무 직	66.1	32.3	1.6	-	100.0 (183)
전문기술직	66.6	33.4	-	-	100.0 (27)
숙련노동	58.9	39.7	-	1.4	100.0 (73)
단순노동	50.4	46.0	2.2	1.4	100.0 (139)
기 타	(3)	(3)	-	-	(6)
무 응 답	(7)	(3)	-	(1)	(11)
계	59.0	38.7	1.3	0.9	100.0 (439)

응답자에게 "일하는 시간과 여가(직장 또는 일에서 떠나서 자기 마음대로 지낼 수 있는 시간)에 대한 당신의 의견은 어떠하십니까?"라고 묻고, 응답으로

[표 Ⅱ-6] 일하는 시간과 여가에 대한 시간배분의 의견(%)

응답자의 구분 \ 응답 구분	(ㄱ) 일하는 시간이 많은 게 좋다	(ㄴ) 여가가 많은 게 좋다.	기타	무응답	계
직 업 인	61.8	35.5	0.9	1.8	100.0 (439)
학 생	48.9	48.9	1.6	0.6	100.0 (548)

① 주로 일하는 시간을 많이 갖는 편이 좋다.
② 주로 여가를 많이 갖는 편이 좋다.
라는 두 개의 답 중에서 택일하도록 하였으며, 이 질문의 의도가 일하는 시간과 여가 양자간의 상대적인 시간의 다소에 대한 태도를 보려는 것이었으므로 일하는 시간과 여가를 꼭 같이 갖는 편이 좋다는 응답은 고의로 제시하지 않았다. 그 결과, 직업인의 경우 "일하는 시간이 많은 편이 좋나①"에 약 62%, "여가가 많은 편이 좋다 ②"에는 35.5%가 답하고 있으며 학생 ①과 ②에 각각 반수 가량 응답하였다. 거의 같은 비율로(표 Ⅱ-6 참조)26) 도표에서 보듯이 학생과 직업인간에는 상당한 차이를 보이고 있는데 이는 현재 직장에서 일을

26) 기타는 응답자가 제외에 일하는 시간과 여가가 균등한 것이 좋다고 기입한 경우임.

하고 있는 사람과 아직 직업적인 일을 직접 해 본 경험이 없
는 사람간의 차이에서 생긴다기보다는 주로 연령차이에서 생
기는 것이라고 생각된다. 이 점은 연령집단별로 본 태도의 차
이에서 상당히 명확하게 나타나고 있다. 즉 "일하는 시간이
많은 편이 좋다①"에는 학생과 비슷한 연령층에 있는 20세
미만의 직업인이 학생보다 약간 더 많이 응답하고 있는 경향
은 있으나 연령이 높은 층일수록 여가보다는 일하는 시간을
많이 갖는 편이 좋다는 태도를 보이고 있다. 반면 연령이 젊
은 층일수록 연령이 높은 층에 비해 일하는 시간보다는 여가
를 더 많이 갖는 편이 좋다는 태도를 나타내고 있다(표 Ⅱ-
7 참조).

[표 Ⅱ-7] 연령별의견(%)   (응답자＝직업인)

응답 구분 / 응답자의 구분	(ㄱ) 일하는 시간이 많은 게 좋다	(ㄴ) 여가가 많은 게 좋다.	기타	무응답	계
20세 미만	51.2	43.9	4.9	-	100.0 (41)
20세-29세	58.1	39.2	0.8	1.9	100.0 (260)
30세-39세	67.4	29.2	-	3.4	100.0 (89)
40세 이상	79.6	20.4	-	-	100.0 (49)

이와 같이 직업인이 여가보다는 일하는 시간을 많이 갖는
편이 좋다는 쪽으로 기울어지는 것은, 첫째로, E. Gross도 지

적했듯이,27) 개인에게 있어서 일과 여가에 대한 태도에는 도덕적 관념이 크게 영향을 미치기 때문에 그러한 도덕적 판단이 여기에서도 작용된 것이 아닌가 생각된다. 다른 각도에서 다시 보완할 것이다.

둘째로, 일과 여가에 대한 태도는 그 사회에서 일반적으로 일의 지향(Work Orientation)이 시간지향(Time Orientation)을 취하고 있는가 또는 과업지향(Task Orientation)28)을 취하고 있는가에 따라 달라진다. B. Franklin의 말과 같이 시간은 즉 돈이라는 관념이 지배적인 구미의 산업화된 자본주의사회가 시간지향을 취하고 있는 전형적인 사회이다. 한 작업의 공정이 진행되고 있는 도중이라도 작업종료의 벨이 울리면 일시에 작업에서 손을 떼고 모두가 일에서 떠나게 된다. 그러나 자본주의와 산업화가 발달하지 못한 사회에서는 시간지향적 사회에서와 같은 그러한 철저한 시간관념은 존재하지 못하며, 따라서 일은 과업지향적으로 수행되고 있다. 이러한 사회에서는 일하는 시간과 여가의 구분이 불명확해지기 쉽다(여가-Leisure라는 말 자체가 자본주의산물인 것이며, 근대 이전의 사회에 있어서 여가는 오직 상층계급만이 향유 할 수 있는 특권이었다). 우리나라도 산업회기 상당히 이루어저 가고 또 산업과 기업에 있어서도 자본주의적 양식이 많이 채택되고 있어 외관상으로는 시간지향적 방식을 취하고 있는 듯하나,

---

27) Edward Gross *Industry and Social Life*, Iowa: W. M. C. Brown Co., 1965, p.5.

28) Ben Finny,"Money work, Fast Money and Prize Money: Aspects of the Tahitian Labor Commitment." *Human Organization*, vol. 26, no. 4, (1967년 winter) p.197.

사람들의 관념에는 아직도 과업지향적인 경향이 많이 잔존해 있는 것으로 보인다.

셋째로, 여가의 문제를 개인적인 면에서 보면 여가를 활용하는 개인의 조건 특히 경제적인 여유가 있어야 하며, 사회적인 면에서는 이러한 개인의 조건에 병행하여 대중 일반으로 하여금 그들이 여가를 활용함으로써 그 여가의 가치와 의의를 충분히 느낄 수 있는 그러한 사회적 환경, 다시 말해서 일종의 '여가의 문화'가 발달되어 있어야 할 것이다. 따라서 여가의 문제는 생활양식과 밀접한 관련을 갖고 있다. 그러나 우리나라 사회에선 대중 일반에게 있어서 위의 두 가지 조건이 거의 갖추어지지 않고 있다고 할 수 있다. 물론 여가의 활용이 금전적인 토대 위에서만 가능한 것이 아니라 하더라도, 기본적인 생활을 유지시키는 데조차 위협을 받고 있는, 그러한 정신적 및 물질적 여유가 없는 상태에서 사실상 여가는 단지 직장에서의 피로를 회복하기 위한 휴식 이상의 의의를 갖지 못하게 되는 것이라고 할 수 있다. 여가를 활용할 조건이 갖추어져 있지 않은 상태에서 여가는 그것을 즐긴다는 본래의 적극적인 가치를 상실하는 것이며, 따라서 사람들은 여가보다는 일하는 시간을 더 많이 갖는 편이 좋다는 태도를 보이게 되는 것이라고 볼 수 있다.

위와 같은 관점에서, 일과 여가에 대한 태도가 응답자의 속성에 따라 나타나는 차이점은 직장에서의 경력, 직무 및 직장에 대한 만족의 정도 등 직장 내의 조건과 직장 외적 조건에 의해 설명되어야 할 것 같다.

앞에서도 언급한 바와 같이, 20세 미만에서는 직업인과 학

생이 다같이 약 반수만이 일하는 시간이 많은 편이 좋다고
하고 있으나 연령이 높아질수록 이에 대한 응답의 비율이 높
아져 40세 이상의 연령층에서는 약 80%가 일하는 시간이 많
은 편이 좋다는 태도를 보이고 있다. 이와 같이 연령에 따라
태도의 차가 생기는 것은, 주로 연령이 낮은 편인 30세 미만
의 경우에는 직장생활의 경력이 연령이 높은 층보다 짧으므
로, 직장생활의 경험이 보다 오래 된 30세 이상의 사람들보
다는 직장생활에의 적응이 불충분할 것이며, 또한 젊고 직장
경력이 짧은 이 집단의 사람들은 주로 상사와 고참자들의 지
시 감독 또는 명령을 따라야 되는 것이기 때문에 직장생활에
서 상당한 압력과 긴장을 경험하게 된다고 볼 수 있다. 그리
고 이들 연령층의 사람들은 대부분 아직 부양할 자기 자신의
가족을 갖지 않고 있어서 그들이 버는 돈은 주로 자신의 용
돈으로 쓰이거나 또 경우에 따라 일부는 가족의 생활비에 얼
마간 보조하는 데 그치고 있는 수가 대부분이다. 따라서 이들
30세 미만의 젊은 연령층은 직장에서의 사무와 직업에 대해
서 갖는 흥미와 관심보다는 직장 외부에 그들의 흥미와 관심
이 쏠리게 되는 심리를 가지게 되는 데서 이러한 태도의 차
가 생기는 것이 아닌가 생각된다.

또 한편으로는 30세 이상의 직업인들은 대개 상당한 기간
의 직장생활을 통해 30세 미만의 젊은 층보다는 직장생활에
많이 적응되어 있고, 자신의 소관에 관해서는 능숙한 기술과
풍부한 지식을 가지고 있어 후진이나 신참자를 지도·감독할
위치에 있는 사람들로 볼 수 있다. 그리고 이들은 대개 결혼
을 하여 자신이 부양해야 할 가족을 가진 사람들이다. 30대

의 연령집단보다는 40세 이상의 연령집단에서 일하는 시간을
더 많이 갖는 편이 좋다는 태도를 보이고 있는 점은 아마도
이들 연령층이 40세 – 50세의 노년층의 사람들보다는 가족 내
의 부부관계나 자녀와의 관계에서 덜 권위적이어서 가족과
함께 또는 친구들과 어울리는 기회를 더 많이 원하고 있는
데서 나오는 것이 아닌가 한다. 현재 우리나라 대도시에서 흔
히 볼 수 있듯이 충분치 못한 가정사정, 즉 셋방이라든가 협
소한 가옥 그리고 거기서 주부와 자녀들에게서 적지 않은 압
력을 받고 있는 호주의 입장에서 볼 때 여가는 오히려 귀찮
은 것으로 되며, 결과적으로 직장은 이런 모든 골치 아픈 일
들로부터의 도피처가 되는 것이 아닌가 한다.

　다음, 교육정도가 낮은 집단이 높은 집단보다 일하는 시간
이 더 많은 편이 좋다는 태도를 보이고 있다. [표 Ⅱ – 8]에서
보듯이 중졸이하의 집단에선 "일하는 시간이 많은 편이 좋다
(ㄱ)"는 데에 76%가 찬동하고 있고'여가가 더 많은 편이 좋다
(ㄴ)'는 데에 약 20%가 답하고 있는 데 비해, 고등학교와 대학
교육을 받은 경험이 있는 집단에선 (ㄱ)에 약 60%, (ㄴ)에는 약
36~38%가 답하고 있다. 그러나 고등학교교육을 받은 집단
과 대학교육을 받은 집단간에는 별로 태도의 차이가 나타나
지 않고 있다. 학력에 따라 보이는 다소의 차이점은 아마도
높은 수준의 교육을 받은 사람은 직장생활 이외에서 좀더 폭
넓은 생활의 영역을 가지고 있다든가 혹은 자신의 개성을 발
휘할 수 있는 자기대로의 생활에 더욱 애착을 갖는 데서 오
는 결과로 유추된다.

　또한 일과 여가에 대한 태도는 그가 현재의 직장에 어느

정도 만족하는가와도 관계가 있는 것으로 보인다. [표 Ⅱ-9] 에서 볼 수 있듯이, 현직장에 만족하는 정도에 따라 나누어 본 4개의 집단 중에서 만족도가 가장 하위에 있는 집단에서 는 그 절반만이 "일하는 시간이 많은 편이 좋다(ㄱ)"로 기울고 있으나 만족도가 상위에 있는 두 집단은 약 2/3가 "일하는 시간이 많은 편이 좋다(ㄱ)"는 태도를 보이고 있다. 따라서 만 족도가 높은 집단일수록 일 선호에, 그리고 만족도가 낮은 집 단일수록 여가 선호에 대한 응답이 증가하고 있다.

[표 Ⅱ-8] 교육정도별 의견(%)   (응답자 = 직업인)

응답 구분 교육 정도	(ㄱ) 일하는 시간이 많은 게 좋다	(ㄴ) 여가가 많은 게 좋다.	기타	무응답	계
9년 이하(중졸 이하)	76.1	19.6	–	4.3	100.0 (46)
9년-12년(고교)	60.3	38.1	1.2	0.4	100.0(252)
12년 이상(대퇴 이상)	59.7	36.4	0.8	3.1	100.01(129)
무응답	(7)	(4)	–	(1)	(12)

끝으로 응답자의 직능별로 볼 때 어느 식능십단이나 모두 여 가보다 일하는 시간이 많은 편이 좋다는 데에 반수 이상이 찬 동하고 있다. 그 중에도 사무직에 종사하는 사람들이 다른 직 능(전문기술직, 숙련노동, 단순노동)에 종사하는 사람들에 비해 일하는 시간이 많은 편이 좋다는 데에 다소 높은 응답을 보이 고 있다. 숙련노동과 단순노동에 종사하는 사람들이 사무직의 집단보다 여가를 더 많이 갖는 편이 좋다는 데 약간 더 높은

응답을 보이는 것도 사무직 종사자들의 연령이 다른 직종보다
비교적 높기 때문이 아닌가 생각된다(표 Ⅱ-참조).

[표 Ⅱ-9] 직장 만족도별 의견(%)   (응답자 = 직업인)

응답 구분 ＼ 교육 정도	(ㄱ) 일하는 시간이 많은 게 좋다	(ㄴ) 여가가 많은 게 좋다.	기타	무응답	계
상	66.6	26.2	3.6	3.5	100.0 (84)
중 상	66.4	31.3	0.6	1.7	100.0 (179)
중 하	55.8	43.5	－	0.7	100.0 (138)
하	47.4	50.0	－	2.6	100.0 (38)

[표 Ⅱ-10] 직장 만족도별 의견

응답 구분 ＼ 직 능 별	(ㄱ) 일하는 시간이 많은 게 좋다	(ㄴ) 여가가 많은 게 좋다.	기타	무응답	계
사 무 직	67.8	31.7	0.5	－	100.0(183)
전문기술직	59.3	40.7	－	－	100.0 (27)
숙련노동	58.9	38.4	－	2.7	100.0 (73)
단순노동	56.1	38.1	2.2	3.6	100.0(139)
기 타	(5)	(1)	－	－	(6)
무 응 답	(5)	(5)	－	(1)	(11)
계	61.8	35.5	0.9	1.8	100.0(439)

이상에서 첫 번째로 사람들이 경제적인 문제가 해결된 것
으로 가정한 상태에서 일에 대해 어떠한 태도를 취하는가 아
는 점을 살펴보았다. 그 결과 일을 안 하고 편히 살겠다라든
가 되도록 일을 하지 않고 살겠다는 부정적인 태도를 보인
수는 극소수였으며, 응답자의 대부분이 일을 하면서 살겠다는
태도를 보이고 있다. 일을 하겠다는 같은 긍정적 응답 중에서
도 자신이 "하고 싶어하는 일만 하면서 살겠다"는 조건부의
긍정적인 태도가 "그것과는 관계없이 그대로 부지런히 일하
며 살겠다"는 태도에 비해 높게 나타나고 있다. 직업인의 경
우 전자가 59%, 후자가 39%, 학생은 전자가 54%, 후자가
41%로 각각 후자보다 전자가 직업인 약 20%, 학생 약 13%
높게 나타나는 경향을 보이고 있다. 그런데 직업인의 경우 개
인의 속성(즉 연령, 교육정도, 직장에 대한 만족의 정도 및
직능)에 따라 얼마간의 차이를 보여 주고 있다.

그 다음 두 번째로 일하는 시간과 여가에 대한 시간배분의
태도를 살펴보았다. 여기서는 응답자 전체로 볼 때에 일하는
시간이 많은 편이 좋다는 태도가 훨씬 높게 나타나고 있다.
또한 이러한 태도는 응답자의 속성에 따라 상당히 차이가 보
여진다는 점을 알 수 있었다. 그러나 학생의 경우는 전자와
후자를 선택하는 비가 똑같게 나타나고 있다.

그러면 사람들이 품고 있는 일의 의미는 주로 어떤 내용들
로 구성되어 있는가 하는 문제에 관해서는 이제부터 살펴보
고자 한다.

3. 일의 意味를 構成하는 諸側面

앞에서 비경제적인 측면에서는 사람들이 일의 의미를 어떻게 생각하며 어떤 태도를 갖는가 하는 데 대하여 언급하였다. 일이 단지 경제적 필요만을 충족시키기 위한 방편이 아니라는 가정은 본 조사의 결과를 통하여 대체로 긍정적으로 나타나고 있다. 여기에서는 사람들이 생각하는 일의 의미를 구성하는 제 측면 중 어떤 측면이 다른 측면보다 널리 인지되고 있는가 하는 점에 관해 고찰하려 한다.29)

본 조사에서 먼저 定義的(definitional), 道具的(instrumental) 및 表出的(expressive)이라는 세 가지 주요 측면의 범주를 가지고 분석을 시도하였다. 일은 흔히 몇 가지 아주 한정된 목표(goal)를 획득하기 위한 수단(means)으로서 생각되기 쉽다. 인간이 달성하기 위해서 일하는 그 목적(ends)은 때로는 구체적인 대상이 될 수도 있으며, 때로는 추상적이거나 상징적인 대상이 될 수도 있다. 일을 통하여 무엇을 획득하려고 한다면 이때 추구하려는 목적이 무엇이든지간에 일은 도구적 측면으로 분류된다. 이 도구적 측면과 더불어 또 한편으로 일하는 행위 그 자체가 일하는 목적이 되기도 한다. 사람들은 일을

---

29) 이 방면에 관한 연구 중 다음과 같은 몇 가지를 들 수 있다.

Edward Gross, *Industry and Social Life*, Dubuque, Iowa: W. M. C. Brown, 1965, Chap 1.

N. C. Morse and R. S. Weiss, "The Function, and Meaning of Work and the Job". *American Sociological Review*, 20, 1955, pp.191 – 198.

R. S. Weiss and A. L. Kahn, "Definitions of Work and Occupation," *Social Problems*, 8, 1960, pp.142 – 151.

함으로써 도덕적, 심리적 만족을 얻을 수 있으며, 또는 그가 수행하는 일의 성질이나 업적에 의해서 만족감을 얻을 수도 있다. 이와 같은 경우에는 일은 표출적 가치 또는 의미를 갖는다고 할 수 있을 것이다. 일의 어떤 측면들은 위의 두 가지 범주 내에 논리적으로 포함시킬 수가 없는데, 이는 위의 두 범주가 일을 단순히 일 자체의 어떤 육체적 및 심리적 성질에서 규정짓기 때문인 것이다. 다음, 도구적 측면을 다시 경제적 및 사회적 소범주로 구분하여 이를 다시 경제적 측면은 적극적 및 소극적 측면으로 그리고 사회적 측면은 集團志向(collectivity orientation)과 自我志向(self orientation)으로 각기 이분하여 전부 4개의 측면을 제시하였다.

한편 표출적 측면은 순수한 표출적 혹은 심리적 측면과 도덕적 만족이라는 두 개 소범주로 분류하였다.

끝으로 정의적 측면은 그 내용에 따라서 몇 개의 하위범주로 분류하였다. 그리하여 본 조사에서는 일의 의미의 측면들에 대한 구성상태를 규명하기 위하여 이들 하위범주로 이루어진 일련의 조작적 정의를 다소 조잡한 문항을 설정하여 사용하였다.

총 24개로 구성된 문항 중에는 표출적 측면에 관한 문항 7개, 도구적 측면에 관한 문항 7개, 그리고 정의적 측면에 관한 문항 10개로 하였다. 이들 각 문항들은 모두 '대단히 찬성한다'에서부터 '대단히 반대한다'에 이르는 5개 등급으로 척도를 구성하여 응답자들로 하여금 각각의 문항에 대해 임의의 평가를 하도록 하였다. 그리하여 분석작업에서는 각 등급을 5점부터 1점까지 집계하여 평점으로 삼고, 이를 기초로

하여 한 항목당 同意度百分比(percentage of agreement)를 산
출하였다. 따라서 각 항목별로 나온 동의도백분비의 고저에
따라 24개 문항의 서열을 매겼다. 그 결과는 [표 Ⅱ-11A],
[표 Ⅱ-11B]와 같다.

[표 Ⅱ-11A] 일 동의도(직업인)

순 위	문 항	측 면	동의도 (백분비)
1	사람인 이상 무슨 일인가는 하는 것이 마 땅한 도리이다.	表 - 道德(積)	93.3
2	무슨 일엔가 열중하고 있을 때는 잡념과 근심에서 벗어날 수 있다.	表 - 心(消)	92.0
3	일을 잘함으로써 일하는 자체에서 만족을 느끼는 것이 중요하다.	表 - 心(積)	86.9
4	일을 하지 않으면 쓸모없는 사람으로 느껴 진다.	表 - 道德(消)	83.9
5	일하지 않으면 사회에 무엇인가 공헌할 수 없다.	表 - 道德(積)	83.3
6.5	사회적 지위를 얻자면 그에 필요한 일을 해야 한다.	道具-社(積)	82.2
6.5	반드시 물건을 만드는 것이 아니더라도 무 엇인가 이룩해 놓는 것이 일이다.	定 - 成就	82.2
8	자기에게 맡겨진 과업(책임)을 수행하는 것 이 일이다.	定 - 課業	74.1
9	단지 먹고 살기 위해서가 아니라 좀더 잘 살기 위해서 돈을 버는 것이 일의 주목적 이다.	道具-經(積)	72.7
10	일을 하지 않으면 짜증이 나고 따분해진 다.	表 - 心(消)	72.4
11	일을 하지 않으면 사회로부터 고립되는 생 활을 하게 된다.	道具-社(消)	68.2
12	필요를 충족시키기 위한 행위가 일이다.	定 - 必要	65.6
13	일을 함으로써 다른 사람과 친하게 되는 기회를 갖게 된다.	道具-社(積)	60.8
14	아무 일도 하지 않고 있으면 생활한다고 하기 어렵다.	表 - 道德(消)	58.1

15	직업이 곧 일이다.	定 － 職業	57.8
16	무슨 일을 하느냐에 따라 그 사람의 사회적 지위가 결정된다.	道具－社(積)	54.4
17	머리를 써서 하는 것이 일이다.	定 － 頭腦	50.1
18	생계를 유지하기 위하여 돈을 버는 것이 일의 주목적이다.	道具－經(消)	47.0
19	물건을 만들어 내는 것이 일이다.	定 － 製造	46.7
20	일은 노는 것의 반대이다.	定 － 놀이	44.6
21	몸을 움직여 하는 게 일이다.	定 － 肉體	39.3
22	일은 쉬는 것의 반대이다.	定 － 休息	36.8
23	보수를 받고 하는 활동이 일이다.	道具－經(積)	22.0
24	일이란 습관적으로 하는 것이다.	定 － 習慣	17.8

[표 1Ⅱ-11B] 일 동의도(학생)

순 위	문 항	측 면	동의도 (백분비)
1	사람은 무슨 일인가를 하는 것이 마땅하다.	表 － 道德(積)	89.0
2	일을 하되 잘함으로써 일하는 자체에서 만족을 느끼는 것이 중요하다.	表 － 心(積)	86.9
3	무슨 일엔가 열중하고 있을 때는 잡념과 근심에서 벗어날 수 있다.	表 － 心(消)	85.4
4	일하지 않으면 쓸모없는 사람으로 느껴진다.	表 － 道德(消)	83.0
5	반드시 물건을 만드는 것이 아니더라도 무엇인가 이룩해 놓는 것이 일이다.	定 － 成就	82.1
6	사회적 지위를 얻자면 그에 필요한 일을 해야 한다.	道具－社(積)	79.0
7	단지 먹고 살기 위해서가 아니라 좀더 잘 살기 위하여 돈을 버는 것이 일의 주목적이다.	道具－經(積)	77.1
8	일하지 않으면 사회에 무엇인가 공헌할 수 없다.	表 － 道德(積)	77.0
9	자기에게 맡겨진 과업을 수행하는 것이 일이다.	定 － 課業	74.3

10	필요를 충족시키기 위한 행위가 일이다.	定 －必要	73.4
11	일을 하지 않으면 짜증이 나고 따분해진다.	表 －心(消)	69.5
12	일을 하지 않으면 사회로부터 고립되는 생활을 하게 된다.	道具－社(消)	66.7
13	직업이 곧 일이다.	定 －職業	65.3
14	아무 일도 하지 않고 있으면 생활한다고 하기 어렵다.	表 －道德(消)	63.4
15	일함으로써 다른 사람과 친하게 되는 기회를 갖게 된다.	道具－社(積)	58.9
16.5	생계를 유지하기 위하여 돈을 버는 것이 일의 주목적이다.	道 －經(消)	53.6
16.5	무슨 일을 하느냐에 따라 그 사람의 사회적 지위가 결정된다.	道 －社(積)	52.6
18	머리를 써서 하는 것이 일이다.	定 －頭腦	42.1
19	일은 노는 것의 반대이다.	定 －놀이	41.1
20	몸을 움직여 하는 것이 일이다.	定 －육체	40.3
21	물건을 만들어 내는 것이 일이다.	定 －製造	37.7
22	일은 쉬는 것의 반대이다.	定 －休息	32.3
23	보수를 받고 하는 활동이 일이다.	道 －經(積)	21.9
24	일이란 습관적으로 하는 것이다.	定 －習慣	17.8

表＝表出的 側面, 定＝定義的 側面, 道具＝道具的 側面, 心＝心理的 側面, 道德＝道德的 側面, 經＝經濟的 側面, 社＝社會的 側面, 積＝積極的 側面, 消＝消極的 側面.

일반적으로 최상위의 동의도 서열(agreement percentage rank)을 차지한 것은 표출적 측면들이었으며, 도구적 측면은 그 다음, 그리고 정의적 측면은 하위의 서열을 차지하는 것으로 나타나고 있다. 각 측면별 서열의 順位中央値(median rank order)는 직업인집단의 경우에서는 표출적 측면이 4위, 도구적 측면은 13위, 그리고 정의적 측면은 18위로 각기 표시되고 있으며, 학생집단의 경우에는 이것이 표출적 측면 4위, 도구적 측면 15위, 정의적 측면 18.5위로 나타난다.

육체적이며 생산적 역할을 수행하는 사람들이 일의 의미를 규정짓는 데에서 도구적 또는 정의적 의미를 가장 뒤쪽으로 미루고 대신 도덕적 또는 심리적인 성질에 가까운 면에 일의 의미를 높이 부여하고 있는 점은 흥미 있는 일이라 하겠다.

이러한 경향은 본장의 前節에서 일에 대한 일반적인 태도에서 볼 수 있었던 바와도 일치되는 것이다. 즉 대부분의 응답자들은 그들이 평생 살기에 흡족한 돈을 소유하든 못하든 간에 그것을 막론하고 일을 계속하겠다는 태도를 표명하였다. 그리고 또한 여기에서 논의한 결과로 미루어 사람들이 일을 하게 되는(일에 능동적으로 참여하게 되는) 이유로서 그들이 일에 대한 적극적 性向(disposition)을 갖고 있음을 알 수 있다. 대부분의 응답자들은 일을 하는 이유가 일이 휴식, 놀이(play) 등의 뜻과 반대되는 뜻으로 분류된 의미거나 또는 두뇌적(정신적) 활동이거나, 육체적 또는 직업적 활동이기 때문에 일하는 것은 아니다. 그들이 일을 하는 데는 어떤 도덕적 의미가 내포되어 있는 것이며 또한 그들이 일을 함으로써 심리적 만족감을 얻을 수 있기 때문이다. 다시 말해서 취소한 사람들은 일을 함으로써 그들의 사회적 지위를 획득하게 되고, 다른 사람들과 사귀며 친밀하게 될 수 있고, 보다 나은 생활을 위한 돈을 장만할 수 있으며, 생계를 이어 나갈 수 있다고 인지하기 때문에 일은 중요한 것이 된다.

여하튼 위에서 밝혀진 사실들은 일의 사회학(sociology of work)이라는 분야에서 연구된 다른 연구의 결과들과 일반적으로 동일한 경향을 보여 주는 것이다.30)

직업인과 학생간에는 몇 개의 문항에서 동의도비율(percent agreement)이 다소 차이가 있다. 예컨대 직업인과 학생간에 같은 문항의 서열순위가 3 이상 차이가 있는 문항만을 들어 보면, 사회적 의미에서 2개의 문항 및 정의적 측에서 1개의 문항에서 직업인이 학생보다 더 높은 서열순위를 나타내는 반면, 경제적 측면 혹은 필요충족의 측면 중 4개의 문항에서는 학생이 직업인보다 더 높은 서열순위를 보여 준다. 직업적, 장기적, 집중적으로 일에 종사해 본 경험을 가진 직업인들은 일의 사회적 의미와 일하는 행위 자체에 내포된 일의 본질적 측면을 강조하는 데 반해서, 일한 경험을 갖지 못한 학생들은 일의 도구적·경제적가치를 직업인들에 비해 상대적으로 더 높이 인식하고 있다고 하겠다.

급격한 변동을 겪어 온 사회에서 성장해 왔으며 그 안에서 교육을 받아 온 학생들은, 대체로 사회적 관계에 더 가치를 부여하는 방향에서 사회화가 이루어진 직업인들에 비해서 일반적으로 좀더 경제적 가치와 경제적 지향을 강조하는 현실적 사조에 영향을 받았을 것이다. 동시에 현재 한국사회에서 일이 실제적으로 수행되고 있는 현실적 상황 내(기업체내의 사무실, 공장, 작업장 등)에 임하고 있는 직업인들은 아마도 인간관계나 사회적 지위가 단순한 개인의 경제적 필요성이나 만족감보다는 실질적으로 더 중요한 일이라는 것을 습득하게 되는 점도 있을 것이다.31)

---

30) 주 1)의 제 연구를 참조.
31) 金璟東,「從業員의 職場滿足度 測定을 위한 2個의 尺度」,『행동과학』 2, 한국행동과학연구소, 1969, pp.44-61에서 종업원들의 직장

직업인들의 연령층별로 나타나는 백분비 서열순위에 의하면, 자료에 의하면, 연령이 젊은 층의 직업인들이 좀더 도덕적 및 사회적인 방향으로 지향되어 있는 것 같으며, 경제적 지향에 있어서는 하등의 일관성 있는 차이가 발견되지 않고 있다(표 Ⅱ-12 참조).

그러므로 직업인과 학생간의 차이점은 직업인들의 일을 수행한 경험이 그들로 하여금 일의 사회적 측면을 더욱 강조하게 하는 원인이 된다는 견해에 따라 해석이 내려져야 할 것이다. 그러나 직업인들이 현재 종사하고 있는 일의 종류별로는 문항별 서열순위의 차이가 보이지 않는다(표 Ⅱ-13).

직업인의 교육정도별로 볼 때 교육정도가 낮은 직업인집단은 일을 '노는 것'의 반대의 뜻으로, 그리고 육체적 운동이라는 뜻으로 인식하고 있는 한편, 교육 정도가 높은 집단에서는 일이 욕구를 충족시킨다든가 또는 일은 직업적 활동이라는 말에는 거의 찬동하고 있지 않은 편이다. 학력이 낮은 집단에서 경제적 측면을 더욱 강조하는 것으로 보이는 반면, 교육정도가 좀더 높은 직업인집단은 사회적 측면이 더 높은 지위를 차지하는 경향을 보인다.

우리가 쉽사리 에측할 수 있는 바와 같이 일반적으로 교육정도가 높은 직업인들이 일에 내포되는 의미 중에서 비교적 추상적인 의미에 더 강조를 둔다고 하겠다(표 Ⅱ-14).[32]

만족도를 구성하는 내용에 있어서 중요성의 순서로 보아 사회적 만족이 최하위에 있음을 알 수 있다. 그리고 자아실현은 중간, 물질적 복지는 오히려 최상위라는 결과를 얻고 있다.

[32] R. Dubin, "Industrial Worker's World: A Study of the Central Life Interest's of Industrial Workers," *Social Problem* 3, 1956,

끝으로, 학생들의 학교계열별(공·상·농·인문)로 볼 때
별로 일관성 있는 경향이 보이지 않고 있으며, 단지 두 가지
점이 다소 특이하다. 상업고교 학생들은 두 개의 항목에서 타
계열 고교생들보다 현격하게 상이한 서열순위를 나타내고 있
다. 즉 도구적·경제적 측면과 정의적·필요충족 측면의 항목
에서 상업고교 학생들은 타계통의 고교생보다 백분비동의도
서열순위가 상당히 높으며, 한 개의 표출적·심리적 측면의
항목에서는 매우 낮다. 인문계고교의 학생들은 타계열 학생들
보다 정의적·과업의 측면에서 서열순위가 높게 나타난다. 그
러나 한편 이들 학교계열별로 나타나는 체계적 차이는 보이
지 않는다(표 Ⅱ-15).

대체로 졸업 후에 곧 직장을 갖고 돈을 버는 것이 중요한
관심사가 되고 있는 상업고교 학생들에게 있어서는 이러한
관심으로 인해서 다른 계통의 학생들보다는 경제적 향상과
필요충족에 대한 두 개의 항목에서 더 높은 서열순위에 놓이
게 되는 것이 아닌가 한다.

---

pp.131-142.

L. H. Orzack, "Work as a Central Life Interest of Profession-
als", *Social Problem* 7, 1959, pp.125-132.

〈표 Ⅱ-12〉 직업인의 연령별 동의도

전체순위	문	항	측면	20세 미만 동의도	20세 미만 순위	20세~29세 동의도	20세~29세 순위	30세~39세 동의도	30세~39세 순위	40세 이상 동의도	40세 이상 순위
1	사람은 무슨 일인가 하는 것이 마땅하다.		表-道德(積)	92.5	1.3	93.3	1.3	95.7	1.3	90.5	2.3
2	무슨 일에가 열중하고 있을 때 잠념과 근심에서 벗어날 수 있다.		表-心(積)	90.0	2.3	92.4	2.3	94.3	2.3	88.1	4.3
3	일을 잘함으로써 일하는 자체에서 만족을 느끼는 것이 중요하다.		表-心(積)	85.0	3.3	87.1	3.3	88.6	6.3	85.7	6.3
4	일을 하지 않으면 쓸모없는 사람으로 느껴진다.		表-道德(消)	80.0	6.3	81.8	4.5	92.9	3.3	83.3	8.3
5	일하지 않으면 사회에 무엇인가 공헌함 수 없다		表-道德(積)	67.5	10.5	81.8	4.5	91.4	4.3	92.9	1.5
6.5	사회적 지위를 얻자면 그에 필요한 일을 해야 한다.		道具-社(積)	82.5	4.5	78.7	7.3	90.0	5.3	85.7	6.3
6.5	반드시 물건을 만드는 것이 아니라도 무엇인가 이룩해 놓는 것이 일이다.		定-成就	82.5	4.5	79.6	6.3	84.3	7.3	92.5	1.5
8	자기에게 맡겨진 과업을 수행하는 것이 일이다.		定-課業	72.5	8.5	72.0	8.3	74.3	11.3	85.7	6.3
9	단지 먹고 살기 위해서가 아니라 참살기 위해서 돈을 버는 것이 일의 주목적이다.		道具-經(積)	77.5	7.3	69.3	10.3	78.6	8.3	76.2	7.5
10	일을 하지 않으면 짜증이 나고 따분해진다.		表-心(消)	65.0	12.3	71.6	9.3	77.1	9.3	76.2	9.5
11	일을 하지 않으면 사회로부터 고립되는 생활을 한다.		道具-社(消)	67.5	10.5	65.8	11.3	75.7	10.3	69.0	11.3
12	필요를 충족시키기 위한 행위가 일이다.		定-必要	52.5	14.5	57.3	13.5	60.0	14.5	61.9	14.3
13	일을 함으로써 다른 사람과 친하게 되는 기회를 갖게 된다.		道具-社(消)	72.5	8.5	58.2	12.3	62.9	12.3	59.5	16.3
14	아무일도 하지 않고 생활한다고 하기 어렵다.		表-道德(消)	57.5	13.3	56.9	15.3	60.0	14.5	61.9	14.3

전체순위	문 항	측면	20세 미만 동의도	20세 미만 순위	20세-29세 동의도	20세-29세 순위	30세-39세 동의도	30세-39세 순위	40세 이상 순위	40세 이상 동의도
15	직업이 곧 일이다.	定-職業	52.5	14.5	57.3	13.5	60.0	14.5	14.3	61.9
16	무슨 일을 하느냐에 따라 그 사람의 사회적 지위가 결정된다.	道具-社(積)	72.5	17.5	58.2	12.3	60.0	14.5	17.5	54.8
17	머리를 써서 하는 것이 일이다.	定-頭腦	57.5	19.3	56.9	15.3	57.1	18.5	12.3	66.7
18	생계를 유지하기 위하여 돈을 버는 것이 일의 주목적이다.	道具-經(消)	52.5	16.3	57.3	13.5	50.0	22.3	17.5	54.8
19	물건을 만들어 내는 것이 일이다.	定-製造	42.5	20.3	54.7	12.3	57.1	18.5	19.3	50.0
20	일은 노는 것이 반대이다.	定-놀이	40.0	21.3	46.7	15.3	58.6	17.3	20.3	47.6
21	몸을 움직여 하는 것이 일이다.	定-肉體	45.0	17.5	44.9	13.5	51.4	21.3	21.5	35.7
22	일을 쉬는 것이 반대이다.	定-休息	37.5	24.3	44.4	16.3	55.7	20.3	21.5	35.7
23	보수를 받고 하는 활동이 일이다.	道具-經(積)	35.0	23.3	41.3	17.3	24.3	23.3	23.3	23.8
24	일이란 습관적으로 하는 것이다.	定-習慣	42.5	22.3	35.6	18.3	17.1	24.3	24.3	16.7

〈표 Ⅱ-13〉 직업인의 직능별 동의도

전체순위	문	측면	사무직		가사직		숙련직		비숙련직	
			순위	동의도	순위	동의도	순위	동의도	순위	동의도
1	사람은 무슨 일인가 하는 것이 마땅하다.	表-道德(積)	2.3	91.4	3.5	85.2	1.5	95.0	1.3	96.0
2	무슨 일엔가 열중하고 있을 때 잡념과 근심에서 벗어날 수 있다.	表-心(消)	1.3	92.7	1.5	88.9	1.5	95.0	2.3	90.4
3	일을 정성으로써 일하는 자세에서 만족을 느끼는 것이 중요하다.	表-心(積)	3.3	87.4	1.5	88.9	6.5	85.0	3.3	87.2
4	일을 하지 않으면 쓸모없는 사람으로 느껴진다.	表-道德(消)	5.5	82.8	6.3	77.8	3.5	88.3	4.3	84.0
5	일하지 않으면 사회에 무엇이기 공헌할 수 없다	表-道德(積)	4.3	84.8	3.5	85.2	5.5	85.0	7.3	78.2
6.5	사회적 지위를 얻자면 그에 필요한 일을 해야 한다.	道德-社	5.5	82.8	7.5	70.4	3.5	88.3	6.3	81.6
6.5	반드시 물건을 만드는 것이 아니라도 무엇인가 이룩해 놓는 것이 일이다.	定-成就	7.3	79.5	5.3	81.5	5.3	86.7	5.3	83.2
8	자기에게 맡겨진 과업을 수행하는 것이 일이다.	定-課業	8.3	77.5	9.3	60.0	10.3	70.0	9.3	75.2
9	단지 먹고 살기 위해서가 아니라 잘살기 위해서 돈을 버는 일이 주목적이다.	道具-經(積)	12.3	66.9	10.5	59.3	9.3	71.7	8.3	77.6
10	일을 하지 않으면 짜증이 나고 따분해진다.	表-心(消)	10.3	75.5	7.5	70.4	8.3	75.0	10.3	67.2
11	일을 하지 않으면 사회로부터 고립되는 생활을 한다.	道具-社(積)	9.3	76.8	12.3	55.6	13.3	63.3	12.3	63.2
12	필요를 충족시키기 위한 행위가 일이다.	表-道德(消)	11.3	71.5	10.2	59.3	16.3	55.0	11.3	64.0
13	일을 함으로써 다른 사람과 친하게 되는 기회를 갖게 된다.	道具-社(消)	13.3	62.9	17.3	44.4	11.5	65.0	13.5	57.6
14	아무일도 하지 않고 있으면 생활한다고 하기 어렵다.	表-道德(消)	15.3	58.3	13.5	51.9	14.3	56.7	13.5	57.6

전체순위	문	종별	20세 미만 순위	20세 미만 동의도	20세~29세 순위	20세~29세 동의도	30세~39세 순위	30세~39세 동의도	40세 이상 순위	40세 이상 동의도
15	직업이 곧 일이다.	定-職業	14.3	58.9	13.5	51.9	11.5	65.0	15.5	54.4
16	무슨 일을 하느냐에 따라 그 사람의 사회적 지위가 결정된다.	道具-社(積)	16.3	55.6	17.3	44.4	16.3	55.0	15.5	54.4
17	머리를 써서 하는 것이 일이다.	定-頭腦	17.3	52.3	15.3	51.9	19.5	50.0	8.5	47.2
18	생계를 유지하기 위하여 돈을 버는 것이 일의 주목적이다.	道具-經(消)	19.3	47.7	19.3	47.0	16.3	55.0	20.3	44.0
19	물건을 만들어 내는 것이 일이다.	定-製造	18.3	49.7	17.3	44.4	18.3	53.3	21.3	40.8
20	일은 노는 것의 반대이다.	定-놀이	20.3	42.4	22.3	29.6	19.5	50.0	17.3	47.2
21	몸을 움직여 하는 것이 일이다.	定-肉體	22.3	47.8	20.5	33.3	22.3	36.6	18.5	32.8
22	일은 쉬는 것의 반대이다.	定-休息	21.3	41.1	20.5	33.3	21.3	40.0	22.3	20.8
23	보수를 받고 활동을 하는 일이다.	道具-經(積)	23.3	24.5	23.3	22.2	23.3	21.7	24.3	21.6
24	일이란 습관적으로 하는 것이다.	定-習慣	24.3	15.2	24.3	14.8	24.3	13.3	23.3	16.7

〈표 Ⅱ-14〉 직업인의 교육정도별 동의도

전체순위	문항	층면	중졸이하 순	중졸이하 동의도	고졸 순	고졸 동의도	대졸이상 순	대졸이상 동의도
1	사람은 무슨 일인가 하는 것이 마땅하다.	表-道德(積)	2.3	88.6	1.3	93.7	2.3	94.5
2	무슨 일에가 열중하고 있을 때 잡념과 근심에서 벗어날 수 있다.	表-心(消)	1.3	91.4	2.3	90.0	1.3	97.3
3	일을 잘함으로써 일하는 자체에서 만족을 느끼는 것이 중요하다.	表-心	6.3	82.9	3.3	86.0	3.3	92.7
4	일을 하지 않으면 쓸모없는 사람으로 느껴진다.	表-道德(消)	3.5	85.7	7.3	77.8	5.3	86.4
5	일하지 않으면 사회에 무엇인가 공헌할 수 없다.	表-道德(消)	6.3	82.9	6.3	79.6	4.3	90.0
6.5	사회적 지위를 얻자면 그에 필요한 일을 해야 한다.	道具-社	8.3	80.0	4.3	82.8	7.3	83.6
6.5	반드시 물건을 만드는 것이 아니라도 무엇인가 이룩해 놓는 것이 일이다.	定-成就	3.5	85.7	5.3	80.1	6.3	85.5
8	자기에게 맡겨진 과업을 수행하는 것이 일이다.	定-課업	9.3	71.4	9.3	72.4	8.3	79.1
9	단지 먹고 살기 위해서가 아니라 좀더 잘살기 위해서 돈을 버는 것이 주목적이다.	道具-經(積)	6.3	82.9	8.3	72.9	12.3	69.1
10	일을 하지 않으면 죽음이 나고 따분해진다.	表-心(消)	10.5	68.6	10.3	71.5	10.3	76.4
11	일을 하지 않으면 사회로부터 고립되는 생활을 한다.	道具-社(消)	13.3	60.0	11.3	65.6	11.3	75.5
12	필요를 충족시키기 위한 행위가 일이다.	定-必要	22.3	34.3	12.3	64.7	9.3	77.3
13	일을 함으로써 다른 사람과 친하게 되는 기회를 갖게 된다.	道具-社(積)	17.5	48.6	13.3	60.6	13.3	66.4
14	아무일도 하지 않고 있으면 생활한다고 하기 어렵다.	表-道德(消)	10.5	68.6	15.3	57.5	15.3	56.4

전체순위	문항	측면	20세 미만 순위	20세 미만 동의도	20세–29세 순위	20세–29세 동의도	30세–39세 순위	30세–39세 동의도
15	직업이 곧 일이다.	定－職	19.5	42.9	14.3	58.4	14.3	60.9
16	무슨 일을 하느냐에 따라 그 사람의 사회적 지위가 결정된다.	道具－社(積)	15.3	54.3	16.3	53.8	17.3	53.6
17	머리를 써서 하는 것이 일이다.	定－腦	17.5	48.6	17.5	47.5	16.3	54.5
18	생계를 유지하기 위하여 돈을 버는 것이 일의 주목적이다.	道具－經(消)	16.3	51.4	17.5	47.5	19.3	41.8
19	물건을 만들어 내는 것이 일이다.	定－制造	21.3	40.0	19.3	47.1	18.3	47.3
20	일은 노는 것이 반대이다.	定－놀이	14.3	57.1	20.3	45.2	21.3	40.0
21	몸을 움직여 하는 것이 일이다.	定－肉體	11.3	62.9	21.3	40.3	22.3	29.7
22	일은 쉬는 것이 반대이다.	定－休息	19.5	42.9	22.3	33.9	20.3	40.9
23	보수를 받고 하는 활동이 일이다.	道具－經(積)	23.5	14.3	23.3	23.1	23.3	22.7
24	일이란 습관적으로 하는 것이다.	定－習慣	23.5	14.3	24.3	21.7	23.3	8.2

〈표 Ⅱ-15〉 학생의 학교별 구분 동의도

전체순위	문	측면	공고 순위	공고 동의도	상고 순위	상고 동의도	농고 순위	농고 동의도	인문고 순위	인문고 동의도
1	사람은 무슨 일인가 하는 것이 마땅하다.	表-道德(積)	1.5	88.4	1.5	85.4	1.5	95.0	2.5	88.2
3	무슨 일에가 열중하고 있을 때 잡념과 근심에서 벗어날 수 있다.	表-心(消)	2.5	87.4	9.5	75.6	1.5	95.0	1.5	92.4
2	일을 잘함으로써 일하는 자체이서 만족을 느끼는 것이 중요하다.	表-心(積)	3.5	86.9	2.5	82.9	6.5	79.0	6.5	75.6
4	일을 하지 않으면 쓸모없는 사람으로 느껴진다.	表-道德(消)	4.5	85.0	7.5	78.0	3.5	91.0	4.5	78.2
8	일하지 않으면 사회에 무엇인가-공헌할 수 없다	表-道德(積)	7.5	80.1	8.5	76.4	5.5	80.0	10.5	69.7
6	사회적 지위를 얻자면 그에 필요한 일을 해야 한다.	道具-社會	5.5	84.0	4.5	80.5	8.5	74.0	8.5	73.9
5	반드시 물건을 만드는 것이 아니라도 무엇인가 이룩해 놓는 것이 일이다.	定-成就	6.5	83.5	6.5	80.1	4.5	83.0	4.5	78.2
9	자기에게 말겨진 과업을 수행하는 것이 일이다.	定-課業	10.5	73.3	10.5	71.5	8.5	74.0	3.5	79.0
7	단지 먹고 살기 위해서가 아니라 좀더 잘살기 위해서 도움을 버는 것이 일의 주목적이다.	道具-經(積)	8.5	76.7	2.5	82.9	6.5	79.0	6.5	75.6
12	일을 하지 않으면 짜증이 나고 따분해진다.	表-心(消)	9.5	74.8	13.5	65.9	12.5	69.0	12.5	64.7
10	일을 하지 않으면 사회로부터 고립되는 생활을 한다.	道具-社(消)	12.5	69.9	13.5	65.9	13.5	66.0	13.5	61.3
11	필요를 충족시키기 위한 행위가 일이다.	定-必要	11.5	72.8	4.5	80.5	10.5	71.0	9.5	71.4
15	일을 함으로써 다른 사람과 친혜게 되는 기회를 갖게 된다.	道具-社(消)	15.5	62.1	16.5	53.7	15.5	59.0	15.5	58.8
14	아무일도 하지 않고 있으면 생활한다고 하기 어렵다.	表-道德(消)	13.5	67.0	15.5	61.0	14.5	63.0	11.5	68.9

전체순위	문항	종면	공고 동의도	공고 순위	상고 동의도	상고 순위	농고 동의도	농고 순위	인문고 동의도	인문고 순위
13	직업이 큰 일이다.	定-職業	63.6	14.5	67.5	11.5	71.0	10.5	61.3	13.5
17	무슨 일을 하느냐에 따라 그 사람의 사회적 지위가 결정된다.	道具-社(積)	53.4	16.5	53.7	16.5	50.0	16.5	52.1	16.5
18	머리를 써서 하는 것이 일이다.	定-頭腦	49.0	18.5	43.9	20.5	50.0	16.5	30.3	20.5
16	생계를 유지하기 위하여 돈을 버는 것이 일의 주목적이다.	道具-經(消)	50.0	17.5	65.9	13.5	48.0	18.5	52.1	16.5
21	물건을 만들어 내는 것이 일이다.	定-製造	44.7	19.5	39.8	21.5	31.0	22.5	29.4	21.5
19	일은 노는 것의 반대이다.	定-놀이	42.7	21.5	45.5	19.5	44.0	19.5	31.1	19.5
20	몸을 움직여 하는 것이 일이다.	定-肉體	43.7	20.5	48.8	18.5	33.0	20.5	31.9	18.5
22	일은 쉬는 것의 반대이다.	定-休息	33.0	22.5	39.0	22.5	30.0	22.5	28.6	22.5
24	보수를 받고 하는 활동이 일이다.	道具-經(積)	20.4	24.5	35.0	23.5	18.0	24.5	14.3	24.5
23	일이란 습관적으로 하는 것이다.	定-習慣	25.7	23.5	25.2	24.5	33.0	20.5	17.6	23.5

요컨대 일반적으로 사람들은 일의 의미를 도구적이거나 또는 단순한 정의적 의미보다는 도덕적이며 심리적인 것으로 받아들이고 있다고 하겠다. 직업인들은 사회적 지향을 보이는 경향이 있으며, 교육정도가 높을수록 일의 의미에 대해 더욱 추상화된 인식을 나타낸다. 학생들간에서는 상업고교의 학생들이 타계열학교의 고등학생들보다 경제적 지향 면으로 편향되고 있음이 나타난다.

4. 職業活勸과 일의 관념

일의 차원에서 볼 때 한 직업활동(occupational activity)이 다른 종류의 직업활동과 구분되어 그 독자성33)을 갖는 것은, 특정 직업활동의 주된 내용을 이루고 있는 일, 즉 그 직업활동의 전형적이며 대표적인 일에 의해 성립되는 것이다.

여기에서는 여러 종류의 직업활동34)이 과연'일'이라고 할 수 있

---

33) 일의 독자성은 곧 직업분류의 기초가 되는 것인데, 이는 다음의 두
　　가지 면에 의해서 결정된다고 할 수 있다.
　　ⅰ) 횡적인 면-작업성질 및 작업대상의 차이.
　　ⅱ) 종적인 면-일을 수행하는 사람의 교육훈련 정도, 지식 및 자
　　　　　　　　　격 등에 관련된 문제로서 수행자의 기능 및 자질
　　　　　　　　　의 차이.
　　　예컨대 동일한 학력과 자격을 갖춘 의사의 경우에도 그 횡적인
　　면, 즉 작업대상 및 작업방법의 차이에 따라 내과, 외과, 신경과,
　　치과 등으로 분류되며, 또한 동일한 치과계에서 일하는 사람들이라
　　하더라도 종적인 면, 즉 지식, 경험, 지적에 따라 치과의사, 인턴,
　　레지던트, 치과기공사, 조수 및 간호사 등으로 나누어진다. 현대의
　　작업형식이 고도로 분업화됨에 따라 이러한 구분은 더욱 세분되어
　　직업의 종류는 더욱 증가되고 있다.
34) 본 연구에서는 사회적으로 인정된 정규적인 직업(regular occupa-

는 것인가의 여부를 물어 봄으로써 사람들이 일반적으로 갖고 있
는 일에 대한 관념을 간접적인 방법으로 파악해 보고자 하였다.

그 결과 각 직업에 따라 응답자들이 그 직업의 전형적인 직
업활동이 일이라는 찬성태도를 보여 주는 것을 '동의도'(De-
gree of Agreement)35)라고 할 때 그것이 직업에 따라 상이하게
나타나고 있음을 알 수 있다.

'일 同意度'의 고저에 따라 분류했을 때 대개 유사한 특성
을 갖는 직업별로 동의도가 비슷하게 나타나고 있으며, 이러
한 범주들은 다음과 같은 일반적인 성격을 띤 6개의 범주로
나누어진다(표 Ⅱ-16 및 표 Ⅱ-17 참조).

① 동의도가 가장 높은 (上의 上) 범주에 속하는 직업들은
대개 육체를 사용하여 하는 일이며 구체적인 물질을 다루거
나 생산해 내는 일로서 그 일한 결과가 뚜렷이 눈으로 감지
될 수 있는 일을 하는 직업활동들이다. 따라서 이러한 일들을
할 때 몸과 손을 청결히 간직할 수 없으며 육체적인 힘이 요
구된다.

② 동의도가 두 번째로 높은 (上의 下) 집단은 모두가 장기
간의 교육과 전문화된 지식을 요구하는 전문직 또는 사무직
활동들이다. 따라서 이들 직업활동은 정신적인 일이며 사회적
으로 상당한 위세(prestige)를 갖는 직업들이다.

③ 동의도가 세 번째로 높은 (中의 上) 범주는 주부가 요리

---

tion) 외에 그와 비교하기 위해 정규적인 직업활동이라고 할 수 없
는 주부, 학생, 걸인, 도둑 등도 포함시켜서 보기로 하였다.
35) 각 직업의 전형적인 직업활동에 대해 응답자들이 일이라고 찬성한
비율을 여기서는 편의 상 '일 동의도'라고 부르기로 한다.

를 한다든가 가정부가 청소를 한다든가 하는 가사활동과 두부장수나 포목장수가 하는 상업적인 활동으로 되어 있다. 여기서 두부장수가 두부를 파는 행위가 포목장수가 옷감을 재어 파는 일보다 더 높은 동의도를 얻고 있는 것은, 아마도 [표 Ⅱ-17]의 전체적인 맥락에서 육체적인 일이 더 동의도가 높은 것으로 나타나는 점을 볼 때 두부장수의 일이 보다 더 육체의 활동을 요하는 데서 오는 결과라고 생각된다.

④ 네 번째 (中의 下) 집단에는 다방레지, 배우, 복덕방 같은 서비스업에 분류될 수 있는 직업과 사장이나 화가가 포함되고 있다. 여기서 화가를 제외하면 다른 직업활동은 물질적인 생산을 하는 일도 아니며 또 육체적인 부담이 큰 그러한 일도 아니다.

⑤ 다섯 번째 (下의 上) 집단에 들어가는 직업활동은 특수한 직업이라고 할 수 있는 일들이다. 이 범주 내에는 학생, 군인, 목사, 운동선수, 무당 등 전부가 비생산적 직업활동들이며 사회적으로 볼 때 특수기능을 담당하는 직업들로 되어 있다. 이 중 무당은 다른 직업에 비해 훨씬 동의도가 낮고 오히려 [표 Ⅱ-17]에서 보듯이 반사회적 직업과 비슷하다.

⑥ 끝으로 동의도가 가장 낮은 범주(下의 下)에는 거지가 구걸하는 행위 및 도둑이 도둑질하는 행위가 들어가고 있다.

이상에서 간략하게 살펴본 바와 같이, 육체를 많이 사용하며 또 물질을 직접 취급함으로써 일의 결과가 명확히 가시적인, 생산적이며 제작적인 직업활동을 일이라고 보는 견해가 지배적이다. 그 다음으로 장기간의 교육과 전문적인 지식을 요구하는 직업활동을 일이라고 보는 경향이 높다.

[표 Ⅱ-16] 일과 직업활동에 대한 동의도

'일 도의도' 순위	직 업 활 동	직 업 인 '일 동의도'		학 생 '일 동의도 순위'	학 생 '일 동의도'
1	광부가 석탄을 캐는 것	98.4		2	98.7
2.5	농부가 밭을 가는 것	98.2		1	98.9
2.5	어부가 고기를 잡는 것	98.2	상의 상	4	98.2
4	선반공이 쇠를 깎아내는 것	97.9		5	96.5
5	목수가 가구를 만드는 것	97.7		3	98.4
6	운전수가 차를 운전하는 것	97.0		8	91.4
7	서가가 서류를 작성하는 것	96.1		6	93.4
8	판사가 재판을 하는 것	93.0		11	84.6
9.5	의사가 환자를 진찰하는 것	92.6	상의 하	7	92.2
9.5	두부장수가 두부를 파는 것	92.6		10	90.0
11	교사기 강의하는 것	92.1		9	90.9
12	가정부가 청소를 하는 것	89.1		12	82.1
13	주부가 요리를 하는 것	87.5	중의 상	15.5	77.0
14	포목장사가 옷감을 파는 것	86.1		14	77.7
15	사장이 결재를 하는 것	85.6		22	63.3
16	화가가 그림을 그리는 것	84.9		15.5	77.0
17	레지가 차를 나르는 것	84.5	중의 하	18	69.0
18	배우가 연극을 하는 것	84.2		17	72.4
19	복덕방에서 집을 소개하는 것	81.2		19	67.7
20	학생이 공부하는 것	72.4		13	80.5
21	군인이 훈련을 하는 것	71.7	하의 상	20	67.2
22	목사가 설교하는 것	71.0		23	63.0
23	운동선수가 시합을 하는 것	66.8		21	65.7
24	거지가 구걸하는 것	33.6		25	31.0
25	무당이 굿을 하는 것	33.2	하의 하	26	30.6
26	도둑이 도둑질을 하는 것	19.3		24	32.7

[표 Ⅱ-17] 일 동의도 범주별 특성

동 의 도	직 업 활 동	범 주 별 특 성
상의 상	광 부 농 부 어 부 선 반 공 목 수 운 전 수	육체적이며 생산적인 활동
상의 하	서 기 판 사 의 사 교 사	전문적이거나 화이트 칼라 활동
중의 상	가 정 부 주 부 두부장수* 포목장수	서비스 활동과 상업적 활동
중의 하	사 장* 화 가 레 지 배 우 복 덕 방	주로 서비스 활동
하의 상	학 생 군 인 목 사 운동선수 무 당*	흔히 정규적 직업으로 분류되기 어려운 특수 직업활동
하의 하	거 지 도 둑	반사회적 직업활동

* 앞의 도표로부터 그 6위치가 약간 수정된 것

가사, 물건을 판매하는 상업활동, 서비스적 직업활동의 순
으로 일 동의도는 점차 낮아진다. 즉 비육체적이며 물질의 제
작 및 생산과는 직접 관련이 없는 직업적 활동일수록 그 직
업활동을 일이라고 보는 정도가 감소되고 있는 것이다.36)

다음, 이러한 직업활동에 따른 '일 동의도'가 응답자의 속
성에 따라 어떻게 다른가를 검토해 보고자 한다.

먼저 직업인과 학생간의 차이는 다음의 두 가지 점을 제외
하면 상당히 유사한 편이다.

첫째로, [표 Ⅱ-16]에서 볼 수 있듯이 학생은 학생이 공부
를 하는 것이 일이라는 데 동의도 80.5%(동의도 서열 13)인
데 비해 직업인에 있어서는 72.4%(동의도 서열 20)에 그치고
있다. 다음, 직업인의 경우 사장이 결재를 하는 것에 85.6%
의 동의도(서열 15)를 보이는 데 비해 학생은 63.3%(서열
22)에 불과하다. 그러니까 이들은 자신들에게 친숙한 또는 자
신이 하고 있는 활동을 일로 의식하고 있다는 말이다.

두 번째로, 동의도가 가장 낮은 반사회적인 범주에서 직업
인은 도둑질하는 행위가 일이라는 데에 19.3%라는 가장 낮
은 찬성률을 보이는 데 비해, 학생은 동의도가 32.7%나 되며
무당이 굿을 하는 것이 최하위의 동의를 얻고 있다(30.6%).

(1) 職業人의 屬性別 差異

㉠ 연령별 일 동의도의 차이는 대별하여 세 가지 직업활동

---

36) 운동선수가 경기를 하는 경우 이를 육체적인 일이라고 볼 수 없다.
   이는 고도의 훈련과 경기에 대한 충분한 지식을 요하는 일이므로
   기능적인 일에 속한다고 보아야 된다.

으로 나타나고 있다. ① 일 동의도가 연령층에 따라 차이가 없이 거의 동일한 직업활동, ② 높은 연령층으로 갈수록 일 동의도가 점차 높아지는 직업활동, ③ 각 연령층에 따라 불규칙하게 나타나는 직업활동으로 구별된다.

①에 해당되는 직업활동으로는 동의도 범주 '上의 上' 및 '上의 下로' 동의도가 가장 높게 나타나는 직업들, 즉 광부·농부 등의 육체적인 직업들과 서기·판사·의사 등 전문적인 직업들이다.

②에 해당되는 직업활동은 대체로 동의도 범주 '中의 上'부터 '下의 上'에 이르는 직업들로서 여러 가지 잡다한 성격의 직업들이 포함되고 있다. 그러나 대체로 가사 및 서비스업, 그리고 학생, 군인, 목사 등 특수직업들로 되어 있다.

③에 해당되는 직업활동은 ①②에 비해 적은 수이며 교사, 두부장수, 복덕방 및 동의도 범주 '하의 하'에 속하는 거지와 도둑 등이다.

전체적으로 볼 때 일 동의도와 연령과의 관계는 연령이 높을수록 모든 직업활동에 대하여 일 동의도가 높게 나타나는 경향을 보인다.

㈁ 응답자의 수입정도와 일 동의도를 관련시켜 볼 때 앞시 연령층 비교에서 본 것과 같이 대체로 세 가지로 나누어진다.

① 응답자의 수입이 높은 층으로 갈수록 거기에 따라 일 동의도도 높아지는 직업활동, ② 수입이 낮은 층으로 내려올수록 반대로 일 동의도가 높아지는 직업활동 및 ③ 응답자 수입에 관계없이 어떤 일관된 경향을 나타내는 직업활동이다.

[표 Ⅱ-18] 연령별 일 동의도   (응답자=직업인)

범 주	직업활동	전체평균	응답자연령			
			20세 미만	20세-29세	30세-39세	40세 이상
상의 상	○광 부	98.4	97.6	96.2	96.6	98.0
	○농 부	98.2	97.6	95.8	96.6	98.0
	○어 부	98.2	97.6	95.8	96.6	98.0
	○선반공	97.9	97.6	95.4	95.5	100.0
	○목 수	97.7	95.1	94.6	97.8	100.0
	○운전사	97.0	92.6	95.0	95.5	98.0
상의 하	○서 기	96.1	92.6	90.8	92.1	91.8
	○판 사	93.0	92.6	95.0	92.1	95.9
	○의 사	92.6.	92.6	90.8	89.9	91.8
	교 사	92.1	87.8	90.0	88.8	98.0
중의 상	*식 모	89.1	78.1	88.1	85.4	95.9
	*주 부	87.5	73.2	85.8	87.6	93.9
	두부장수	92.6	92.6	89.6	88.8	100.0
	*포목장수	86.1	80.5	83.5	84.2	93.9
중의 하	*사 장	85.6	75.6	84.0	85.4	87.8
	*화 가	84.9	80.5	82.3	84.3	89.8
	*레 지	84.5	68.3	83.1	82.0	95.9
	*배 우	84.2	78.1	81.5	79.8	98.0
	복덕방	81.2	78.1	79.2	75.3	91.8
하의 상	*학 생	72.4	70.7	68.5	74.2	79.6
	*군 인	71.7	63.4	66.2	76.4	85.7
	*목 사	71.0	61.0	64.2	77.5	91.8
	*운동선수	66.8	61.0	64.2	66.3	75.5
	○무 당	33.2	31.7	33.5	30.3	32.7

하의 하	거 지	33.6	41.5	33.1	23.6	42.9
	도 둑	19.3	26.8(41)	20.8(260)	10.1(89)	18.4(49)

○ 각 연령층에 따라 '일 동의도'가 거의 동일하게 나타나는 직업활동
* 높은 연령층일수록 '일 동의도'가 높아지는 직업활동

①에 해당되는 직업활동으로는 상업활동과 학생, 화가, 배우, 군인, 운동선수, 주부 등의 특수하면서도 육체적 또는 생산적이 아닌 것들이다.

②에 해당되는 직업활동으로는 무당, 거지, 도둑 등 생업이라 불릴 수는 있겠으나 사회적으로 인정된 직업이라고는 볼 수 없는 활동으로, 수입이 낮은 응답자일수록 이들 활동에 대한 일 동의도가 높아지고 있다.

③에 포함되는 직업활동은 육체적이면서 생산적인 직업활동(농부, 어부, 광부, 선반공 등)과 전문직(의사, 판사, 교사, 서기) 그리고 그 외 소수의 기타 직업활동들이다.

그런데 중간수입층에서는 그보다 수입이 높은 상층이나 더 낮은 하층보다 이들 육체적·생산적인 직업활동에 대해 더욱 높은 일 동의도를 나타내고 있다. 또한 목사의 경우에는 수입이 가장 높은 '上' 수입층이 중간수입층과 '下' 수입층보다 월등히 높은 동의도를 보여 주고 있다.

(ㄷ) 응답자의 직종별로 볼 때 사무직집단에서는 다른 직종집단에 비해 배우, 군인, 복덕방, 레지 등 주로 서비스 직업활동과 교사, 학생 등의 활동에 높은 동의도를 보여 주며, 기사집단에서는 주부, 가정부 등의 가사활동과 운전사에, 그리고 비숙련직집단에서는 거지, 도둑 및 무당 등의 활동에 각기 다른

집단보다 높은 동의도를 보여 준다.

그런데 회사사장의 직업활동에 대해서는 사무직과 기사직 집단에서는 90%를 넘는 높은 동의도를 보여 주는 반면, 숙련 기술집단과 비숙련직집단에서는 이와 대조적으로 70%대의 낮은 동의도를 나타내고 있다. 이러한 대조적인 차이는 응답 자집단의 직종에 따르는 직업활동의 성질에서 생기는 것으로 생각된다. 그리고 특히 숙련기술직집단에서는 모든 평가대상 의 직업활동에 대해서 여타의 직종집단(사무직, 기사직, 비숙 련직)보다 늘 낮은 동의도를 나타내고 있는 점은 특이하다.

[표 II - 19] 수입정도별 일 동의도   (응답자=직업인)

범 주	직업활동	수 입 정 도			
		상	중	하	무응답
상의 상	광 부	94.7	99.1	95.2	90.5
	농 부	94.7	98.6	95.9	88.1
	어 부	94.7	98.6	95.9	88.1
	선 반 공	94.7	99.1	94.6	88.1
	목 수	94.7	99.1	93.2	90.5
	운 전 사	94.7	98.6	92.5	88.1
상의 하	서 기	92.1	96.2	93.9	88.1
	판 사	92.1	93.9	89.1	85.7
	의 사	94.7	93.9	88.4	81.0
	교 사	94.7	92.5	86.4	85.7
중의 상	가 정 부	84.2	89.6	86.4	83.3
	주 부	89.5	88.7	83.0	78.6
	두부장수	94.7	92.5	88.4	88.1
	포목장수	92.1	87.3	78.2	85.7

범주	직업				
중의 하	회사사장	89.5	88.7	78.2	76.2
	화 가	92.1	85.4	79.6	78.6
	레 지	86.8	86.3	78.9	76.2
	배 우	89.5	83.5	80.3	81.0
	복 덕 방	78.9	84.4	74.8	73.8
하의 상	학 생	78.9	70.3	69.4	73.8
	군 인	81.6	69.8	69.4	65.7
	목 사	84.2	68.9	66.7	71.4
	운동선수	78.9	64.2	63.3	69.0
	무 당	21.1	31.1	36.1	38.1
하의 하	거 지	13.2	29.7	39.5	45.2
	도 둑	5.3(38)	17.9(212)	21.8(147)	26.2(42)

[표 Ⅱ-20] 직업별 일동의동   (응답자=직업인)

범 주	직업활동	수 입 정 도			
		상	중	하	무응답
상의 상	광 부	97.3	96.3	97.3	96.4
	농 부	96.7	96.3	95.9	97.1
	어 부	96.7	96.3	97.3	96.4
	선 반 공	97.3	96.3	95.9	96.4
	목 수	97 8	96.3	97.3	94.2
	운 전 사	95.6	96.3	94.5	95.7
상의 하	서 기	95.6	96.3	93.2	92.8
	판 사	95.1	88.9	86.3	89.2
	의 사	92.4	88.9	91.8	89.9
	교 사	95.6	88.9	86.3	86.3

중의 상	가 정 부	89.1	96.3	83.6	85.6
	주 부	85.2	96.3	86.3	84.6
	두부장수	92.4	92.6	86.3	92.1
	포목장수	89.6	88.9	75.3	82.7
중의 하	회사사장	92.4	92.6	79.5	74.1
	화 가	87.4	85.2	75.4	81.3
	레 지	88.5	92.6	76.7	78.4
	배 우	87.4	81.5	78.1	78.4
	복 덕 방	87.4	77.8	68.5	76.3
하의 상	학 생	78.1	70.4	57.5	69.1
	군 인	73.8	70.4	65.8	66.9
	목 사	78.7	66.7	68.5	58.3
	운동선수	68.3	77.8	53.4	64.7
	무 당	31.7	29.6	26.0	58.3
하의 하	거 지	32.8	33.3	20.6	38.8
	도 둑	14.8(183)	22.2(27)	16.4(73)	24.5(139)

㈃ 다음은 현재 고등학교 재학생(인문, 공업, 상업 및 농업)들이 재학하고 있는 학교계열에 따라 어떠한 차이가 나타나는가 또는 전혀 아무런 차이도 없는가 하는 점을 살펴보았다. 이에 대해서 결론부터 말하자면, 직업활동에 따른 일 동의도 평가에 있어서 학교계열별로 어떤 뚜렷한 일관된 경향이 나타나지 않고 있다. [표 Ⅱ-22]에서 볼 수 있듯이 직업인의 경우에서와 같이 서위 1부터 7에 이르는 생산적이며 육체적인 직업활동과 서기, 의사 등의 직업활동에 대해서는 학교계열별 관계없이 지극히 유사한 수치를 보이고 있으며, 단지 서

위 8이하의 몇몇 직업활동에 있어서만 학교계열별로 약간의 차이가 나타난다. 그러나 이 차이들도 학교계열과 관계가 있는 직업활동에서 나타나는 것은 아니다. 예컨대 공고 학생들은 타계통 고교생에 비해 교사, 두부장수, 주부 및 운동선수에 다소 낮은 동의도를 보여 주는 한편 상고학생들은 운전사, 두부장수, 가정부 등에 낮은 동의도를 보여 주며, 농고학생들은 학생, 군인, 및 회사사장 등의 활동은 낮게, 주부와 배우의 활동은 타계통 학생들보다 높게 나타나고 있다. 인문고 학생은 포목장수, 레지, 복덕방 및 도둑 등의 직업활동에 타계통 고교생들보다 다소 높은 동의도를 보여 준다. 이러한 일련의 경향으로 보아 동의도가 높게 나타나는 직업활동과 학생들이 재학하고 있는 학교계열과는 거의 관련이 없는 것으로 볼 수 있다.

위에서 기술한 응답자의 속성별로 본 직업활동에 대한 일 동의도를 다시 일 동의도의 범주별로 살펴보면 대체로 다음과 같은 경향을 나타낸다(표 Ⅱ-17에서 표 Ⅱ-21 참조).

① 육체적이며 생산적인 직업활동인 동의도 '上의 上'의 범주에서 응답자의 속성별로 거의 차이가 나지 않는다.

② 전문직 또는 사무지이라고 할 수 있는 동의도'上의 下' 범주에서는 응답자의 교육정도가 낮은 집단에 비해 교육정도가 높은 집단이, 그리고 숙련 또는 비숙련직집단에 비해 사무직이나 기사직에 종사하는 집단이 비교적 동의도가 높은 경향을 보인다. 이러한 차이는 앞서 직업인과 학생간의 태도의 차이에서 언급한 바와 같이, 주로 자신에게 친근하거나 자신이 하는 일에 동의도를 더 높게 보여 준다는 점으로 설명될 수 있을 것이다.

또 이 범주는 응답자의 연령별로는 별 차이 없이 비슷하다.

③ 가사활동은 응답자의 교육, 직종별로 볼 때 거의 차이가 나지 않고 있으며 단지 연령이 젊은 층에 비하여 높은 층에서 동의도가 높게 나타난다. 즉 20세 미만의 젊은 연령층에서는 77.5, 20세-29세 연령층은 88.3, 그리고 30세-39세 연령층에서는 89.9가 되나 40세 이상의 연령층에선 96.9라는 높은 동의도를 보인다.

④ 상업적인 직업활동은 교육정도가 높은 대학교육 경험자와 고등학교출신자 집단에서는 90%가 일이라고 생각하는 데 비해 중학교육 경험을 가진 집단에서는 81.5%가 찬성하고 있어 다소의 차이를 보인다. 또한 직종별로 볼 때 숙련기술직 집단이 여타의 직종집단에 비해 다소 낮은 동의도를 보여 준다. 연령별로는 40세 이상의 연령층에서 기타 연령집단보다 다소 높은 동의도를 나타내고 있다.

[표 Ⅱ-21] 직업활동에 대한 학교계통별 일 동의도

순위	직업활동	학생평균	공 고	상 고	농 고	인 문 고
1	농 부	98.9	98.5	98.4	100.0	99.2
2	광 부	98.7	99.0	98.4	99.0	98.3
3	목 부	98.4	96.6	98.4	100.0	100.0
4	어 부	98.2	96.6	98.4	100.0	99.2
5	선 방 공	96.5	96.1	95.9	96.0	98.3
6	서 기	93.4	94.7	96.7	96.0	95.8
7	의 사	92.2	91.7	91.1	94.0	92.4
8	운 전 수	91.4	91.7	88.6	92.0	93.3
9	교 사	90.9	86.4	95.9	91.0	93.3

10	두부장수	90.0	88.8	88.6	90.0	93.3
11	판 사	87.6	85.4	89.4	86.0	90.8
12	가 정 부	82.1	82.5	78.9	83.0	84.0
13	학 생	80.5	83.0	78.9	76.0	81.5
14	포목장수	77.7	78.6	77.2	73.0	80.7
15.5	주 부	77.0	58.7	69.9	81.0	78.2
15.5	배 우	77.0	79.6	77.2	74.0	74.8
17	화 가	72.4	72.3	72.4	77.0	68.9
18	레 지	69.0	65.5	70.7	67.0	73.1
19	복 덕 방	67.7	65.0	68.3	67.0	72.3
20	군 인	67.2	69.9	65.9	60.0	69.7
21	운동선수	65.7	47.1	69.1	61.0	68.1
22	회사사장	63.3	63.6	65.9	56.0	66.4
23	목 사	63.0	61.2	61.0	59.0	71.4
24	도 둑	32.7	29.6	34.1	28.0	40.3
25	거 지	31.0	28.2	33.3	31.0	33.6
26	무 당	30.6	23.8	35.0	31.0	37.8

⑤ 동의도가 '中의 下'에 속하는 범주의 직업활동에서는 응답자의 연령 및 직종에 따라 차이를 보이고 있다. 20세 미만의 연령층에서는 78, 20세－29세 층은 83.4, 30세－39세 층은 84.2이며 40세 이상의 연령층에서는 92.7이라는 가장 높은 동의도를 나타낸다. 직종별로도 다소 차이가 보이는데 사무직과 기사직 집단에서는 동의도가 (90)인데 비해 숙련기사직은 76.7, 그리고 비숙련직은 79.4이다.

⑥ 대체로 특수한 직업활동에 속하는 동의도 '下의 上' 집단의 직업들에 있어서 연령별, 직종별로 볼 때 위의 '中의 下' 범주에서와 유사한 차이를 보인다.

⑦ 끝으로, 생업으로는 볼 수 있으나 정규적인 직업으로 인정될 수 없는 직업활동에 있어서는 연령별로는 20세 미만의 집단에서 동의도가 가장 높으며, 교육정도별로는 정도가 낮은 집단이 가장 높으며, 직종별로는 비숙련직에 종사하는 집단에서 나머지 집단보다 높게 나타나고 있다.

[표 II-22] 동의도범주와 연령

연령 구분 '일 동의도'	19세 이하	20세-29세 이하	30세-39세 이하	40세 이상
상의 상	98.9	96.8	99.8	98.6
상의 하	93.8	93.3	93.0	94.9
*중의 상 (ㄱ)	77.5	88.3	89.5	94.9
(ㄴ)	88.8	87.9	89.5	96.9
중의 하	78.0	83.4	84.2	92.7
하의 상	59.0	60.4	67.4	73.1
하의 하	35.0	27.7	18.6	30.6

* (ㄱ) 가사활동, (ㄴ) 상업활동

[표 II-23] 동의도범주와 교육정도

교육정도 '일 동의도'	9년 이하 (중졸 이하)	9년-12년 이하 (고 졸)	13년 이상 (대학 중퇴 이상)
상의 상	96.4	98.5	96.9
상의 하	90.8	93.3	94.2
*중의 상 (ㄱ)	87.0	88.0	89.5
(ㄴ)	81.5	90.1	89.9
중의 하	79.6	83.0	83.2
하의 상	59.6	63.6	63.5
하의 하	31.5	26.1	25.0

* (ㄱ) 가사활동, (ㄴ) 상업활동

[표 Ⅱ-24] 동의도범주와 직능구분

'일 동의도' \ 교육정도	사 무 직	전문기술직	숙 련 공	비숙련공
상의 상	98.5	100.0	97.5	98.1
상의 하	96.3	94.2	90.6	90.6
*중의 상 (ㄱ)	88.6	100.0	86.1	87.1
(ㄴ)	92.5	94.2	81.9	89.3
중의 하	90.1	89.2	76.7	79.4
하의 상	67.2	65.4	55.0	60.4
하의 하	24.2	28.8	18.8	32.4

* (ㄱ) 가사활동, (ㄴ) 상업활동

Ⅲ. 職業評價

1. 序言

과학적 측정방법에 의한 직업평가에 관한 연구가 Count[37]
에 의해 최초로 시도된 이래 최근에 이르기까지 많은 연구가

---

37) G. S. Count, "The Social status of Occupation," *School Rev.*,
1925. 아래의 두 논문에서 재인용.
  ⅰ) A. F. Davis. "Prestige of Occupations," *Britlsh Journal of Sociology*, vol, 3 (1952. 6.), p.134, Reprinted in *Man, Work and Society*, (ed.) Nosow and Form, New York: Basic Books, Inc., 1962, p.256.
  ⅱ) E. A. Tiryakian, "The Prestige Evaluation of Occupations in an Under developed Country: "The Philippines," American *Journal of Sociology*, vol. LXIII No. 4 (1958. 1.), p.390.

행해져 왔으며38), 우리나라에도 근래 이 방면에서 몇 가지
조사연구가 발표되었다.39) 이들 국내외의 조사결과의 일반적
인 특징을 다음과 같이 요약해 볼 수 있다.40)

① 평가자의 직업, 계급, 교육, 경제 등 배경적 특성에 관
계없이 다양한 職業의 威勢(prestige)에 대한 평가는 극히 높
은 一致度(highdegree of agreement)를 보여 준다. 평가자의
사회경제적 배경에 따라 어느 정도의 차이(불이치)가 나타나
는 것은 어떤 평가자들의 집단에게는 한 특정한 직업이 잘
알려져 있지 못한 데에서 오는 결과라고 분석되고 있다. 동일
한 조사설계를 사용하여 어떤 일정한 시간적인 격차를 두어
다른 집단의 평가자들을 대상으로 거듭 실시해 본 조사에서
도 극히 동일한 안정된 결과를 보여 준다.41)

---

38) 아래의 논문과 저서에 Count로부터 1950년대 후반까지의 직업평
    가조사에 대한 검토와 주요 목록이 게재되어 있음.
    ⅰ) A. F. Davis, op. cit., pp.255 - 268.
    ⅱ) E. A. Tiryakian, op. cit., pp.390 - 399.
    ⅲ) B. Barber, Social Stratification, New York: Harcourt, Brace
        Co., 1957.
39) 이 방면에 관한 우리나라 최초의 연구로는,
    ⅰ) 李萬甲,「都市學生의 職業觀念」,『社會科學』제1호, 한국사회과학
        연구회, 1957, pp.125 - 141.
    ⅱ) 高水復,「우리나라 職業評價의 問題點」,『思想界』제125 (1963.
        9.), pp.234 - 249
    ⅲ) 李相佰, 金彩潤,『韓國社會階層研究』, 民潮社, 1966, pp.30 - 52.
40) ⅰ) A, F. Davis. op. cit., pp 255 - 268.
    ⅱ) E. A. Tiryakian, op. cit., pp.390 - 399.
    ⅲ) B. Barber, op. cit., 참조.
41) 1925년에 Count에 의해 실시된 조사설계는 1946년 Deeg와 Pate-
    rson에 의해 그대로 실시되어 양 조사의 결과가 거의 동일하였다.
    B. Barber, ibid., p.101.

② 지역이나 국가간의 차이에도 불구하고 직업평가에 대한 결과는 거의 차이가 나지 않는다는 점이 판명되었다. 직업의 종류와 수에 있어 다소 일치되지 않는 직업항목(list)을 사용하여 국가간에 각기 이질적인 집단을 대상으로 실시된 6개국 간의 비교연구42)에서도 각국간의 사회구조와 문화의 상이성에도 불구하고 직업평가에 상당한 일치도를 보이고 있다. 소수의 직업들은 국가에 따라 다소의 불일치를 보이고 있는데, 이 점에 대해서 Inkeles는 사회의 구조와 문화적 가치에서 오는 것이라고 본다.43)

본 조사에서도 우리나라와 외국에서 조사된 결과와 어느 정도의 일치를 보이고 있는가를 비교하여 보았다.

③ 고위의 관직, 전문직, 산업체의 최고위직은 직업평가 순위에서 통상 최상위를 점하고 있으며, 반면 반숙련이나 비숙련 노동의 職은 최하위의 위치를 차지하고 있다.

대부분의 직업평가에 관한 조사는 사회적 지위 면에 초점을 두고 있으나, 직업을 평가함에 있어 평가자가 위세, 수입, 안정성 등의 측면 중에서 어느 면을 강조하고 있는가에 따라 평가가 달라질 수 있기 때문에 본 조사에서는 사회적 지위와 수입을 분리하여 보았다. 그 외에 본 조사의 성격성 필요한 면으로 생각되었고 아직 다른 조사에서 시도되지 않았던 면, 즉 일정직업이 경제발전에 어느 정도 공헌한다고 평가되는가 하는 면도 추가시켜 보기로 하였다. 이 조사의 질문지에 사용

---

42) A. Inkeles and P. H. Rossi, "National Comparisons of Occup-ational Prestige," *AJS*, vol LXI (1956. 1.), pp.329-339.
43) *ibid*, p.333.

한'社會的 地位'라는 말은 조사자의 의도로는 원래 社會的 威勢(Social Prestige)에 대해 알고자 하는 것이었으나 위신 또는 위세라는 용어가 평가자들이 이해하는 데 적합하지 않은 것으로 생각되어 사회적 지위라는 말로 대체하여 사용하였다. 직업평가에 사용되고 있는 방법은 다음 두 가지로 구분할 수 있다. 첫째 방법은 평가자 자신이 직접 각 직업에 대해 서열을 매겨 나가는 방법이다. 이 방법은 많은 조사에서 채택되고 있으나 수많은 직업을 일일이 다른 직업과 비교해 가면서 서열을 정하는 데 차질이 생기기 쉬운 결함을 가지고 있다.

이에 비해 또 한 가지 방법으로, 각 직업을 개별적으로 독립시켜(물론 제시된 여러 직업과의 비교는 되는 것이다) 지정된 어떤 척도에 따라 등급을 매기는 방법이다. 따라서 조사자의 의도에 따라 척도는 융통성 있게 작성될 수 있으므로 조사자는 각 직업에 대해 100에서 1까지 이르는 점수를 평가자의 임의에 따라 주는 방법44)을 사용할 수도 있으며 5가지 등급으로 된 척도를 사용할 수도 있다.45) 따라서 평가자들이 매긴 점수(또는 등급)로부터 서열을 정하게 된다. 이 방법에서는 앞의 방법에서 말한 평가자 자신이 서열을 직접 정하는 데서 오는 결함을 피할 수 있는 것으로 생각되므로 본 조사에서도 다섯 가지 등급으로 된 評級方法(rating method)을 사용하였다.

이 조사에서는 다섯 가지의 등급별로 나온 빈도수에다 각

44) 高永復, *op cit.*
45) N. O. R. C(미국국립여론조사소) 조사와 Inkeles의 6개국 비교연구에서도 5등분 기준을 사용하고 있다.

기 100, 80, 60, 40, 20의 점수를 곱해 그 곱해진 수를 응답자의 수로 나눈(무응답은 제외) 평균점수로 평급을 정했으며, 평균점수의 높고 낮음에 따라 순위를 결정지었다.

여기에서는 각 직업이 ① 사회적 지위 면에서, ② 수입의 면에서, 그리고 ③ 경제발전에 공헌하는 면에서 각기 어떻게 평가되고 있으며, ④ 또 이러한 면들이 평가자의 사회경제적인 배경에 따라 달라지는가 하는 점과, ⑤ 국내 또는 국외의 다른 조사들의 결과와 어느 정도 일치하고 있는가, ⑥ 끝으로 사회적 지위 평가와 직업활동에 대한'일 동의도'와의 관련성 등의 제 면을, Inkeles가 그의 6개국 비교연구에서 제시하였던 바의 가실 – 직업가치관에 대한 구조주의자들의 주장과 문학론자들의 견해46) – 과는 어떠한 연관성이 있는가 하는 점을 고려하면서 고찰해 나가고자 한다. 따라서 우리나라가 산업화되어 감에 따라 종래의 전통적인 직업가치관이 어떻게 변모하고 있는가 하는 점도 아울러 살펴보고자 한다.

2. 社會的 地位에 의한 職業評價

사회적 지위를 평가하는 데는 여러 요인이 영향을 미지게

---

46) 구조주의자의 주장은 현대의 산업화된 직업체계가 고도로 응집력이 있는 체계이기 때문에 전통적인 문화유형에 의해서 상대적으로 영향을 받지 않는다고 할 수 있다. 따라서 토착적인 문화적 환경에 관계없이 전통적인 직업평가체계는 산업체계 내에 포함되거나 통합되게 된다고 보는 것이며, 이와 반대로 문화론자들은 지역에 따라 고유한 특정문화나 가치체계에 의해 표준화된 현대직업에 있어서의 특정직업(job)을 평가하는 데 차이가 생긴다고 보는 것이다. Inkeles and Rossi, *op cit.*, pp.329 – 330.

된다. 그 직업이 어느 정도의 체계적인 지식을 갖춘 사람이라
야 수행할 수 있는 것인가, 또는 그 직업은 어느 정도로 그리
고 수적으로 얼마나 많은 사람들의 행위를 지시할 권위와 능
력을 요하는가 하는 책임성(Responsibility), 그 직업이 받는
금전적 보수, 그리고 어떤 직업적 역할을 수행함으로써 얻어
지는 명성 등을 들 수 있다.

　본 조사에 있어서도 이 방면에 관한 여러 조사의 결과에서
일반적으로 나타나고 있듯이 고위의 관직, 전문직 및 기업체
의 고위직 등이 높게 평가되고 있으며 반면 비숙련이나 반숙
련노동직이 가장 낮게 평가되고 있다. [표 Ⅲ - 1]에서 볼 수
있듯이 본 조사에서 가장 높은 순위를 차지한 직업은 국회의
원, 대학교수, 법조인, 회사 사장 및 의사의 순위로 되어 있
으며, 중간 순위에는 교사, 연예인, 공무원, 기사, 회사원 등
으로 주로 사무직에 속하는 직업들이 들어 있다. 가장 서열이
낮은 직업들은 소매상, 광부, 직공, 농부 및 막벌이 노동자의
순위로 나타나고 있다.

　이렇게 볼 때 직업에 따른 사회적 지위에 대한 평가는 그 사
회의 가장 두드러진 가치체계를 반영하는 것이라고 볼 수 있
다. 이러한 이유를 Barber는 다음과 같이 설명하고 있다.47)
"Inkeles와 Rossi의 연구는 사회에서 기능적으로 중요한 역할
과 가치체계간에 커다란 일치가 있다는 점을 확실히 해주고
있다. 그러므로 우리는 기능적으로 중요한 역할이 동일한 그런
사회에서는 이러한 역할들을 같은 방식으로 평가하리라고 예

---

47) B. Barber, *op cit.*, pp.5 - 6.

측할 수 있다. 기능적으로 중요한 역할들은 가치체계와 일치하
거나 또는 가치체계를 부분적으로 결정해 준다고 볼 수 있다."

또한 사회적 지위는 사회, 그 국가 또는 시대별로 사회가
어느 면에 강조를 두고 있는가 하는 사회적·시대적 특성에
달려 있다. 예컨대 중세 서구사회와 인도의 힌두사회에서는
종교적 역할이 높이 평가되고 있으며, 군국주의하의 일본사회
에서는 군사적 역할이, 그리고 전통적인 한국과 중국사회에서
는 고위층의 관료가 가장 높게 평가되었으며, 현대 미국사회
에서는 산업적 정치적 역할이 높이 평가되고 있다.

일본의 屋高 등에 의한 조사도[48] 본 조사에서 나타나고 있는
경향과 대체로 일치하고 있다. 상기 조사에서는 평가자에게 제
시된 30개의 직업 중 순위가 가장 높은 직업들은 道市 지사·
대학교수, 지방법원 판사, 대규모 회사 간부, 의사 등이었으며,
중간위치를 차지하고 있는 직업들은 대개 사무직이고, 가장 하
위의 서열에 들어있는 직업들은 비숙련 육체노동자들이었다.
우리나라에서 실시된 조사에서도 대체로 이와 비슷한 직업서열
을 보이고 있다. 고등학교 학생들을 대상으로 한 李萬甲 교수
의 조사에서도[49] 국회의원, 대학교수, 법률가, 은행가, 의사 등
은 사회적 지위에 의한 직업평가가 행해졌으며, 중앙청 관리,
언론인, 목사, 공업기술자 등이 중간위치를 점하고 있고, 농업

48) Kunio Odska and Shigeke Nishihira, "Social Stratification and Mobility in six Large Cities of Japan", in *Transactions of the Second World Congress of Sociology*, International Sociological Association, London, 1954, B. Barber, *op. cit.*, p.107에 수록된 것을 참조하였음.
49) 李萬甲, *op. cit.*, p.133.

기술자, 광산업자, 경찰관, 상인 등의 순위로 가장 낮은 평가를 받고 있다. 또 李相佰, 金彩潤 교수의 직업종합평가에서도50) 대학교수, 의사, 변호사, 정치가 등의 직업이 직업평가의 가장 상위를 점하고 있다. 이로 보아 Barber가 현대 산업사회에서 높은 평가를 받고 있는 직업계통을 지적하고 있는 바와 대체로 일치하고 있는 것같이 보인다. 그는 현대의 산업화된 사회에서는 주로 경제적인 역할, 정치적 역할 및 학문적인 역할과 군사적인 역할이 높게 평가되고 있다고 지적하였다.51)

이번 조사에서, 과거에는 천직으로 '쟁이'라는 말이 붙었던 직업 중에서 유독 연예인이 사무직 직업과 비슷한 평가순위를 차지하고 있는 점은 유의할 만하다. 또 과거 우리 사회에서 士, 農, 工, 商의 신분직업체계의 가장 저변을 이루고 있던 상업적인 직업을 규모별로 도매상과 소매상으로 나누어 본 결과, 도매상이 소매상보다 약간 높게 나타나고 있다. 그러나 소매상은 광부, 직공, 농부, 막벌이 노동자 등의 직업보다 상위의 순위를 점하고 있으며 도매상은 [표 Ⅲ-1]에서 볼 수 있는 대로 경찰관, 간호사, 숙련기술자, 운전사 등 보다 상위의 순위에 있다. 그런데 현재 우리 사회에서 경제발전을 위해 정책적으로나 국민들의 관념에서 상당히 그 역할이 높이 평가되고 있고, 또 본 조사에서도 경제발전에 대한 공헌면에서 가장 높은 순위를 차지하고 있는 기사, 광부, 숙련기술자, 농부, 직공 등은 기사만을 제외하고는 모두 상업적인

---

50) 李相佰, 金彩潤, *op cit.*, p.42. 이 조사에는 국회의원이 포함되지 않았음.
51) B. Barber, *op.cit.*, p.22.

직업보다 낮게 평가되는 경향이 나타나고 있다. 그러나 일반
적으로 상업적인 직업을 포함해서 위에서 말한 생산적인 역
할을 담당하고 있는 직업들에 대한 낮은 평가는 아마도 육체
노동에 대한 전통적인 천시에서 기인하는 것이 아닌가 생각
된다.52)

　다음에 인용하는 두 중국학자들의 결론은 이 점을 좀더 명
확하게 해주리라 생각된다. "……전통적인 중국사회에서 계층
체계의 하층계급으로 평가되어 온 농민만이 오직 그들의 손
을 써서 일을 하였고, 鄕紳은 어떤 종류의 육체적 노동도 기
피하였다…… 또 육체적 노동에 대한 기피는 현대 중국 대학
생들에 게도 대단히 강력하다. 중국의 기사들은 기계를 설계
하는 것을 더 좋아한다……"53) 또 Hsu는 인명사전을 통한
중국 역사의 4,359명의 저명인사들의 사회이동에 관한 연구
에서, 출세한 저명인사들 가운데 "적잖은 수가 상업적인 직업
에 종사하는 가문 출신이었으나 이들 상업가문 출신의 명사
들은 그들이 그런 집안의 출신이라는 것이 알려지는 걸 꺼려
했다"54)고 밝히고 있다. 위에서 든 중국의 경우는 우리나라
사회에 있어서도 상당히 비슷할 것으로 여겨진다.

---

52) *ibid.*, p.38.
53) Hsiao Tung Fei, "Peasantry and Gentry: An Interpretation of
　　Chinese Social Structure and Its Change," *Amer, Journal of
　　Sociology*, vol. 52, 1946, pp.1－7.
54) F. L, K. Hsu, "Social Mobility in China," *Amer, Journal of
　　Sociology* Vol. 14, 1949, pp.764－771.

[표 Ⅲ-1] 사회적 지위

직업	순위	점수	기준편차
국 회 의 원	1	96.0	8.44
대 학 교 수	2	90.5	11.60
법 조 인	3	89.0	11.12
회 사 사 장	4	85.2	12.54
의 사	5	80.0	12.22
사 회 사 업 가	6	73.8	13.06
종 교 성 직 자	7	70.3	14.50
방송인(프로듀서)	8	69.3	13.76
군 장 교	9	69.1	13.70
신 문 기 자	10	69.0	13.36
교 사	11	67.8	13.74
연 예 인	12	66.5	16.14
공 무 원	13	64.4	13.34
기 사	14	63.6	15.30
회 사 원	15	57.8	11.34
도 매 상	16	57.1	15.16
경 찰 관	17	51.3	15.60
간 호 사	18	50.7	12.80
숙 련 기 술 자	19.5	50.0	13.76
운 전 사	19.5	50.0	12.74
소 매 상	21	46.1	12.78
광 부	22	38.9	13.02
직 공	23	35.8	11.98
농 부	24	34.0	12.90
막 벌 이 노 동 자	25	25.8	9.76

3. 收入程度에 따른 職業評價

수입 정도도 직업을 평가하는 데 있어 한 기준이 된다. 그
러나 이 수입에 의한 기준은 직업평가에 있어 제1차적인 것
이라기보다 오히려 부차적인 면으로 볼 수 있다. 사회적 지위

를 결정함에 있어 수입 그 자체가 필수 불가결한 조건으로
작용하는 것은 아니며, 수입은 단지 매우 높게 평가되는 사회
적 역할을 수행함으로써 얻어지는 여러 보상 중에 한 가지가
되는 것이다.55) 전문직이나 사무직 같은 직업이 그 보다 수
입이 많은 직업에 비해서 높이 평가되고 있는 데서 그 일단
을 찾아볼 수 있다.

이번 조사의 결과를 볼 때 수입 면에서 본 평가순위와 사
회적 지위 면에서의 평가순위가 몇 개의 직업만을 제외하고
는 거의 일치하고 있다. 즉, 사회적 지위와 수입 양자의 평가
순위를 가지고 순위상관관계를 내어 본 결과56)가 +.844다는
높은 상관관계가 나왔다.

사회적 지위와 수입과의 서열비교에 있어서 가장 불일치를
나타내는 직업으로 대학교수, 성직자, 공무원 등은 수입평가
서열에서 사회적 지위에서 보다 순위가 6이나 내려가고 있으
며, 반면 연예인, 도매상 등은 순위가 각각 9 - 10이나 상승하
고 있다. 다른 직업에 비해 연예인이 상당히 높은 순위를 차
지하고 있는 것은 연예인이라는 직업적인 특수성에서 오는
것으로 생각된다. 즉, 다른 직업에 종사하는 사람들에 비해
연예인은 무대나 화면 등을 통해 상당히 회려한 생활을 하는
인상을 주게 되며 또 평가자들이 대부분 자기들이 좋아하는
제1급의 가수나 배우를 염두에 두고 평가하는 데에서 이러한

---

55) B. Barber, *op. cit.*, pp.42 - 44 참조.
56) 여기서는 **Spearman**의 rho 공식으로 계산했음.

$$\rho(\text{rho}) = 1 - \frac{6\sum d^2}{N^2 - N}$$

높은 순위가 유래되지 않았나 생각된다.

4. 經濟發展에 貢獻하는 정도에 따른 評價

여기서는 기사, 광부57), 대학교수, 숙련기술자, 농부, 직공, 회사 사장 등 주로 산업적 역할을 담당하는 직업들이 높은 지위를 나타내고 있으며, 그 다음에 학문·교육적 직업들이 비교적 높은 순위를 차지하고 있다. 그리고 하위에 속하는 직업으로 소매상과 도매상의 상업적인 직업과 성직자, 연예인 등과 같이 생산적인 활동에 참여하지 않는 직업이 가장 낮은 순위에 있으며, 회사원, 프로듀서, 의사, 신문기자 등의 사무직 내지 전문직의 직업이 중간순위를 차지하고 있다(표 Ⅲ-3 참조). 각 직업의 사회적 평가순위와 경제적 공헌에 의한 평가순위를 순위상관관계를 내어 본 결과 +.213에 불과하여 거의 관계가 없는 것으로 나타나고 있다. 따라서 직업의 사회적 지위와 경제개발에 공헌하는 정도와는 거의 관계가 없는 것으로 보인다.

---

57) 본 조사가 실시되고 있는 도중 구명광산의 김창선(양창선)씨가 갱 내에 묻혀 구조작업이 진행되고 있는 현황이 신문과 방송으로 계속 보도되고 있었다. 따라서 이 사건이 어느 정도 여기에 영향을 주었을 것으로 생각된다.

[표 Ⅲ-2] 수입 면에서의 평가

직 업	순 위	점 수	기준편차
국 회 의 원	1	96.5	8.64
회 사 사 장	2	94.7	10.44
연 예 인	3	91.8	12.74
의 사	4	89.8	12.74
법 조 인	5	85.9	12.72
도 매 상	6	80.3	14.76
대 학 교 수	7	79.9	14.24
사 회 사 업 가	8	70.9	17.22
군 장 교	9	70.5	14.36
기사(엔지니어)	10	69.1	15.82
방송인(프로듀서)	11	66.1	13.50
신 문 기 자	12	63.6	14.26
종 교 성 직 자	13	63.3	14.22
회 사 원	14	60.7	15.26
교 사	15.5	58.8	13.56
소 매 상	15.5	58.8	15.40
운 전 사	17	58.0	14.56
숙 련 기 술 자	18	53.8	17.34
공 무 원	19	53.0	16.70
간 호 사	20	51.1	13.30
경 찰 관	21	45.6	15.44
광 부	22	45.5	16.44
직 공	23	35.6	12.82
농 부	24	30.5	13.14
막 벌 이 노 동 자	25	26.7	11.92

[표 Ⅲ-3] 경제발전에 공헌하는 정도

직 업	순 위	점 수	기준편차
기 사	1	86.2	14.36
광 부	2	82.0	16.02
대 학 교 수	3	77.6	16.30
숙 련 기 술 자	4	77.0	17.04
농 부	5	76.1	18.18
직 공	6	72.5	18.26
회 사 사 장	7	72.3	17.36
교 사	8	71.6	16.26
사 회 사 업 가	9	70.0	19.62
국 회 의 원	10	69.7	20.68
회 사 원	11	68.7	15.42
공 무 원	12	67.6	16.30
방송인(프로듀서)	13	66.7	17.94
의 사	14	66.5	16.74
신 문 기 자	15	65.3	18.10
운 전 사	16	65.7	16.52
경 찰 관	17	63.8	19.04
간 호 사	18	62.7	17.20
법 조 인	19	60.3	17.46
군 장 교	20	59.7	18.30
막 벌 이 노 동 자	21	59.1	18.56
도 매 상	22	52.7	17.34
연 예 인	23	52.3	17.24
종 교 성 직 자	24	51.8	18.02
소 매 상	25	50.3	15.16

우리나라의 산업발달이 지연되고 있는 주요인으로서 자본의
부족과 인적 자원의 부족(주로 기술계통의)이라는 두 가지 면

이 여러 학자, 정책시행자들에 의해 지적·강조되어 왔으며 그 중 기술인구의 확보 및 개발이 정책적으로 강조되고 있고 또 사회성원들간에도 그 중요성이 인정되고 있다. 사회적으로 그 역할의 중요성을 인정하는 것과 그 역할에 대한 지위평가는 별 개의 것으로 작용되고 있는 듯이 보이며, 따라서 양자간에 심한 불일치를 나타내고 있는 것이다. 광부, 직공, 농부, 막벌이 노동자 등 사회적 지위에서 최하위의 지위에 있는 직업들은 수입평가의 지위에서도 그대로 최하위로 나타나고 있다.

5. 職業評價와 일 同意度[58]

여기서는 직업활동에 대한 '일 동의도'와 경제발전에 대한 공헌도 및 사회적 지위에 의한 직업평가와는 어떠한 관련이 있는가 하는 점을 고찰해 보고자 한다.

'일 동의도'와 직업평가에 의해 구성원 평가서열의 양자를 대비시킴에 있어서 한 쪽(직업평가)은 일반적인 직업분류에 의한 것이었고 다른 한 쪽(일 동의도)은 특정한 직업의 구체적인 활동이었으므로 일반적으로 말할 때 동질적인 차원으로 간주될 수 있다고 하겠으나, 몇몇의 직업에 있어서는 어느 정도 부적절한 면도 있었다. 먼저 경제발전에 공헌하는 정도에 대한 평가서열과 '일 동의도'간에 순의상관관계를 내어 본 결과 +.751라는 상당한 일치를 나타내고 있다(표 Ⅲ-4 참조). 다음, 사회적 지위에 대한 직업평가의 서열과 '일 동의도'간

---

58) 본 논문 제2장 참조.

의 순위상관관계는 경제발전에 공헌한 면에서의 職業評價序列과는 대조적으로 -.738이라는 상당히 높은 負相關關係를 보여 주고 있다(표 Ⅲ-5, Ⅲ-6, Ⅲ-7 참조). 평가자들에게 있어 그 직업활동이 '일'을 하는 것이라고 생각되는 정도가 높은 직업활동일수록 경제발전에 공헌하는 정도가 높은 직업으로 생각되고 있다. 여기에서 양편 순위에 불일치되는 정도가 가장 큰 직업은 회사 사장, 소매상, 운전사, 법조인 및 교사 등이다. 또한 사회적 지위 평가서열에서 순위가 높은 직업은 '일 동의도'가 일반적으로 낮게 보여지고 있으며, 반대로 '일 동의도'가 높은 직업활동은 사회적 지위 평가에서 그 순위가 매우 낮게 나타나고 있다. 특히 이러한 경향은 앞에서도 언급한 바와 같이 육체적이며 물질을 생산하는, 그리고 일의 결과가 물질적인 면에서 뚜렷이 나타나는 직업들의 경우에서 명확히 보여진다. 광부, 농부, 선반공 등은 '일 동의도'에서 가장 높은 순위를 점하고 있으나 지위평가서열에서는 가장 하위의 위치를 점하고 있다. 지위평가에 대한 서열에서 높은 위치에 있는 직업들은 비육체적이며 직접 기계나 도구 또는 물질을 다루지 않는 직업들로서 이들 직업은 '일 동의도'에서는 비교적 낮은 순위에 있다. 지위평가서열과 '일 동의도'간의 순위의 격차가 비교적 적게 나타나는 직업은 공무원, 회사원 및 상업 등이다. 따라서 [표 Ⅲ-7]에서 나타나는 경향으로 보아 사람들은 힘들고 육체적이며 또 직접 연장이나 도구, 물질을 사용해서 일을 하는 직업보다는 비육체적이며 다분히 전문적인 성질을 갖고 있는 직업을 지위의 면에서 높이 평가하고 있는 것으로 생각할 수 있다. 물론 미국에서와 같이 공

업화된 사회에서도 육체적노동은 기피되고 있긴 하나,59) 공
업화되기 전의 사회와는 대조적으로 산업사회에서는 생산적
인 역할은 개인의 평가척도로서 상당히 높게 평가되고 있다.

[표 Ⅲ-4] 경제발전 공헌도와 일 동의도 비교

서 열	경제발전에 대한 평가	일 동 의 도	순 위
1	광　　　　　부	광　　　　　부	1
2	숙 련 기 술 자	농　　　　　부	2
3	농　　　　　부	선 반 공　*	3.5
4	직　　　　　공		3.5
5	사　　　　　장	운 전 사	5
6	교　　　　　사	서 기　*	6.5
7	회 사 원	판 사	6.5
8	공 무 원	의 사	8
9	의　　　　　사	두 부 장 수　*	9
10	운 전 사	교 사	10
11	법 조 인	포 목 장 수　*	11.5
12	군 장 교		11.5
13	도 매 장	사 장	13
14	연 예 인	배 우	14
15	종 교 성 직 자	군 인　*	15
16	소 매 상	목 사	16

* 동일한 직업이기는 하나 서로 대비시킴에 있어 다소 명칭이 다르게
표현된 직업

59) N. R. C. 조사에서도 비숙련, 저임금, 지저분한 일 및 거의 공공책
임성이 없는 그러한 직업은 대부분의 사람들에게 가장 바람직하지
못한 직업으로 생각되고 있다. 구두닦이, 도로청소부, 쓰레기수집
등은 직업평가에서 가장 낮은 순위로 되고 있다. 그러나 육체적,
비육체적이라는 직업구분과 생산적, 비생산적이라는 직업구분은 별
개의 기준인 것이다.

[표 Ⅲ-5] 사회적 지위와 일 동의도 비교

서 열	경제발전에 대한 평가	일 동 의 도	순 위
1	법 조 인	광 부	1
2	사 장	농 부	2
3	의 사	선 반 공 *	3
4	종 교 성 직 사		4
5	군 장 교	운 전 사	5
6	교 사	서 기 *	6.5
7	연 예 인	판 사	6.5
8	공 무 원	의 사	8
9	회 사 원	두 부 장 수 *	9
10	도 매 상	교 사	10
11.5	운 전 사	포 목 장 수 *	11.5
11.5	숙 련 기 술 자		11.5
13	소 매 상	사 장	13
14	직 공	배 우	14
15	농 부	군 인 *	15
16	광 부	목 사	16

* 동일한 직업이기는 하나 서로 대비시킴에 있어 다소 명칭이 다르게
표현된 직업

[표 Ⅲ-6] 직업의 사회적 지위에 대한 평가와 일 동의도와의 관계(직업인)

직업평가			일동의도		
사회적 지위에 대한 평가 순위	직업		직업활동	일 동의도 순위	
1	3	법 조 인	농 부	1.5	1.5
2	4	회사사장	광 부	1.5	1.5
3	5	의 사	선 반 공	5	3
4	8	군 장 교	서 기	6	4
5	9.5	연 예 인	의 사	7	5
6.5	11.5	교 사	운 전 사	8.5	6.5
6.5	11.5	성 직 자	교 사	8.5	6.5
8	14	회 사 원	두부장사	10	8
9	15	도 매 상	판 사	11	9
10	16	숙 련 공	포목장사	14	10
11	19	운 전 사	배 우	17	11
12	20	공 무 원	군 인	20	12
13	21	소 매 상	사 장	23	13.5
14	22	직 공	목 사	23	13.5
15	23	농 부			
16	24	광 부			

⋯⋯은 2 또는 그 이상의 직업 또 직업활동과 관련된 것

[표 Ⅲ-7] 직업의 사회적 지위에 대한 평가와 일동의도와의 관계(학생)

직업평가			일동의도		
수정 순위	사회적 지위에 대한 평가 순위 (원자료)	직업	직업활동	일 동의도 순위 (원자료)	조정 순위
1	3	법 조 인	광 부	3	2
2	4	회사사장	농 부	3	2
3	5	의 사	선 반 공	3	2
4	7	성 직 자	운 전 사	6	4
5	9	군 장 교	서 기	7	5
6	11	교 사	판 사	9	7
7	12	연 예 인	의 사	9	7
8	13.5	공 무 원	두부장사	9	7
9	15	회 사 원	교 사	10	9
10	16	도 매 상	포목장사	14.5	10
11.5	19.5	운 전 사	사 장	14.5	11
11.5	19.5	숙 련 공	배 우	18	12
13	21	소 매 상	군 인	20.5	13
14	22	직 공	목 사	22	14
15	23	농 부			
16	24	광 부			

⋯⋯은 2 또는 그 이상의 직업 또 직업활동과 관련된 것

일반적으로 비산업사회에서는 종교적·정치적인 역할, 즉 통합적인 역할이 생산적인 역할보다 훨씬 높게 평가되고 있다. 비록 산업사회라 하더라도 통합적 역할은 상당히 중요시되고 있기는 하나 비산업사회에서 나타나고 있는 바와 같이 양자간의 격차가 극심하게 나타나지는 않는다.60)

6. 他調査와의 比較

여기서는 본 조사와 다른 조사에서 나타난 평가서열을 비교함으로써 어떤 차이가 나타나는가를 보고자 한다. 각 조사들이 서로 상이한 조사설계를 사용하였으므로 본 조사에 일치되는 (또는 일치될 수 있다고 간주된) 직업을 뽑아 그 직업들만을 가지고 그 안에서 평가서열이 높은 순위대로 다시 서열을 정하여 Spearman공식에 의해 順位相關關係에 의해 비교해 보았다. 따라서 엄밀한 정확성은 다소 결여되어 있다고 보아야 할 것이다.

이 방면에 관한 많은 조사 가운데서 평가방법 및 평가직업 항목이 비슷한 3개의 조사를 선정하여 비교하여 보았다.

① 李相佰, 金彩潤 교수의 조사결과로부터 본 조사와 일치되는 직업만을 선정하여 먼저 순위상관관계로 비교하여 본 결과 +.785라는 상당히 높은 일치도를 보였다(표 Ⅲ-8 참조). 이 비교에서 양 조사간에 가장 큰 순위격차를 보이는 직업은 신문기자와 농부(이상백, 김채윤 교수 조사에서는 '自作農')였

---

60) B. Barber, *op. cit.*, p.39 참조.

다. 14개의 직업 중 본 조사에서는 신문기자가 순위 4인 데
비해 다른 조사에서는 순위 8로 나타나고 있다. 그리고 본 조
사에서는 농부가 가장 낮은 순위인데 비해, 다른 조사에서는
자작농이 순위 6이라는 비교적 높은 순위를 차지하고 있다.
이는 아마도 용어의 차이에서 생긴 것으로 짐작된다.

② 그런데 본 조사와 Tiryakian의 조사와의 비교에 있어서
도 순위상관관계가 +.784로 앞서의 이상백, 김채윤 교수의
조사와의 비교에서만큼 높은 일치를 보여 준다. 이는 아마도
서로 대비되는 직업이 상이한데서 오는 것이기도 하겠으나,
상이한 조사방법 및 이질적인 평가자집단의 차이에도 불구하
고 국가간에 별로 큰 평가차이가 보이지 않는다는 Inkeles의
6개국 비교연구의 결과를 뒷받침해 주는 것으로도 볼 수 있
을 것이다. Tiryakian의 조사와 본 조사간의 비교에서 가장
큰 순위의 격차를 보이는 직업들은 다음과 같다. [표 Ⅲ-9]
에서 볼 수 있듯이 필리핀에서 의사, 기사(엔지니어) 및 농부
는 본 조사에서보다 높게 평가되고 있다. 필리핀의 경우 의사
가 국회의원이나 대학교수보다 높이 평가되고 있으며, 대학교
수는 기사보다도 아래의 순위에 놓여 있다. Tiryakian의 필리
핀 소사에서는 농부의 평가순위가 본 조사에서 보다 훨씬 높
게 되어 있는 것은 아마도 양 조사의 평가자(응답자)들의 직
업적 차이에서 오는 것으로 생각된다. Tiryakian의 조사대상
자들은 농민이 가장 많았는데 비해, 본 조사에서는 농민은 포
함되지 않고 도시에서 봉급생활을 하는 직장인들만을 대상으
로 삼은 데서 나타나는 것으로 보아진다. 따라서 이 두 조사
에서 나타나는 2개국간의 농부의 순위는 실제에 있어서의 양

국의 농부라는 직업을 평가할 때 생기는 격차라고는 보이지
않는다. 그 외에 두 조사간에 나타나는 직업의 차이는
Inkeles의 소견대로 사회구조와 문학가치의 차이에서 오는 것
이라고 생각된다.

[표 Ⅲ-8] 이·김 교수 연구와의 비교

본 조 사		이상백·김채윤	
서 열	직 업 명	서 열	직 업 명
1	대 학 교 수	1	대 학 교 수
2	법 조 원	2	의 사
3	의 사	3	변 호 사 *
4	신 문 기 자	4	기 사
5	성 직 자	5	목 사 · 신 부 *
6	기 사	6	자 작 농 *
7	사 원	7	국 민 교 교 사 *
8	교 사	8	신 문 기 사
9	소 매 상	9	사 원
10	운 전 사	10	소 매 상 주 인
11	경 찰 관	11	경 찰 관
12	광 부	12	운 전 사
13	직 공	13	광 부
14	농 부	14	직 공

*동일한 직업이기는 하나 서로 대비시킴에 있어 다소 그 명칭이 다
르게 표현된 직업.

③ 끝으로, 폴란드의 Sarapata와 Wesolowski의 조사와 본 조
사의 순위상관관계는 위 두 조사보다는 다소 낮은 +.622이다.
[표 Ⅲ-10]에서 보여 주듯이 두 조사간의 가장 큰 격차를 보여
주는 직업은 다음과 같다. 폴란드 조사에서는 숙련기술자, 직공
및 소농 등 산업에 종사하는 직업이 본 조사보다 높은 순위를

차지하는 데 비해, 본 조사에서는 대학교수, 군장교, 회사원, 교사, 간호원 등 산업적이 아니라고 할 수 있는 직업들, 그 중에서도 특히 학문과 교육적 역할을 수행하는 직업이 높이 평가되고 있다. 특히 폴란드인을 대상으로 한 **Sarapata**와 **Wesolowski**의 조사에서는 자영업(여기서는 상점주를 가리킴)이 높이 평가되고 있으며, 대학교수는 변호사, 상점주, 의사보다도 낮은 순위로 되어 있다. 또한 이 조사에서 숙련철공기술자가 기사보다도 오히려 높은 평가순위에 놓여 있는 점은 주목할만하다. 아마도 이와 같은 국가간 차이는 문화전통의 차이에서도 연유하겠지만 그보다도 사회체제 내지 이데올로기의 차에 따른 제도적 차이에서 유래되는 것으로 보아 좋을 것 같다.

[표 Ⅲ-9] Tiryakian 교수 연구와의 비교

	본조사		Tiryakian	
서열	직업명	서열	직업명	
1	국 회 의 원	1	의 사	
2	사 장	2	국 회 의 원	
3	대 학 교 수	3	변 호 사	*
4	법 조 인	4	기 사	
5	의 사	5	대 학 교 수	
6	군 장 교	6	목 사	*
7	성 직 자	7	대 기 업 경 영 자	*
8	기 사	8	군 장 교	
9	회 사 원	9	중 · 고 교 교 사	
10	교 사	10	농 부	
11	운 전 사	11	조 산 원	*
12	소 매 상	12	사 무 원	*

13	간 호 사	13	경 찰 관
14	경 찰 관	14	소 상 인
15	농 부	15	운 전 사

* 동일한 직업이기는 하나 서로 대비시킴에 있어 다소 그 명칭이 다르게 표현된 직업.

다른 여러 직업평가 조사결과에서 나타나고 있는 일반적인 공통점중의 하나는 평가자(응답자)의 사회경제적(특히 직업배경) 특성별로 그리 두드러진 차이가 발견되지 않는다는 것인데, 이 점은 본 조사에도 적용될 수 있다.

[표 Ⅲ-10] 폴란드 연구와의 비교

본 조 사		Sarapata and Wesolowski	
서열	직 업 명	서열	직 업 명
1	대 학 교 수	1	변 호 사 *
2	법 조 인	2	상 점 주 *
3	의 사	3	의 사
4	군 장 교	4	대 학 교 수
5	신문기사(프로듀서)	5	언 론 인
6	성 직 자	6	숙련기술자 (철공)
7	기 사	7	목 사
8	사 원	8	(기계) 기 사
9	교 사	9	(기계) 직 공
10	(도·소매)상인	10	군 장 교
11	숙 련 기 술 자	11	소 농
12	간 호 사	12	경 찰 관
13	경 찰 관	13	교 사

14	직 공	14	비 숙 련 (건 축) 노 동 자
15	농 부	15	사 무 원 *
16	노 동 자	16	간 호 사
25개	직 업 중 1 6 개	29개	직 업 중 1 6 개

* 동일한 직업이기는 하나 서로 대비시킴에 있어 다소 그 명칭이 다르게 표현된 직업

7. 結言

사회적 지위에 대한 평가에서는 전문적이며 비육체이고 또 직접적으로 생산적인 역할을 담당하지 않는 직업들이 생산적이며 육체적인 직업에 비해 높은 평가를 받고 있다. 가장 낮은 평가를 받는 직업은 비숙련직이었다.

사회적 지위 평가에 있어서 산업적 역할에 종사하는 직업과 비생산적 역할에 종사하는 직업간에 존재하는 심한 격차는 그것이 공업화된 사회 또는 서구사회보다 훨씬 심하게 나타나는 점으로 미루어 보아 이는 우리 사회에 아직도 전통적인 직업가치관이 ─ 주로 사회통합적인 역할에만 집착하는 경향이 강한 ─ 상당한 영향을 미치고 있는 것이라고 생각된다.

사회적 지위에 대한 평가와 수입에 대한 평가와는 양사간에 상당히 높은 상관도(순위상관관계 +.844)를 보여 준다. 그러나 사회적 지위 평가와 그 직업이 우리나라 경제발전에 공헌하는 정도에 대한 평가와는 거의 아무런 관련성도 없는 것으로 나타나고 있다(순위상관관계 +.021). 경제발전에 많은 공헌을 한다고 평가되는 직업들(기사, 광부, 대학교수, 숙련기술자, 직공, 교사 등)은 사회적 지위 평가에 있어서는 오히려

상당히 낮게 평가되고 있는 현상을 보여 준다(대학교수만이
여기에 해당되지 않음).61)

사회적 지위에 대한 평가와 그 직업이 경제발전에 공헌하
는 정도에 대한 평가에서 나타나고 있는 심한 불일치는 산업
인력의 질적·양적 개발에 있어 상당한 문제점으로 고려되지
않으면 안 될 것이다.

본 조사에서 직업인 응답자들은 자신이 현재 종사하고 있는
직업 또는 그와 유사한 직업이든가 극히 밀접한 관련을 가진

---

61) 비교하기 위해 뽑은 세 논문은 다음과 같다.
　 i) 李相佰, 金彩潤, *op cit.*
　 ii) E. A. Tiryakian, *op cit.*
　 iii) Sarapata and W. Wesolowski,"The Evaluation of Occupa-
　　　 tions by Warsaw Inhabitants," *American Journal of Soci-*
　　　 ology, vol. LXVI, No. 6(May, 1961. 5.), pp.581‒591.
　 위의 3개 조사의 **Design**을 간략하게 소개하면,
　　 i)은 서울, 대구, 전주에서 層化抽出法에 의해 만 20세‒60세의
　 남자 호주를 대상으로 면담을 통해서 총 675명으로부터 얻은 결과
　 를 분석한 것이다. 여기서는 직업에 대해 평가내용을 세분하지 않
　 고 응답자들로 하여금 28개의 직업을 종합적인(총체적인) 면에서 5
　 등급 척도에 의해서 평가하게 하는 방법을 사용하였다.
　　 ii)에서는 필리핀의 4개의 선거구를 無作爲抽出(random sample)
　 에 의해 차출하고 이 지역의 남녀 주민 641명에 대해 면접조사를
　 통해 얻은 결과이다. 여기서 30개의 직업중에 응답자가 직접 순위
　 를 결정짓는 방법을 사용하였다. 평가내용을 나누지 않고 전체적인
　 면에 대한 평가였다.
　　 iii)은 **Warsaw** 주민 753명을 대상으로 본 조사와 비슷한 방법으
　 로 실시되었다. 여기서는 29개의 직업에 대해 5등급 척도를 사용하
　 여 물질적 보수 안정성 및 위세(Prestige)의 3면에 각각 평가하도록
　 하는 방법을 사용하였다.
　　 따라서 본 조사에서는 **i), ii)**의 조사와 비교할 때에는 사회적 지
　 위와 수입에 대한 두 가지 면의 평가서열을 합해서 그 평균치로써
　 비교하였으며, **iii)**의 조사와의 비교에서 **iii)**의 조사의 위세평가서열
　 과 본 조사의 사회적 지위 평가서열을 비교하였다.

직업을 평가함에 있어 대체로 그 직업의 수입은 낮게 평가하는 경향을 보인 반면 경제발전 및 사회적 지위를 상대적으로 높게 평가하려는 태도를 보이고 있다. 학생들의 경우에도 전반적으로 자신이 현재 재학하고 있는 학교(공·농·상·인문) 계통에 따라 이러한 경향이 보인다.

응답자(평가자)들이 특정 직업활동에 대해서 그 직업활동이 '일'이라고 찬동하는 정도, 즉 '일 동의도'와 사회적 지위에 대한 평가 사이에는 상당히 큰 負相關聯係를 드러내고 있다(순위상관관계 −.738). 사회적 지위가 높게 평가되는 직업들은 '일 동의도'가 매우 낮은 반면 사회적 지위가 낮게 평가되는 직업은 '일 동의도'가 높은 것으로 나타나고 있다. 따라서 이 점은, 사회적 지위가 높게 평가되는 직업에 종사하는 사람들은 일을 안 하는(또는 적게 하는) 것이고, 일은 사회적 지위가 낮은 직업에 종사하는 사람들이 하는(또는 그 사람들이 많이 하는) 것이라는 종래의 전통적인 일에 대한 관념의 일단이 현재의 사회에서도 작용되고 있는 단면을 나타내는 것으로 보인다.

다음, '일 동의도'와 경제발전에 대한 공헌도의 평가간에는 상당히 높 상호관련성이 존재하고 있다(순위상관관계 +.751). 즉 사람들은 일을 하는 직업(또는 일을 많이 히는 직업)이 경제발전에 공헌하는 직업이라고 생각하고 있는 것으로 판단된다. 그러나 역으로 일을 하는, 또는 많이 하는 직업(구체적인 물질을 다루며 또 육체를 사용하여 물질을 생산해내는 직업활동−농부, 광부, 목수, 선반공 등)은 사회적으로 지위가 낮은 것으로 여기고 있다.

이상에서 언급한 바와 같이 ① 산업에 직접 종사하는 직업

이 사회적 지위 및 수입평가에서 극히 낮게 평가되고 있는
점, ② 경제발전에 많은 공헌을 하는 것으로 평가되는 직업이
사회적 지위 및 수입평가에 있어서는 상당히 낮게 평가되고
있는 점, ③ '일 동의도'가 매우 높게 나타나는 직업활동이 사
회적 지위 및 수입평가에서 낮게 평가되고 있는 점, ④ '일
동의도'가 높게 평가되는 직업활동이 경제발전에 대한 공헌도
가 높은 것으로 생각되고 있다는 점 등 이 4개의 결론적인
요약에서부터 우리는 공업화를 위해서 필요한 기능인력의 수
급에 자칫 차질을 빚을 가능성이 있다는 문제점을 유추할 수
있다.

(부 표)

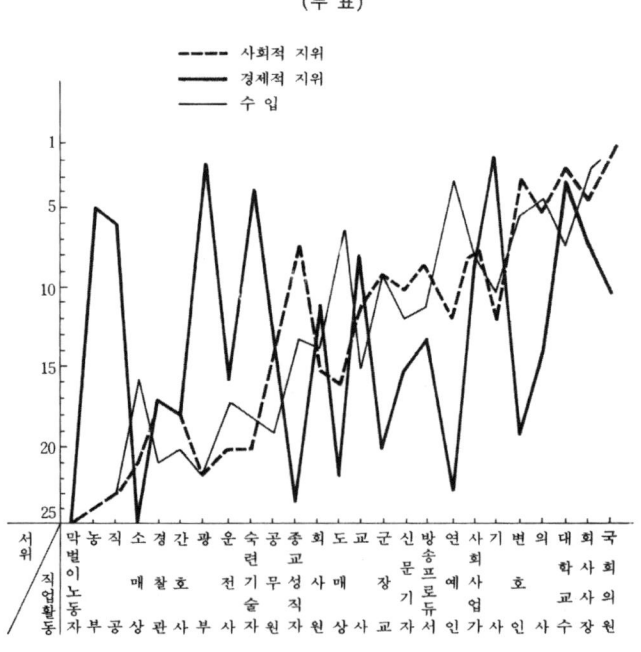

　다시 말해서, 일과 직업에 관한 전통적 관념에 따라 사람들
이 교육을 받고 취업을 한다면, 필요한 기능분야의 훈련과 직
업을 기피하게 될 것이기 때문이다. 그리고 다른 각도에서 보
면, 자신은 국가의 발전에 기여하는 직업에 종사한다고 보는
데, 그러한 직업에 대한 사회경제적 보상이 부족하다는 인식
이 지배적이라는 사실이 드러난다. 이런 현상은 사회적 갈등
을 야기시킬 수 있는 요인이 될지도 모른다는 점에 주목할
필요가 있다.

제4장 最高經營者의 價値觀* (1967)

I. 序論

오늘날 경영관리행동을 연구하는 학자들 사이에서는 경영자가 지닌 가치관이 정보평가, 결정행사 등을 포함하는 경영자의 행위를 크게 좌우한다는 생각을 개발하기 시작하였다. 예컨대 William Guth와 Renato Tagiuri는 최근 여러 편의 사례 연구에서 경영자들의 개인적인 가치관이 어떻게 그들의 기업전략 수립에 영향을 미치는가에 대한 실례들을 보여준 바 있다.[1] D Robert McMurray도 행동에 영향을 미치는 가치관의 구실을 강조하면서 다음과 같은 '사람 문제점들'을 지적하고 있다. ① 보통 '합리적'이라고 하는 기업의 소유주가 노조와 타협하느니 차라리 폐업을 하겠다고 선언하는 예, ② 이념적으로 오도된 회사의 과학자는 보안상 매우 위험한 존재가 되는 보기, ③ 순전히 자신의 '힘'을 과시하기 위해서 쓸데없이 파업을 오래 끌어서 손해를 입히는 노조 위원장의

---

1) W. D. Guth and R. Tagiuri, "Personal Values and Corporate Strategies," *Harvard Buslness Review* (September-October, 1965), pp.123–132.

경우, ④ 그저 재미로 자기가 용접하는 자동차 차체 속에다
약병을 슬쩍 용접해 넣어 두는 시간제 근로자의 사례, 그리고
⑤ 이윤이 지나치다는 이유로 세금을 강제 징수하라고 주창
하는 지식인과 정치인의 보기 등은 모두가 가치관의 영역에
서 상호 차이가 있다는 공통성을 지닌다.2)

이 연구에서도 이처럼 개인적인 가치관이 경영자들의 행동을
이해하는 데 매우 중요하다는 가정 위에, England의 미국 경영자
에 대한 연구를 한국 경영자들에게도 적용해 보고자 한 것이다.3)

Ⅱ. 研究背景

이 글에 담긴 이론적인 견해와 자료는 경영자들의 개인적
인 가치관을 서술, 측정, 이해하고, 가치관이 행동에 미치는
영향을 연구하고자 하는 장기적인 연구에서 파생한 것이다.
개인의 가치관 또는 가치지향이란 한 사람의 행동의 일반적
인 성격을 좌우해 주는 비교적 영속성 있는 의식의 틀을 일
컫는다. 가치관은 태도에 비하면 좀더 내재적이고 영속저이며
안정적이라고 할 수 있다. 또한, 태도가 특정 대상에 지향하

---

2) R. McMurray, "Conflicts in Human Values," *Harvard Business Review*(May-June, 1963), pp.130 – 145. 이 밖에도 R. Tagiuri, "Value Orientations and the Relationship of Managers and Scientists," *Administrative Science Quarterly*(June, 1965), pp.39 – 51 참조.
3) G. W. England. "Personal Value Systems of American Managers," Academy Of Management Journal, vol. 10, no. 1 (March, 1967), pp.53 – 68.

는 성향이라면, 가치관은 그보다는 일반적이고 특정 대상에 밀착되지 않는 성질을 띤다. 다시 말해서, 여기서 말하는 '가치관'이란 태도라기보다는 상식적인 뜻으로 이념 내지 철학에 더 가까운 말이다.

기업의 경영자들은 산업사회에서는 핵심적인 중요성을 띠는 사람들이므로, 이들이 무엇을 생각하고 중요하게 여기는가는 각별한 관심의 대상이 된다. 가령 다음에 열거하는 것과 같은 주장들과 그 함의를 새겨보면 경영자들의 가치관이 왜 중요한지를 짐작할 수가 있을 것이다.

① 가치관은 경영자의 상황인식과 문제의식에 영향을 미친다.
② 가치관은 그의 결정행사와 문제해결에 영향을 미친다.
③ 가치관은 경영자가 다른 사람들, 다른 집단들에 대하여 갖는 생각과 인간관계에 영향을 미친다.
④ 가치관은 개인과 집단의 성공 및 성취에 대한 인식을 좌우한다.
⑤ 가치관은 경영자의 행동이 윤리적인가 아닌가를 결정하는 한계를 규정한다.
⑥ 가치관은 경영자가 조직체의 압력과 목표를 수용하느냐 거부하느냐의 정도를 좌우한다.

Ⅲ. 理論的 模型

이 연구의 이론적 모형은 [그림 Ⅲ-1]에 요약하였다. 여기
서는 세 가지 중요한 범주의 가치관을 다루기로 한다. 첫째는
행동에 가장 크게 작용하는 有效價値觀(Operative values)이
고, 둘째는 행동하겠다고 생각은 하지만 실지로는 잘 실천되
지 않는 意圖價値觀(Intended values), 그리고 셋째는 본래 자
기가 믿는 것은 아니고 집단의 압력 등으로 채택한 것이므로
역시 행동에 실효가 적은 採用價値觀(Adopted values)이다.
다음, 이 모형에서는 가치관이 행동에 영향을 미치는 방법 두
가지를 담는다. 하나는 行動指示作用(Behavior channeling)이
고 또 한 가지는 知覺選別作用(Perceptual screening)이다. 행
동지시작용이란, 예를 들어, 사기와 같은 윤리적인 문제가 개
재되는 어떤 제안이 있을 때 경영자가 취할 수 있는 행동은
그가 정직성과 성실성을 존중하는가 안하는가에 따라 달라지
게 되는 때에 유효하게 적용될 것이다. 한편, 지각선별작용은
심리학에서 말하는 선별적 지각에 해당하는데, 이를테면 "사
람은 자신이 보고 싶고 듣고 싶은 것만을 보고 듣는다"라는
가, "이미 찬동하는 의견만 귀에 들어온다"는 등의 보기가 있
다. 사람이 보고 듣고 감지하는 것을 선택하고 여과하고 해석
하는 데 가치관이 이 영향을 미친다는 것은 일상생활에서나
과학적 연구에서 이미 밝혀진 바 있다. 그러니까 행동지시작
용은 가치관이 직접 행동을 좌우하는 모습이고, 시각선별작용
은 간접적으로만 영향을 미치는 모습이다.4)

[그림 Ⅲ-1] 가치관과 행동의 관계: 이론적 모형

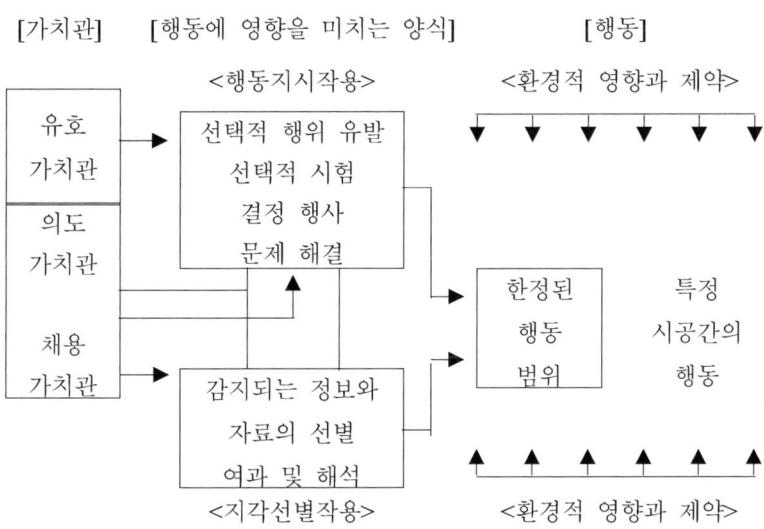

이 모형은 또 행동에 대한 가치관의 영향을 다른 여러 가지 환경적인 요인과 제약을 고려하면서 특정 시간과 공간적 상황에서 일어나는 행동에 대한 것으로 간주할 것을 제시하고 있다. 다시 말해서, 가치관이 중요하기는 하지만 그것이 결코 전부는 아니라는 점을 보여 준다.

---

4) 예를 들면, I. Postman, J. S. Bruner and E. McGinnies,"Personal Values as Selective Factors in Perception," *Journal of Abnormal And Social Psychology.* vol. 43(1948), pp.142-154.

Ⅳ. 價値觀의 測定

방법론적으로 이 연구의 측정 수단은 **Charles Osgood**의 語義差別法(**The Semantic Differential**)을 채용하였다.5) 다만, 말뜻에 대한 개인들의 반응을 가지고 가치관을 측정하기는 하되, 경영자에게는 그들 나름으로 중요한 개념들이 있으므로 조직론과 조직체 안에서의 개인과 집단의 행동에 관한 기존의 문헌에 대한 광범위한 기초 조사를 거쳐 작성한 개인적 가치관 질문서(**the Personal Values Questionnaire**)를 이용하였다. 여기에 개인의 신념을 다루는 이념과 철학의 개념도 포함시켰다.

처음 200개 개념으로 시작하여 전문가 집단의 선별과정을 거쳐 96개 개념으로 축소하였고, 이를 다시 경영자 표본에 대한 사전검사에서 간추려 66개로 줄였다. 이들을 또 5개 범주로 분류하였는데, 그것은 ① 기업체의 목표, ② 개인의 목표, ③ 사람들, ④ 사람들에 대하여 갖는 관념 및 ⑤ 일반적인 개념이다. [표 Ⅳ - 1]에는 이러한'개인적 가치관 질문서'의 66개 개념을 범주에 따라 제시하였다.

가치판단의 형식을 측정하기 위해서는 重要性, 快適性, 實用性 및 道德性의 네 가지 척도를 사용하였다. 이 가운데 중요성이 가치판단의 형으로는 일차적인 것이므로 먼저 각 개념의 중요성 정도를 지적하도록 하고, 이차적인 형식으로 나

---

5) 어의차별법에 관해서는 C. E. Osgood, G. J. Suci, and P. H, Tannenbaum, *The Measurement Of Meaning* (Urbana, I ll: University of Illinois Press, 1957)과 김경동, 이온죽, 『사회조사연구방법』 박영사, 1986 참조.

머지 세 가지 중 한 가지를 선택하도록 하였다. 쾌적성은 주로 인간의 情誼的인 감정, 즉 기분 좋고 나쁜 것으로, 실용성은 실생활에서의 성공 여부를 가리는 것으로, 그리고 도덕성은 옳고 그름을 판가름하는 것으로 각각의 개념을 분별하도록 질문서를 작성하였다.

[표 Ⅳ-1] 경영자들의 가치관 측정에 사용한 개념들

범주	① 기업체의 목표; 8개 개념
	높은 생산성; 산업계의 리더십; 종업원의 복지; 조직체의 안정성; 이윤 극대화; 조직체의 능률성; 사회복지; 조직체의 성장
범주	② 개인의 목표; 13개 개념
	여가; 존엄성; 성취; 자율성; 돈; 개성; 직무만족도; 영향력; 안전보장; 권력; 창의성; 성공; 위신(위광)
범주	③ 사람들; 17개 개념
	종업원; 고객; 나의 동료들; 장인(匠人); 나의 상사; 경영자들; 소유주들; 나의 부하들; 근로자들; 내 회사; 육체노동자들(블루칼라); 정부; 주주들; 기능직 종업원들; 나 자신; 노동조합; 사무직 종업원들
범주	④ 사람들에 대하여 갖는 관념; 13개 개념
	야망; 능력; 복종; 신용; 적극성; 충성심; 편견; 연민; 기능(기술, skill); 협동; 관용; 동조; 명예
범주	⑤ 일반적인 개념; 15개 개념
	권위; 조심; 변화; 경쟁; 타협; 갈등; 보수성; 감정; 평등; 힘; 자유주의; 재산; 합리성; 종교; 모험

예를 들어보자. 만일 한 경영자가 어떤 개념에 대해서 "중요성이 높다"는 응답을 하고, 그리고 그것은 쾌적하거나 도덕

적이라기보다는 실용적이라는 데 1순위를 매겼다면, 이 경영자는 일반적으로 실용적인 성향이 있는 사람으로 평가할 수 있을 것이다. 그렇다면 그가 '중요하다'고 보는 동시에 또 '실용적'이라고 간주하는 개념들의 공동 함수로써 그의 행동을 예측할 수 있을 것이다. [그림 Ⅳ-1]은 '개인적 가치관 질문서'의 형식과 질문 요령을 예시하였다.

[그림 Ⅳ-1] 개인적 가치관 질문서

[작성 요령]

아래에 제시하는 단어들을 보시고 다음의 요령으로 응답해 주시기 바랍니다.

먼저 그 말이 가리키는 바가 얼마나 중요한가를 생각하셔서 해당되는 네모칸에 ○표 해주십시오. 왼쪽 네모칸이 '중요성이 높다'는 난이고, 가운데가 '보통 중요하다', 그리고 오른쪽 네모칸이 '중요성이 낮다'는 난입니다.

다음은 그 아래의 세 가지 의미 차원을 보시고, 이 단어가 주는 의미를 가장 강하게 표현하는 것부터 1, 2, 3 순서를 매겨 주십시오.

이런 식으로 66개 단어들을 모두 평정해 주시기 바랍니다.

높은 생산성

중요성 높다 ☐ ☐ ☐ 중요성 낮다

________ 쾌적하다
________ 실용적이다
________ 도덕적이다

V. 應答한 經營者들의 一般的 特性

여기서 경영자란 원칙적으로 최고경영자를 목표로 했으나, 사정에 의하여 부장급 이상의 간부사원들을 대상으로 삼았고, 실제 자료수집과정에서 극소수이지만 과장도 포함시켰다. 대한 상공회의소에서 발행한 『한국회사총람, 1966』을 기초자료로 삼 아 계통적 표집법에 의하여 300개 회사를 선정하였다. 먼저 종 업원 수에 따라 50-99명 수준의 소규모 기업, 100-499명 수준 의 중규모 기업 및 500명 이상의 대기업으로 나누고 각 범주에 서 100개씩 회사를 선정하였으나 실지로는 295개 회사가 표집 되었다.

이들 회사에 대하여 간부사원들의 명단을 확보하여 1,150 명의 대상을 설정하고, 1967년 3월 하순에 반송 봉투를 동봉 하여 질문서를 우송하였으며, 일부 회사에는 직접 학생들이 방문하여 전달하였다. 약 3주를 기다린 후 4월 초에 다시 한 번 질문서를 보내고 4월 말에 마감을 한 결과 총수 225개의 질문서가 회수되었다. 이들 경영자들의 개인적 특성과 소속회 사에 관한 기본 자료를 [표 V - 1]에 요약하였다.

Ⅵ. 韓國 經營者들의 個人的 價値觀 體系

전체적으로 한국 경영자들의 1차적인 가치지향은 실용적이라는 것이 밝혀졌다. 다시 말해서 이들이 어떤 개념 혹은 단어를 평가할 때 중요하다고 보는 개념은 동시에 실용적이라고 응답하는 경향이 있다는 말이다. [표 Ⅵ-1]에서 볼 수 있듯이 66개 단어 중 33개를 "중요성이 높다"고 평가하였고, 그 중 27개 개념을 '실용적'이라고 보았다. 표의 아래 부분을 보아도 225명 중 3분의 1 이상(78명)이 '중요성이 높다'와 '실용적이다'에 동시에 응답하였다.

다음, 이들의 2차적 지향은 도덕적이다. 실용성과는 차이가 크지만 '중요성'이 높은 개념으로 '도덕적'이라고 평가받은 단어가 다섯이고 16명의 경영자들이 같은 반응을 보이고 있었는데, 이는 쾌적성보다는 높은 응답률이다. 대체로 한국 경영자들에게는 중요한 것들이 쾌적성과는 거리가 먼 것으로 인식되고 있다 하겠다.

이제 경영자들의 가치관의'단면'을 개관하기 위해서 [그림 Ⅵ-1]을 참조하겠는데, 여기에서는 주로 가치관이 행동성향과 어떻게 연관되는가를 판단하기 위한 개념들의 범주가 분류되어 있다. 그 내용을 요약하면 다음과 같다.

① 그림의 왼쪽 위편에 분류된 27개 개념들은 한국의 경영자들이 높은 중요성을 인정하면서 동시에 그들의 1차적인 지향인 '실용성'에서도 1순위를 차지하는 것들이므로 이들을 '유효가치관'으로 볼 수 있다. 가령 개인의 자질에 관한 가치 중

에서 충성심, 명예, 복종 같은 것보다는 능력, 기능, 적극성 같은 것이 이들 경영자들의 행동에서 반영되거나 다른 사람의 행동에서 기대하는 확률이 더 높을 것으로 예측해 볼만하다.

[표 Ⅴ-1] 응답자들의 특성(총사례수 225에 대한 %)

기업의 종류		회사의 규모		근무 부서	
농업	.4	0-49	5.8	생산	12.9
광업	7.1	50-99	10.7	영업	15.6
건설업	4.0	100-499	28.9	판매/유통	8.0
제조업	72.0	500-999	26.2	엔지니어링	8.9
운수 / 공공 서비스	.9	1,000-4,000	23.1	재무/회계	8.9
도소매	.9	5,000-9.999	1.0	인사/노무	2.2
금융보험 / 부동산	8.0	10,000-29,999	1.8	연구개발	1.8
		30,000-99,999	.4	총무	34.2
		무응답	2.1	기타	4.0
				무응답	3.5
조직상의 역할		조직상의 지위		경영자 경력	
선조직	38.7	이사	4.0	0-5년	.9
참모조직	21.3	사장	11.1	6-10	38.7
혼합형	38.7	부사장	3.6	11-15	22.2
무응답	1.3	전무	10.7	16-20	3.6
		상무	28.0	21-30	4.4
		부장, 과장	33.8	30년 이상	1.8
		공장장	2.7	무응답	28.4
		지점장	3.6		
		무응답	2.5		
연령		학력		수입*	
20-29	4.9	한학	.4	$3,000 미만	76.0
30-34	6.2	국민학교	.9	$3,000-$6,000	5.3
35-39	19.1	중·고등학교	3.1	$6,000-$12,000	2.7

		중퇴			
40 – 44	24.0	중·고등학교 졸업	24.0	$12.000 – $2만	1.7
45 – 49	20.4	전문대졸, 대학중퇴	18.2	$2만 – $5만	4.9
50 – 54	13.8	국내대학 졸업	36.9	$5만 이상	2.2
60세 이상	4.4	국내 대학원	6.7		
무응답	2.8	외국 대학원	.9		
		무응답	1.8	*환율 1$=약 270원	

직업만족도

현재 직업(직무)을 얼마나 좋아하십니까?

좋아하지 않는다	2.2
좋아하지 않는다	2.2
별로 좋아하지 않는다	8.4
무관심하다	3.1
좋아하는 편이다	60.0
상당히 좋아한다	14.2
무척 좋아한다	9.8

[표 Ⅵ-1] 한국 경영자들의 일반적 가치지향

1. 개념 분류(총 66개)				2. 응답자 분류(총 225명)			
의미 차원	중요성 척도			의미 차원	중요성 척도		
	높다	보통	낮다		높다	보통	낮다
실용적 (1순위)	27	4	0	실용적 (1순위)	78	34	0
도덕적(1순위)	5	16	3	도덕적(1순위)	16	44	0
쾌적(1순위)	1	10	0	쾌적 (1순위)	14	38	1

1. 225명이 응답자들 중에서 중요성 척도와 의미 차원을 교차하여 생기는 9개 범주에 각각 가장 많은 사람들이 분류한 개념을 그 범주로 통계를 잡은 수이다. 가령 중요성이 '높다'와 의미 차원에서 '실용성'이 1순위라는 범주에 분류한 응답자가 다른 어느 조합에 응답한 수보다 많은 개념이 27개였고, 중요성이 높고 '쾌적'하다는 분류를 한 응답자가 가장 많았던 개념은 한 개에 불과하였다는 식이다.

2. 개개의 응답자가 66개 개념을 분류할 때 위의 9개 범주 중 어떤 것에 가장 많은 개념은 분류하였는가에 따라 그 응답자의 범주를 정하였다. 예컨대, 중요성이 '높고' '실용성'을 의미하는 범주에 제일 많은 개념들을 분류한 응답자수가 모두 78명이었고, 중요성이 '낮고' '쾌적한' 범주에 가장 많은 개념을 분류한 응답자는 단한 명에 지나지 않았다.

한국에서는 그 동안 경영조직의 개선을 위해서 시급히 해결해야할 과제로 소유와 경영의 분리, 전문경영인의 개발, 가족주의, 온정주의, 권위주의 등으로 특징지어지는 인사관행의 극복 및 노사간의 협조증진 등을 강조해 오고 있다. 특히 인사정책에서 공개경쟁시험보다 연고와 추천을 더 중시하는 고용관행이 성하다는 것으로 미루어 업적보다는 귀속적 지위가 아직도 지배적이라는 지적도 있다.6)

또한 능력의 중요성에 대해서도 아직은 엇갈린 조사결과가 나오고 있다. 가령 기업인들에게 물어 보았을 때, 조건이 더 좋은 자리가 난다고 금방 다른 직장으로 옮기는 사람보다는 능력이 좀 떨어지더라도 안정성이 있는 사람을 채용하겠다는 응답을 한 사람이 86%나 되었지만, 자기와 같은 지방 사람이 아니더라도 능력 있는 사람을 뽑겠다는 응답을 한 사람도 86%나 된다는 보고를 한 조사연구가 있다.7)

한국생산성본부의 연구보고서에 의하면, 중간 관리자들의 67.3%가 최고경영자의 후임을 찾을 때 능력 있는 인물이면 회사 밖에서도 영입해야 한다고 대답하였고, 개인의 능력과 의지가 연고보다 더 중요하다는 응답자가 9.3%나 된다고 하였다.8)

이상의 결과에서 추정할 수 있는 것은 현재 경영자들의 가치지향이 과거 귀속적인 요소를 중시하던 데로부터 점차 능력, 기능과 기술, 창의성 등을 강조하는 쪽으로 변하고 있다는 점일 것이다.

② 다시 [그림 Ⅵ-1]의 오른쪽 위 칸에 나타난 경쟁, 조심, 타협 및 모험의 네 가지 가치는 다시 일종의 '채용가치'로 분류할 수 있다. 다시 말하면, 경영자들이 실제 경영관리 경험에서 볼 때는 매우 실용적인 가치들이기는 하지만 중요성으로 보아

---

6) 황성모, 「한국 공업노동에 관한 사회학적 고찰」, 연구보고서, 1963.
7) Hong Sung Chick, "Values of Korean Farmers, Businessmen, and Professors" in *Report: International Conference On The Problems Of Modernization In Asia*, June 28-July 7, 1965. Seoul: Korea. Asiatic Research Center, Korea University, pp.789 -802.
8) 한국생산성본부, 「공업발전과정에 있어서의 노사의 가치관에 관한 연구」, 보고서 제13집, 1967, p.34, p.40.

큰 비중은 차지하지 않을뿐더러 도덕적으로 내면화하기는 어려운 것으로 간주한다는 뜻이 된다. 따라서 이 네 가지 개념들이 표상하는 가치들은 한국 경영자들의 행동에 대하여 다른 유효가치만큼 큰 영향을 미치리라고 기대하기 어려울 것이다.

[그림 Ⅵ-1] 경영자들의 가치관 단면

의미 차원 1순위	중요성 척도		
	높다	보통	낮다
실용성	[유효가치] 높은 생산성; 창의성; 성공; 조직체의 성장; 능력; 조직체의 안정; 경영자들; 이윤극대화; 성취; 내 회사; 조직체의 능률성; 기능직 종업원들;	[상황에 따라 유효한 채용가치] 경쟁; 조심; 타협; 모험	
	기능; 장인; 협동; 적극성; 고객; 자율성; 나 자신; 종업원; 야망; 나의 부하들; 블루 칼라; 돈; 재산; 안전보장; 산업계의 리더십		
	[사회문화적으로 지지받은 의도가치]		
도덕성	신용; 합리성; 종업원의 복지;	나의 상사; 소유주들; 힘; 충성심; 주주들; 근로자들;	

정부; 자유주의		화이트 칼라;	편견;
		종업원; 명예;	갈등
		관용; 복종; 권력;	
		노동조합; 사회복지;	
		평등; 연민;	
		종교; 보수성;	
쾌적성	직무 만족도	영향력; 개성; 권위;	
		나의 동료들; 동조;	
		존엄성 변화; 여가;	
		위신; 감정;	

③ [그림 Ⅳ-1]의 왼쪽 아래에는 이른바 '의도가치'라고 분류할 수 있는 개념들을 담고 있다. 신용, 합리성, 종업원의 복지, 정부, 자유주의 직무만족도 같은 것들은 상당히 중요하다고 보는 것들이기는 하지만, 현실적으로 조직생활에서 경험한 바로는 실효성이 적은 가치에 해당한다. 예컨대 합리성 같은 가치는 관념적으로는 누구나 중요하다고 하는데 실지로 우리나라의 경영조직생활에서는 이 가치의 실현이 그리 쉽지가 않다는 생각을 반영한다고 하겠다. 사실 우리나라의 경영형태에서 투기, 독점적 가격조절, 외국 상품과 자본의 과다한 수입, 폐쇄적인 가족수의 경영, 정경유착, 이윤추구에 몰두한 나머지 사회정의를 저버리는 성향, 또는 국가 이익에 반하는 외국 자본과의 결탁 같은 것은 비합리적인 요소로 자주 지적을 받아 왔다.9)

9) Zo Ki zun, "Types of the Entrepreneurs in Modernization Process of the Korean Economy" *in REPORT, op. cit.,* Korea University Asiatic Research Center.

　이와 같은 의도가치는 실천의 뒷받침이 없이 말로만 주장하는 가치(Professed or talked values)라고도 한다. 가령, 종업원의 복지는 경영자라면 누구나 매우 중요하다고 주장할 것이지만, 실제 그가 자신의 조직체를 운영할 때는 그 실용성은 극히 한정된다는 현실과 만나는 게 상례다. 우리나라에서도 경영측이 노동관계법에 대하여 무지하거나 이를 무시하는 태도로써 전근대적인 경영관행을 실천하기 때문에 주창하는 가치와 실제 행동 사이에 괴리가 있고 이로 말미암아 노사간에 갈등이 생긴다는 주장이 노조측에서 나오곤 한다.

　④ 마지막으로 [그림 Ⅵ-1]의 맨 오른쪽 아래에 있는 29개의 개념들은 한국의 경영자들에게 별로 중요하지도 않고 실용성도 크지 않은 가치들을 반영한다고 하겠다. 예를 들어 충성심이라는 개념이 여기에 해당하는데, 실지로 다른 조사결과 조건이 좋은 직장이 나타나면 옮기겠다는 관리자가 53.8%나 되며, 혹시 동료들이 최고경영층에 대한 비방 같은 것을 하면 고발하겠다는 경영자는 28.1%에 불과하다는 보고가 나와 있다.10) 이런 자료로 미루어 보아도 충성심은 실효성이 있는 가치는 아니라고 할 것이다.

　다음으로 [표 Ⅵ 2], [표 Ⅵ-3], [표 Ⅵ-4], [표 Ⅵ-5], [표 Ⅵ-6]은 다섯 가지 범주의 개념들에 대한 자세한 자료를 요약하고 있다. 개개의 개념에 대해서 먼저 '매우 중요하다'는 응답을 한 사람들의 백분비를 보여 주고, 두 번째 칸에는 '실용성'을 1순위로 지적한 경영자들의 백분비를 실었으며,

---

10) 이 책 제 12장 참조.

세 번째로는 이 두 범주에 동시에 응답한 사람들의 비율을
담았다. 지금부터는 이들 표에 나타난 결과를 가지고 범주별
가치들의 행동성향을 분석해 보기로 한다.

(1) 企業體의 目標

우선 [표 Ⅵ-2]를 보면 여덟 개의 개념들이 다시 네 개의 하
위 범주로 갈라지는 모습을 볼 수 있다. 첫 번째는 '높은 생산
성'이라는 목표다. 이는 높은 행동유관성을 띠는 가치로 뚜렷이
떠오른다. 한국의 경영자들에게는 높은 생산성이란 소위 '극대
화 기준'(maximizationcriteria)이라는 것을 표상하는 셈이다.11)

두 번째 하위범주에는 조직체의 성장과 안정성, 이윤극대화
및 조직의 능률이 들어간다. 이들은 일종의 연관적인 이차적 가
치로 간주할 수 있다. 다시 말해서, 이런 가치들은 그 자체를 목
표로 삼기보다는 '극대화 기준'인 높은 생산성을 얻기 위하여 취
한 결정이나 행동의 결과를 검토할 때 이들 이차적 가치에 대한
영향 평가를 하는 식으로 비추어보는 기준으로 삼는다는 말이다.

---

11) 미국 경영자들의 목표 분석 예로는, G. W. England, "Organizati-
    onal Goals and Expected Behavior of American Managers,"
    Academy of Management Journal, vol, 10, no. 2 (June, 1967).
    pp.107-117: 그리고 극대화 기준의 개념은, "On the Concept of
    Organizational Goal," *Administrative Science Quarterily*, vol, Ⅸ
    (1961), pp.1-22 참조.

[표 Ⅵ-2] 가치의 행동성향 분석(1): 기업체의 목표 범주

(사례 수=225, %)

기업체의 목표	매우 중요	실용성 1순위	매우 중요/실용성 1위
높은 생산성	76	75	60
조직체의 성장	66	69	50
조직체의 안정성	65	64	46
이윤극대화	57	66	43
조직의 능률	58	63	40
산업계의 리더십	43	40	23
종업원의 복지	57	19	13
사회복지	30	10	6

[표 Ⅵ-3] 가치의 행동성향 분석(2): 사람들에 대하여 갖는 관념 범주(사례 수=225, %)

사람들에 대한 관념	매우 중요	실용성 1순위	매우 중요/실용성 1위
능력	71	64	50
기능(기술)	52	65	37
협 동	73	44	35
적극성	57	50	34
신 용	81	36	30
야 망	42	57	28
충성심	39	30	16
명예	32	33	12
관용	33	24	10
복종	22	33	10
동조	21	25	8
연민	19	15	5
편견	5	22	3

286 韓國人의 價値觀과 社會意識(上)

세 번째 하위범주는 산업계의 리더십이다. 위 표의 결과를
보면, 이 가치는 하나의 실질적인 목표이기는 하나 행동성향
이 낮은 가치라고 하겠다. 그리고 마지막으로 종업원과 사회
의 복지라는 가치는 주창되기는 하지만 행동성향이 매우 낮
은 것들이다. 특히, 사회복지는 경영자들이 볼 때 중요성도
낮고 실용성도 낮아 이들의 행동에 영향을 미치기는 어려운
가치에 해당한다.

(2) 사람들에 대하여 갖는 觀念

이번에는 사람들에 대하여 갖는 관념의 범주를 두고 그 행
동성향을 분석해 보기로 한다. 여기에서도 [표 Ⅵ-3]에서 보
여주듯이 몇 개의 하위범주가 떠오른다. 첫째는 능력이다. 능
력은 중요하기도 하고 실용적이어서 행동으로 나타날 소지가
큰 가치이다. 이에 비하여 기능, 협동, 적극성, 신용 및 야망
은 행동성향에 있어서는 비교적 비중이 떨어지지만 그래도
중요한 가치들이다. 특히 신용을 보면 매우 중요하다는 응답
이 81%나 되면서도 실용성 면에서는 36%에 불과한 응답률
을 보인다. 이와 같이 문화적으로는 수용하지만 실용성이 적
은 의도가치는 심리적으로 볼 때 직접행동유도의 기능보다는
행동 전에 일어나는 지각선별작용에서 영향을 미치는 요인일
개연성이 높다. 그리하여 자신의 행동에서는 신용을 중시하지
않더라도 남을 평가할 때는 신용을 내세우는 성향이 나타날
수 있다. 이런 경향은 협동이라는 가치에도 적용된다. 그리고
충성심, 명예, 관용, 복종, 동조, 연민, 편견 같은 가치들은 행
동유관성이 아주 낮은 것들이다.

(3) 사람들

사람들의 범주를 다루는 가치들은 [표 Ⅵ-4]에 요약하고 있다. 사람들 가운데 가장 행동유관성이 높은 유효가치는 경영자들, 내 회사 및 기능직 종업원들이다. 경영자들은 이 사람들을 주요 준거집단으로 삼고 결정을 내리며 행동할 것이라는 점을 시사하는 결과다. 다음으로 중요한 준거집단은 장인들, 고객들, 자기 자신, 종업원 일반, 부하들, 그리고 육체노동자들(블루칼라)이다. 행동유관성이 낮아서 주요 준거집단으로 간주하기 어려운 사람들은 상사, 소유주, 주주, 사무직 종업원, 동료, 정부, 노동조합 및 근로자 일반이다.

(4) 個人의 目標

개인의 목표가치의 행동유관성 자료는 [표 Ⅵ-5]에 요약하였다. 창의성, 성공, 성취의 세 가지 가치가 행동유관실효성이 가장 높은 것으로 나타났는데, 이들은 경영자들에게 중요할 뿐 아니라 실용성도 크기 때문에 경영자 행동의 기저를 이루는 동기구조의 핵으로 볼 수도 있는 가치라고 하겠다.

자율성, 돈 및 안정보장 혹은 안정성이 두 번째로 행동 유관한 가치들이다. 다만, 자율성은 상당히 중요한데 실용성에서 떨어지고 직무만족도 역시 꽤 중요하지만 실용성이 약한 가치들이다. 그러니까 경영자들이 실제 행동을 할 때는 직무만족도보다는 성취를 위해 더 열심히 노력하겠지만, 다른 사람들에게는 직무만족도가 중요하다고 보는 경향이 있다는 추론이 가능하다. 다시 말해서, 직무만족도는 행동 지향보다는 인지평가과정에서 작용할 가능성이 더 크다는 말이다. 한편,

영향력, 개성, 권력, 존엄성, 위신 그리고 여가 등은 행동유관
성이 낮은 가치들에 해당한다.

(5) 一般的인 槪念들

일반적인 개념들에 대해서는 [표 Ⅵ-6]에 제시한 바와 같
이 경쟁, 조심, 재산, 합리성 및 힘이 비교적 중요한 가치들
이다. 그러나 이들 개념이 서로 다른 유형의 가치를 표상하고
있다. 가령, 재산은 유효가치지만, 경쟁과 조심은 조직생활에
서는 중시하지만 경영자 개인이 각자 이를 내면화시킨 것은
아닌, 말하자면 채용가치에 해당한다. 또, 합리성 같은 것은
중요하다고 해서 조직체에서 들여온 것이긴 하지만 구체적으
로 별로 실용성이 없어서 하나의 의도가치가 되는 셈이다.

[표 Ⅵ-4] 가치의 행동성향 분석(3): 사람들(사례 수=225, %)

사람들	매우 중요	실용성 1순위	매우 중요/실용성 1위
경영자들	70	55	46
내 회사	65	54	42
기능직 종업원들	66	52	39
장인	49	61	35
고객	63	47	34
나 자신	53	40	30
종업원	61	42	28
나의 부하들	61	36	26
육체 노동자들	47	41	26
나의 상사	38	39	19
소유주들	33	40	19
주주들	26	40	15

사무직 종업들	27	37	15
나의 동료들	36	24	13
정부	56	22	13
노동조합	20	19	7
근로자들	13	31	6

[표 Ⅵ-5] 가치의 행동성향 분석(4): 개인의 목표(사례 수=225, %)

개인의 목표	매우 중요	실용성 1순위	매우 중요/실용성 1위
창의성	80	67	56
성공	68	68	55
성취	61	64	43
자율성	72	44	33
돈	37	50	26
직무 만족도	55	39	24
안전보장	52	41	23
영향력	34	39	18
개성	45	30	16
권력	18	31	9
존엄성	19	34	8
위신	9	22	4
여가	23	18	4

[표 Ⅵ-6] 가치의 행동성향 분석(5): 일반적 개념(사례 수=225, %)

일반적 개념	매우 중요	실용성 1순위	매우 중요/실용성 1위
경 쟁	40	59	27
조 심	41	60	26
재 산	45	50	25
합 리 성	61	34	22
힘	39	37	19
권 위	33	35	15
타 협	30	40	15
자 유 주 의	51	14	9
변 화	14	34	7
평 등	38	15	6
종 교	19	13	4
모 험	9	43	4
감 정	12	16	3
보 수 성	6	27	3
갈 등	4	24	2

권위, 타협, 자유주의, 변화, 평등, 종교 모험, 감정, 보수성, 갈등 같은 개념들은 행동유관성이 낮은 가치들이다. 다만, 모험이 중요하지는 않지만 실용성이 높은 채용가치라면, 자유주의는 중요하다고 사회문화적으로 인정은 하지만 실용성이 적은 의도가치다.

Ⅶ. 個人的 價値觀의 差異

지금까지의 분석은 한국 경영자들의 가치관을 집합적으로 살펴보는 데 초점을 맞추었다. 그러나 경영자들 각자는 개별적으로 다양한 가치지향을 지녔을 것이므로, 이제는 몇 가지 주요 측면에서 가치관의 차이를 개관하기로 한다.

먼저, 경영자들의 가치지향이 상이하다. 어떤 경영자들은 실용성지향인가 하면, 다른 이들은 오히려 도덕 – 윤리지향이다. 다만, 한국의 경영자들 중에서는 감성적 지향이 강한 사람들은 드물다.

다음, 일부 경영자들은 그들이 품고 있는 유효가치관의 수에서도 차이가 난다. 또한, 유효가치로 간주하는 개념들 가운데 거의 전적으로 조직체와 관련된 것이 지배적인 사례가 있는 반면, 개인적이고 철학적인 개념들이 유효가치인 사례들도 있다. 어떤 이들은 집단지향성에 반대되는 개인중심적인 가치를 드러내는가 하면 또 다른 경영자들은 지위 대신에 성취를 높이 평가하는 수도 있다.

가령, '경성'(硬性)이라고 특징지을 수 있는 가치지향인 경영자들이 있는 반면에, '연성'(軟性) 가치를 지닌 이들도 있다. '경성' 가치란 야망, 복종, 적극성, 성취, 성공, 경쟁, 모험 및 힘 같은 것들이고, 충성심, 신용, 협동, 연민, 관용, 종업원 복지, 사회복지 그리고 종교와 같은 것은 '연성' 가치들인 셈이다. 요는, 이러한 가치관의 차이가 행동, 감정 및 사회적 갈등에 어떻게 작용할 것인가가 이론적으로나 실질적으로 긴요하다.

Ⅷ. 要約과 討論

이 글에서는 한국의 경영자들이 지닌 개인적인 가치관의 성격에 대한 경험적인 자료를 제시함과 동시에 그러한 가치관이 행동에 미치는 영향에 대한 이론적 고찰을 시도하였다. 앞으로 더 많은 연구가 행해지면 경영자들과 그들의 행동을 이해하는 데 있어 가치관 연구의 중요성이 더욱 뚜렷해질 것이다. 그런대로 제한된 연구나마 여기에 그 내용을 간추려 보고 이와 관련된 다른 연구성과들도 참조하면 다음과 같이 요약할 수 있겠다.

첫째, 경영자들의 개인적인 가치관은 비록 복잡하기는 해도 유의미한 방법으로 측정 가능하다.

둘째, 잠정적이나마, 이 연구에서 얻은 결과에 따르면, 한국의경영자들에게 특이한 일정한 유형의 가치지향이 부각되었고, 동시에 개인 경영자들간에도 상당한 차이가 있다.

셋째, 경영자들의 개인적 가치관은 일상적인 의사결정뿐 아니라 조직체의 목표와 정책의 수준에서도 작용할 것이다.

넷째, 직접 간접으로 경영자들의 개인적인 가치관이 조직체에 영향을 미침과 동시에 조직생활이 또한 그들의 가치관에 영향을 미친다.

다섯째, 경영자들의 개인적인 가치관이 다름으로 해서 갈등이 일어나는 것처럼, 조직생활에서 여러모로 개인들이 서로 적응하는 데에는 가치관의 유사성이 작용한다고 할 수 있다.

여섯째, 누구나 각자 지닌 가치관에 대하여 성찰함으로써 집단생활에 있어 자신이 믿는 바와 자신의 실제 행동 사이에 항상 개재할 수 있는 '일관성을 향한 긴장'(Strain toward c-onsistency)을 극복하는 노력에 도움이 될 것이다.[12]

---

12) 이 문제에 관한 유용한 논의는 E. R. Learned, A. R. Dooley, and R. L. Katz, "Personal Values and Business Decisions," *Harvard Business Beview*(March-April, 1959). pp.111 – 120: and W. F. Bernthal, "Value Perspectives in Management," *The Journal of The Academy of Management*, vol. 5, no. 3(December, 1962), pp.190 – 196 참조.

人 名 索 引

事 項 索 引

● 저자 ●

김경동(金璟東)　　1936년 안동 출생
서울대 사회학과 졸업
미국 University of Michigan에서 사회학 석사
미국 Cornell University에서 박사학위 취득
서울여대, 미국 North Carolina State University 교수 역임
현재 서울대학교 사회학과 교수 및 한국정보사회학회 이사장

• 주요 저서 •
『현대의 사회학』, 『인간주의 사회학』, 『노사관계의 사회학』
『한국사회변동론』, 『한국교육의 사회학적 진단과 처방』
『정보사회의 이해』, 『기업엘리트의 21세기 경제사회 비전』
『發展의 社會學』, 『韓國의 地方自治와 地域社會發展(上, 下)』
외 다수

● 韓國人의 價値觀과 社會意識(上)
－ 變化의 經驗的追跡

● 초판 인쇄	2004년 7월 23일
● 초판 발행	2004년 7월 28일
● 지 은 이	김경동
● 펴 낸 이	채종준
● 펴 낸 곳	한국학술정보㈜
	경기도 파주시 교하읍 문발리
	파주출판문화정보산업단지 538-2
	전화　031) 908-3181(대표)·팩스　031) 908-3189
	홈페이지　http://www.kstudy.com
	e-mail(e-Book사업부)　ebook@kstudy.com
● 등　　록	제일산-115호(2000. 6. 19)
● 가　　격	17,000원

ISBN　89-534-1959-X 94330　(paper book)
　　　　89-534-1960-3 98330　(e-book)
　　　　89-534-1957-3 94330　(paper book set)
　　　　89-534-1958-1 98330　(e-book set)